21世纪高职高专规划教材·市场营销系列

公共关系实训

主编　谢红霞

中国人民大学出版社
·北京·

前 言

高职高专教育具有鲜明的职业教育特征，其教育目标是培养高等技术应用型人才。在实际教学中，高职高专院校都把实训教学放在十分突出的地位。要完成培养高等技术性专门人才这一根本任务，迫切需要解决实训教材问题。它有利于切实提高学生实际动手能力，使学生将所学专业知识系统地融于实训全过程，真正达到“实践、学习、提升”和“学以致用”的目的，同时通过实训教学与社会、行业、企业、产品、项目和职业环境的融合对接，使学生在实训过程中不仅学会做事，还要学会做人，实现毕业与上岗“零过渡”的人才培养目标。它也有利于调动学生课程学习的积极性和主动性，激发学生的创新意识。

本教材依据高职高专教育的培养宗旨，围绕公共关系职业岗位群的要求与特点，坚持以提高学生整体素质为基础，以培养学生公共关系综合能力特别是实践能力和创新能力为主线，来确立内容体系，使教学活动实务化、案例化、实战化。本教材主要有以下特点：

1. **体例新。**本教材从公关职业岗位出发，结合不同岗位的能力要求设置学习情境，每个学习情境安排若干个实训任务，每个实训任务又选择具体的职业场景来进行，实训结束后又安排了操作练习以巩固实训效果。

2. **实战性强。**在真实的社会和职业环境中根据自己的兴趣爱好、专长完成具体的工作任务，是学生进一步学习、锻炼解决实际问题能力的最重要的关键环节和过程。通过设置公关情境，按照角色扮演的形式进行模拟训练和实战性操作，使学生能够真实地体验和感受职业氛围，提升公关能力。

3. **团队化训练。**团队合作精神是目前大部分企业非常看重的，也是最为重要的关键能力。一个实训项目，必须组建团队，在分工与协作的基础上才能完成，在合作过程中可以锻炼学生的人际沟通能力、团队合作能力、敬业精神、创新意识和心理承受能力等方面的关键能力，因此团队化训练成为全面提升学生综合素质能力的根本途径。

4. **职业岗位明确。**每个学习情境的设置都是根据具体的工作岗位来进行的，强化了学生的岗位意识，明确了各岗位的工作内容及工作任务，为毕业与工作岗位对接奠定了良好的基础。

5. **教学观念创新。**公关实训强调要树立“从实践中来，到实践中去”的观念，“求真务实”的观念，“方法比知识重要”的观念，“能解决实际问题就是能力”的观念。学生是学习的主体，教师在整个教学活动中只起指导作用。

6. **考核形式灵活多样。**学生成绩的考核评价要突出实训的过程和效果。考核的项目主要由团队合作表现、实操考试和实训报告三部分构成。其中团队合作表现占20%，实操考试占40%，实训报告占40%。

本教材是一种新的探索，既可以独立作为实训教材使用，也可以和其他公共关系理论与实务教材配套使用，适合高职高专院校市场营销专业及相关专业选用。由于公共关系职业岗位针对性和实际可操作性强，本书亦可作为岗前培训的实训教材。

在本书编写过程中我们参阅了大量相关文献，其编写出版也得到了中国人民大学出版社有关领导和山西财政税务专科学校的领导、专家及老师的大力支持，在此一并致谢。

由于本人水平有限，教材中一定仍有疏漏和不足之处，恳请同行专家和广大读者提出宝贵意见，以便在以后的修订中不断完善。

编者

目　录

公共关系实训

学习情境一　公关接待

学习情境二　沟通协调

学习情境三　信息传播

学习情境四　公关调查

1

学习情境一

公关接待

职业岗位：公关部接待员

能力要求：

- 1. 能掌握日常的礼节、礼貌
- 2. 按礼仪规范进行接待活动
- 3. 能制定接待计划
- 4. 能撰写各类社交公关文书

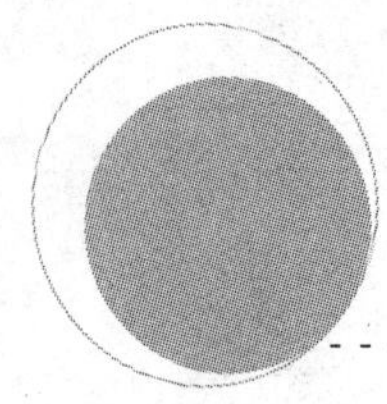

实训任务1 日常礼节礼貌

职业场景

小张是某公司的公关员，单位领导派他去参加一个行业研讨会，在研讨会上小张应该怎样做才能给大家留下一个好印象，结交更多的朋友呢？

实训目的

通过实训，纠正不正确的见面礼，掌握正确、优雅的见面礼和交际礼仪，使学生能够熟练运用各种礼仪规范进行各种公关接待活动。

训练步骤

第一步：教师介绍本次实训的内容及模拟的实训场景，并把全班同学按每组3人进行分组。然后每组同学按照实训场景进行角色分配。

第二步：进行称呼训练。

1. 介绍称呼的种类及使用的场合。一般的同事、同学关系，平辈的朋友、熟人，均可彼此之间以姓名相称。在工作中，以交往对象的职务相称。对于有职称者，可以在工作中直接以其职称相称。在工作中，也可以学衔作为称呼，增加被称呼者的权威性。也可直接以被称呼者的职业作为称呼。

小张因为是参加行业研讨会，在不了解对方职称、职务、学衔的情况下，可以称其为“老师”或“师傅”。因为“老师”这一称谓是出于对交际对象的学识、经验或某一方面的敬佩、尊重，交际的对方一般会感到受到了尊重，心情比较舒畅。“师傅”有虚心请教、尊敬对方之意。

2. 让大家分组进行模拟称呼训练。

第三步：进行介绍训练。

1. 小张应掌握的介绍的基本规则：

(1) 先将男士介绍给女士。

(2) 先将年轻者介绍给年长者。

(3) 先将未婚女子介绍给已婚女子。

(4) 先将职位低的介绍给职位高的。

2. 在掌握介绍的基本规则的前提下，可以通过以下两种方式进行介绍：

(1) 自我介绍。小张可以自报姓名和身份，也可以用名片来介绍。

(2) 他人介绍。如果小张在研讨会上有认识的人，也可以请其为他介绍。内容以双方的姓名、单位、职务为主。

3. 学生可以分组进行介绍训练。

第四步：递交、接受和索取名片训练。

1. 小张如果要给对方名片，正确的递交名片的姿势是：双手递过去，以示尊重对方。将名片放置手掌中，用拇指夹住名片，其余四指托住名片反面，名片的文字要正向对方，以便对方观看，若对方是外宾，则最好将名片上印有对方认得的文字的那一面面对对方，同时讲些“请多联系”、“请多关照”、“我们认识一下吧”、“有事可以找我”之类友好客气的话。

2. 小张如果是接受对方的名片，应恭恭敬敬，双手捧接，并道感谢。首先应当认真地看看名片上所显示的内容，必要时还可以从上到下、从正面到反面完整看一遍，必要时还可把名片上的姓名、职务（较重要或较高的职务）读出声来，如：“您就是张总啊。”以表示对赠送名片者的尊重，同时也加深了对名片的印象。然后把名片细心地放进名片夹或笔记本、工作证里夹好。

3. 若索取他人名片，则不宜直言相告，而应委婉表达此层意思：可向对方提议交换名片、主动递上本人的名片或询问对方：“今后如何向您请教?”“以后怎么与您联系?”反过来，当他人向自己索取名片，自己不想给对方时，也应以委婉方式表达此意。可以说：“对不起，我忘带名片了。”或“抱歉，我的名片用完了。”

第五步：握手训练。

1. 应当遵守“尊者先伸手”的原则。具体内容参见本实训任务“实践知识”。

2. 进行握手训练。标准做法是：行至距握手对象约 1 米处，双腿立正，上身略向前倾，伸出右手，四指并拢、拇指张开与对方相握。握手时应用力适度，上下稍许晃动三四次，随后松开手来，恢复原状。

3. 教师强调握手的禁忌。

第六步：交谈训练。

小张在交谈过程中要注意讲究交谈艺术、使用礼貌用语、选择合适的话题，并要学会倾听和发问。

第七步：电话礼仪的训练。

在研讨会期间，小张还要注意电话礼仪方面的相关事项：

1. 使用礼貌用语。

2. 不在会场接打电话。

3. 注意不要影响他人。

4. 注意安全，如走路不接打电话，在飞机上要关机等。

第八步：教师点评，指出问题和注意事项。学生撰写实习报告。

注意事项

1. 在实训过程中要分组对接待过程中的各种礼仪进行强化训练。

2. 训练中要注意让每个人都有机会去练习，以便发现错误及时纠正。

3. 教师在训练中的作用主要是指导并进行纠错。

4. 要用角色扮演的形式进行训练。

5. 要求大家在课后也要注意练习。

6. 学生要撰写实训报告。

实践知识

一、 称呼

在社会交往中，交际双方见面时，如何称呼对方，这直接关系到双方之间的亲疏、了解程度、尊重与否及个人修养等。一个得体的称呼，会令彼此如沐春风，为以后的交往打下良好的基础，否则，不恰当或错误的称呼，可能会令对方心里不悦，影响到彼此的关系乃至交际的成功。

（一）通常的称呼

1. 称呼姓名。

一般的同事、同学关系，平辈的朋友、熟人，均可彼此之间以姓名相称。

2. 称呼职务。

在工作中，以交往对象的职务相称，以示身份有别、敬意有加，这是一种最常见的称呼方法。

3. 称呼职称。

对于有职称者，尤其是有高级、中级职称者，可以在工作中直接以其职称相称。

4. 称呼学衔。

在工作中，以学衔作为称呼，可增加被称呼者的权威性，有助于增强现场的学术氛围。

5. 称呼职业。

称呼职业，即直接以被称呼者的职业作为称呼。

（二）几种称呼的正确使用

1. 同志。志同道合者才称同志。如政治信仰、理想、爱好等相同者，都可称为同志。在我国，同志这个称呼流行于建国后，这一词已成为我国大陆公民彼此之间最普通、常用的称呼。这一称呼不分男女、长幼、地位高低，除了亲属之外，所有人都可以称同志。

2. 老师。目前，老师这一称谓在社会上也比较流行，有时人们出于对交际对象的学识、经验或某一方面的敬佩、尊重，常常以“姓＋老师”来称呼对方，尤其在文艺界比较常见，使用这种称谓时，交际的对方一般会感到受到了尊重，心情比较舒畅。

3. 先生。先生这一称谓大方得体，既显示了彼此的尊重，又有彼此平等之意，有利于提高交际效果。

4. 师傅。师傅这一词在社会中比较流行，有虚心请教、尊敬对方之意。

（三）称呼的技巧

1. 初次见面更要注意称呼。

初次与人见面或谈业务时，要称呼姓＋职务，要一字一字地说得特别清楚，比如：“王总经理，你说得真对……”如果对方是个副总经理，可删去那个“副”字；但若对方是总经理，不要为了方便把“总”字去掉，而变为“经理”。

2. 称呼对方时不要一带而过。

在交谈过程中，称呼对方时，要加重语气，称呼完了停顿一会儿，然后再谈要说的事，这样能引起对方的注意，使其认真地听下去。

3. 关系越熟越要注意称呼。

与对方十分熟悉之后，千万不要因此而忽略了对对方的称呼，一定要坚持称呼对方的姓＋职务（职称），尤其是有其他人在场的情况下。人人都需要被尊重，越是朋友，越是要彼此尊重，如果熟了就变得随随便便，用“老王”、“老李”甚至用一声“哎”、“喂”来称呼，就显得极不礼貌，也是令对方难以接受的。

二、介绍

介绍是社交活动最常见也是最重要的礼节之一，它是初次见面的陌生的双方开始交往的起点。介绍在人与人之间如桥梁般起联系与沟通作用，几句话就可以缩短人与人之间的距离，为进一步交往开个好头。

（一）介绍的基本规则

为他人做介绍时必须遵守“尊者优先了解情况”的规则，在为他人做介绍前，先要确定双方地位的尊卑，然后先介绍位卑者，后介绍尊者。具体如下：

1. 先将男士介绍给女士。

2. 先将年轻者介绍给年长者。

3. 先将未婚女子介绍给已婚女子。

4. 先将职位低的介绍给职位高的。

5. 先将家庭成员介绍给对方。

6. 集体介绍时的顺序。

（1）在被介绍者双方地位、身份大致相似，或者难以确定时，应当使人数较少的一方礼让人数较多的一方，一个人礼让多数人，先介绍人数较少的一方或个人，后介绍人数较多的一方或多数人。

（2）若被介绍者在地位、身份之间存在明显差异，特别是当这些差异表现为年龄、性别、婚否、师生以及职务有别时，则地位、身份为尊的一方即使人数较少，甚至仅为一人，仍然应被置于尊贵的位置，最后加以介绍，而先介绍另一方人员。

（3）若需要介绍的一方人数不止一人，可采取笼统的方法进行介绍，例如可以说：“这是我的家人”，“他们都是我的同事”，等等。

（4）若被介绍双方皆不止一人，则可依照礼规，先介绍位卑的一方，后介绍位尊的一方。在介绍各方人员时，均需由尊到卑，依次进行。

（二）自我介绍

在不同场合，遇见的对方不认识自己，而自己又有意与其结识，当场没有他人从中介绍，往往需要自我介绍。

1. 自我介绍的时机。

（1）因业务关系需要相互认识、进行接洽时可自我介绍。

（2）当遇到一位你知晓或久仰的人士，他不认识你，你可自我介绍。

(3) 第一次登门造访，事先打电话约见，在电话里应自我介绍。

(4) 参加一个较多人的聚会，主人不可能一一介绍，与会者可以与同席或身边的人互相自我介绍。

(5) 在出差、旅行途中等场合，与他人不期而遇，并且有必要与之建立临时接触时，可适当自我介绍。

(6) 初次前往他人住所、办公室，进行登门拜访时要自我介绍。

(7) 应聘求职时需首先做自我介绍。

2. 自我介绍的要求。

(1) 自我介绍时，要及时、清楚地报出自己的姓名和身份。

(2) 进行自我介绍，态度务必自然、友善、亲切、随和。

(3) 介绍时语气要自然、语速要正常、语音要清晰。

(4) 进行自我介绍时所表述的各项内容，一定要实事求是，真实可信。

(三) 他人介绍

1. 他人介绍的时机。

他人介绍即社交中的第三者介绍。在他人介绍中，为他人做介绍的人一般是社交活动中的东道主、社交场合中的长者、家庭聚会中的女主人、公务交往活动中的公关人员（礼宾人员、文秘人员、接待人员）等。他人介绍的时机包括：

(1) 在家中接待彼此不相识的客人。

(2) 在办公地点，接待彼此不相识的来访者。

(3) 与家人外出，路遇家人不相识的同事或朋友。

(4) 陪同亲友，前去拜会亲友不相识者。

(5) 本人的接待对象遇见了其不相识的人士，而对方又跟自己打了招呼。

(6) 陪同上司、长者、来宾时，遇见了其不相识者，而对方又跟自己打了招呼。

(7) 打算推介某人加入某一交际圈。

(8) 受到为他人作介绍的邀请。

2. 他人介绍的注意事项。

(1) 在为他人做介绍时，介绍者对介绍的内容应当字斟句酌，慎之又慎。

(2) 在正式场合，内容以双方的姓名、单位、职务等为主。

(3) 在一般的社交场合，其内容往往只有双方姓名一项，甚至可以只提到双方姓氏为止。

(4) 在比较正规的场合，介绍者有备而来，有意将某人举荐给某人，因此在内容方面，通常会对前者的优点加以重点介绍。

(5) 在进行他人介绍时，介绍者与被介绍者都要注意自己的表达、态度与反应。

(6) 介绍时要注意实事求是，掌握分寸，不能胡吹乱捧。

(7) 介绍姓名时，一定要口齿清楚，发音准确。

三、 握手

相传在刀耕火种的年代，人们经常持有石头或棍棒等武器，陌生者相遇，双方为了表示没有敌意，便放下手中的武器，并伸出手掌，与对方触碰掌心。久而久之，这种习惯便逐渐演变为今天的握手礼节。当今，握手已成为世界上最为普遍的一种礼节，其应用的范围远远超过了鞠躬、拥抱、接吻等。在日常交际中，我们必须注意握手的基本礼节。

(一) 握手的次序

根据礼仪规范，握手时双方伸手的先后次序，一般应当遵守“尊者先伸手”的原则，应由尊者首先伸出手来，位卑者只能在此后予以响应，而绝不可贸然抢先伸手，不然就是违反礼仪的举动。其基本规则如下：

1. 男女之间握手，男士要等女士先伸出手后才握手。

2. 宾客之间握手，主人有向客人先伸出手的义务。

3. 长幼之间握手，年幼的一般要等年长的先伸手。

4. 上下级之间握手，下级要等上级先伸出手。

5. 若是一个人需要与多人握手，则握手时亦应讲究先后次序，由尊而卑，即先年长者后年幼者，先长辈后晚辈，先老师后学生，先女士后男士，先已婚者后未婚者，先上级后下级，先职位、身份高者后职位、身份低者。

值得注意的是：在公务场合，握手时伸手的先后次序主要取决于职位、身份。而在社交、休闲场合，则主要取决于年龄、性别、婚否。

(二) 握手的方式

握手的标准方式，是行礼时行至距握手对象约 1 米处，双腿立正，上身略向前倾，伸出右手，四指并拢、拇指张开与对方相握。握手时应用力适度，上下稍许晃动三四次，随后松开手来，恢复原状。具体应注意如下几点：

1. 与人握手时神态应专注，热情、友好、自然。

2. 握手时用力应适度，不轻不重，恰到好处。

3. 通常是握紧后打过招呼即松开。

(三) 握手的禁忌

在人际交往中，握手虽然司空见惯，看似寻常，但是由于它可被用来传递多种信息，因此在行握手礼时应努力做到合乎规范，并且注意下述几点：

1. 不要用左手与他人握手，尤其是在与阿拉伯人、印度人打交道时要牢记此点，因为在他们看来左手是不洁的。

2. 不要在握手时争先恐后，而应当遵守秩序，依次而行。特别要记住，与基督教信徒交往时，要避免两人握手时与另外两人相握的手形成交叉状，这在基督教信徒眼中是很不吉利的。

3. 不要戴着手套握手，在社交场合女士的晚礼服手套除外。

4. 不要在握手时戴着墨镜，只有患有眼疾或眼部有缺陷者才能例外。

5. 不要在握手时将另外一只手插在衣袋里。

6. 不要在握手时另外一只手依旧拿着香烟、报刊、公文包、行李等东西而不肯放下。

7. 不要在握手时面无表情，不置一词，好似根本无视对方的存在，而纯粹是为了应付。

8. 不要在握手时长篇大论，点头哈腰，滥用热情，显得过分客套，让对方不自在，不舒服。

9. 不要在握手时把对方的手拉过来、推过去，或者上下左右抖个没完。

10. 不要在与人握手之后，立即揩拭自己的手掌，好像与对方握一下手就会使自己感染疾病似的。

四、交谈

交谈是交流思想和表达感情最直接、最快捷的途径。在人际交往中，因为不注意交谈的礼仪规范，或用错了一个词，或多说了一句话，或不注意词语的色彩，或选错话题等而导致交往失败或影响人际关系的事，时有发生。因此，在交谈中必须遵从一定的礼仪规范，才能达到双方交流信息、沟通思想的目的。

（一）讲究语言艺术

语言作为人类的主要交际工具，是沟通不同个体心理的桥梁。交谈的语言艺术包括以下几个方面：

1. 准确流畅。

2. 委婉表达。

3. 掌握分寸。

4. 幽默风趣。

（二）使用礼貌用语

使用礼貌用语，是人类文明的标志，也是全世界人与人交流共同的心声。使用礼貌用语不仅会得到人们的尊重，提高自身的信誉和形象，而且还会对自己的事业起到良好的辅助作用。在实际的社会交往中，日常礼貌用语主要可划分为如下几个大类。

1. 问候语。

人们在交际中，根据交际对象、时间等的不同，常采用不同的问候语。

2. 欢迎语。

交际双方一般在问候之后常用欢迎语。世界各国的欢迎语大都相同。

3. 回敬语。

在社会交往中，人们常常在接受对方的问候、欢迎、鼓励或祝贺之后，使用回敬语以表示感谢。

4. 致歉语。

在社会交往过程中，常常会出现由于组织的原因或是个人的失误，给交际对象带来了麻烦、损失，或是未能满足对方的要求和需求，此时应使用致歉语。

5. 祝贺语。

在交际过程中，如果你想与交际对象建立并保持友好的关系，你应该时刻关注着交际对象，并与他们保持经常性联系，在他们遇到喜事时，道上祝贺语。

6. 道别语。

交际双方交谈过后，在分手时，人们常常使用道别语。

7. 请托语。

在日常用语中，人们出于礼貌，常常用请托语，以示对交际对象的尊重。

（三）有效选择话题

所谓话题，是指人们在交谈中所涉及的题目范围和谈资内容。换言之，话题是一些由相对集中的同类知识、信息构成的谈话资料及其相应的语体方式、表述语汇和语气风格的总和。在人际交往中，学会选择话题，就能使谈话有个良好的开端。

1. 宜选的话题。

在交际中，首先，应选既定的话题，即交谈双方业已约定，或者一方先期准备好的话题，如征求意见、传递信息、研究工作等。

其次，选择内容文明、格调高雅的话题，如文学、艺术、哲学、历史、地理、建筑等，这类话题适合各类交谈，但忌不懂装懂。

再次，选择轻松的话题，这类话题令人轻松愉快、身心放松，适用于非正式交谈，允许各抒己见，任意发挥。

又次，选择时尚的话题，即以此时此刻正在流行的事物作为谈论的中心，这类话题变化较快，不太好把握。

最后，选择话题时还要注意选择擅长的话题，尤其是交谈对象有研究、有兴趣的话题。

在交谈时要注意交谈的话题有所忌讳。在交谈中，若双方是初交，则有关对方年龄、收入、婚恋、家庭、健康、经历这一类涉及个人隐私的话题，切勿加以谈论。

2. 扩大话题储备。

由于人们的经历、职业、兴趣、学习状况不同，每个人所掌握的话题状况各不相同，都有一定的局限性，因此必须尽量扩大话题储备。

（四）学做最佳听众

有人说："人为什么两只耳朵一张嘴？即耳朵的数量是嘴的两倍，那是因为上帝造人的时候就要求我们少说多听。"此话颇有一点意思。我国古代就有"愚者善说，智者善听"之说。听，可以从谈话对方那里获得必要的信息，领会谈话者的真实意图。如果不能认真地聆听，就无法了解和满足对方的需求，和谐的人际关系也只能是空谈，况且聆听本身还是尊重他人的表现。因此应充分重视听的功能，讲究听的方式，追求听的艺术。

1. 要耐心。

在对方阐述自己的观点时，应该认真地听完，并真正领会其意图。

2. 要专心。

在听对方说话时，应该目视对方，以示专心。

3. 要热心。

在交谈中，为使对方感到你的确在听，可以根据情景，或微笑，或点头，这样就能够实现谈话者与聆听者不断的交流，形成心理上的某种默契，使谈话更为投机。

（五）注意发问方式

发问是交谈的一项重要内容，在交谈中要注意发问的方式，问得其所，问到所需。

1. 认清对象，问得适宜。

2. 抓住关键，讲究技巧。

五、 名片

名片是现代社会中必不可少的社交工具。两人初次见面，先互通姓名。再奉上名片，单位、姓名、职务、电话等历历在目，既回答了一些对方心中想问而有时又不便贸然出口的问题，又使相互之间的距离一下子拉近了许多。在交往中，熟悉和掌握名片的有关礼仪是十分重要的。

(一) 名片的用途

对现代人来讲，名片是一种物有所值的实用型交际工具，其用途是多方面的。

1. 介绍自身。

2. 维持联系。

3. 显示个性。

4. 拜会他人。

此外，名片在交往中有多种用途，如馈赠附名、代替请柬、喜庆告友、祝贺升迁等。

(二) 名片的交换

要使名片在人际交往中正常地发挥作用，还须在交换名片时做得得法。遇到以下几种情况时需与对方交换名片：一是希望认识对方时，二是被介绍给对方时，三是对方提议交换名片时，四是对方向自己索要名片时，五是初次登门拜访对方时，六是通知对方自己的变更情况时，七是打算获得对方的名片时。

1. 递交名片。

名片的持有者在递交名片时动作要洒脱、大方，态度从容、自然，表情要亲切、谦恭。应当事先将名片放在身上易于掏出的位置，取出名片便先郑重地握在手里，然后再在适当的时机得体地交给对方。

递交名片的姿势是：双手递过去，以示尊重对方。将名片放置手掌中，用拇指夹住名片，其余四指托住名片反面，名片的文字要正向对方，以便对方观看，若对方是外宾，则最好将名片上印有对方认得的文字的那一面面对对方，同时讲些“请多联系”、“请多关照”、“我们认识一下吧”、“有事可以找我”之类友好客气的话。

递交名片的时间，应当根据具体情况而定。如果名片持有者与人事先有约，一般可在告辞时再递上名片。如果双方只是偶然相遇，则可在相互问候、得知对方有与你交往的意向时，再递交名片。

与多人交换名片时，要注意讲究先后次序，或由近而远，或由尊而卑。一定要依次进行，切勿采取“跳跃式”，当然也没有必要像散发传单似的，站在人流拥挤处随意滥发名片。

2. 接受名片。

接受他人名片时，应恭恭敬敬，双手捧接，并道感谢。接受名片者应当首先认真地看看名片上所显示的内容，必要时还可以从上到下、从正面到反面完整看一遍，必要时还可把名片上的姓名、职务（较重要或较高的职务）读出声来，如："您就是张总啊。"以表示对赠送名片者的尊重，同时也加深了对名片的印象。然后把名片细心地放进名片夹或笔记本、工作证里夹好。

在别人给了名片后，如有不认识或读不准的字要虚心请教。请教他人的姓名，丝毫不会降低你的身份，反而会使人觉得你是一个对待事情很认真的人，增加对你的信任。

接受名片时应避免：马马虎虎地用眼睛瞄一下，然后顺手不经意地塞进衣袋；随意往裤子口袋一塞、往桌上一扔；名片上压东西、滴到了菜汤油渍；离开时把名片忘在桌子上。名片是一个人人格的象征，这些行为是对其人格的不尊重，这样都会使人感到不快。

当然在收到了别人的名片后，也要记住给别人自己的名片，因为只收别人的名片，而不拿出自己的名片，是无礼拒绝的意思。

3. 索取名片。

如果没有必要，最好不要强索他人名片。若索取他人名片，则不宜直言相告，而应委婉表达此层意思：可向对方提议交换名片、主动递上本人的名片；询问对方"今后如何向您请教"（向尊长者索要名片时多用此法）；询问对方"以后怎么与您联系"（向平辈或晚辈索要名片时多用此法）。

反过来，当他人向自己索取名片，自己不想给对方时，不宜直截了当，也应以委婉方式表达此意。可以说"对不起，我忘带名片了"或"抱歉，我的名片用完了"。

六、 电话

电话是人们开展社交活动不可缺少的工具，在日常生活和工作交往中，都要利用电话与别人取得联系和交谈。

（一）电话语言要求

1. 态度礼貌友善。
2. 传递信息简洁。
3. 控制语速、语调。
4. 使用礼貌用语。

（二）接电话

1. 迅速接听。

2. 积极反馈。

3. 热情代转。

4. 做好记录。

（三）打电话

1. 时间适宜。

2. 有所准备。

3. 注意礼节。

（四）使用手机的礼仪

1. 遵守秩序。使用手机时不允许有意或无意地破坏公共秩序，具体来说，此项要求主要是指：

（1）不允许在公共场合，旁若无人地使用手机。

（2）不允许在要求“保持寂静”的公共场所使用手机交谈或发出声响。

（3）不允许在聚会期间使用手机。

2. 注意安全。使用手机时必须牢记“安全至上”，否则不但害人，还会害己。要注意以下几点：

（1）不要在驾驶汽车时，使用手机，或是查看手机内容，以防止发生意外。

（2）不要在病房、油库等地使用手机，以免手机所发出的信号有碍治疗，或引发火灾、爆炸。

（3）不要在飞机飞行期间使用手机，否则极可能使飞机迷失方向，造成严重后果。

3. 置放到位。手机要放在合乎礼仪的位置，不要在未使用时将其拿在手中，或挂在上衣口袋之外，那样有招摇之嫌。一般应将手机放在随身携带的公文包内。

操作练习

1. 小李是一家公司新上任的营销经理，今天他要参加一个行业研讨会，他希望在这次会上能结交一些新的朋友，你能告诉他，应该如何做才能达到自己的目的吗？

2. 某公司新建的办公大楼需要添置一系列的办公家具，价值数百万元。公司的总经理已做了决定，向A公司购买这批办公用具。

这天，A公司的销售部负责人打电话来，要上门拜访这位总经理。总经理打算等对方来了，就在订单上盖章，定下这笔生意。

不料对方比预订的时间提前到了 2 个小时，原来对方听说这家公司的员工宿舍将在近期内落成，希望员工宿舍需要的家具也能向 A 公司购买。为了谈这件事，销售负责人还带来了一大堆的资料，摆满了台面。总经理没料到对方会提前到访，刚好手边又有事，便请秘书让对方等一会儿。这位销售员等了不到半小时，就开始不耐烦了，一边收拾起资料一边说："我还是改天再来拜访吧。"

这时，总经理发现对方在收拾资料准备离开时，将自己刚才递上的名片不小心掉在了地上，对方却并没发觉，走时还无意从名片上踩了过去。但这个不小心的失误，却令总经理改变了初衷。这样，A 公司不仅没有机会与对方商谈员工宿舍的设备购买的事宜，连几乎到手的数百万元办公用具的生意也告吹了。请回答：

（1）A 公司在哪些方面存在礼仪失误？

（2）正确的做法是什么？

3. 新来的公关员小吴向白主任询问怎样运用名片的礼仪，白主任一一作了回答。小吴说："上次我接客户的名片时是用左手接的，看过后就放在了办公桌上，怕丢了，上面还压了一本书，客户当时对我笑了笑。"请回答：白主任回答的运用名片的礼仪是什么？小吴的做法有错误吗？

实训考核

表 1—1 **公关接待评价评分表**

考评人		被考评人	
考评地点			
考评内容	称呼、介绍、握手、名片、交谈、电话		
考评标准	内容	分值/分	
	能够在不同的场合正确地使用称呼	10	
	能够掌握介绍的基本规则并恰当介绍	20	
	掌握正确的递接名片的方式	20	
	能够进行恰当的交谈	20	
	掌握正确的握手姿势及握手的顺序	15	
	能够在不同场合中正确使用电话	15	
合计		100	

注：考评满分为 100 分，60—70 分为及格，71—80 分为中，81—90 分为良好，91 分以上为优秀。

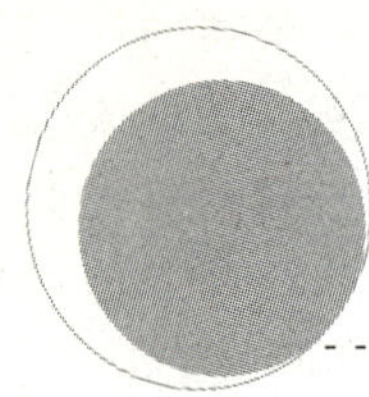

实训任务2 公关接待礼仪

职业场景

某公司要接待一批来公司接洽业务并进行参观访问的外国朋友。公关员小马负责这次接待工作。你能告诉小马从接待、会见、会谈、签字到宴请每个环节应该注意的各种礼仪要求吗?

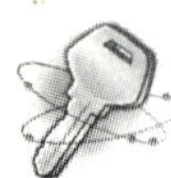

实训目的

通过实训，要求学生能够制定接待计划，并熟练掌握各种接待礼仪，使学生能够按照规范的礼仪要求承担各种接待活动。

训练步骤

第一步：小马应首先进行接待计划的制定与审核。内容包括以下九方面：

1. 明确接待的对象、人数、来处、任务及要达到的目的要求。
2. 确定接待规格。
3. 拟定接待期间的程序和日程表。
4. 确定接待人员及分工。
5. 接待场地的准备。
6. 食宿安排。
7. 迎送安排。
8. 经费预算。
9. 审订接待计划。

第二步：迎接客人。

1. 对前来洽谈业务的外国客人，应首先了解对方到达的车次、航班，安排与客人身份、职务相当的人员前去迎接。

2. 接到客人后，应首先问候“一路辛苦了”、“欢迎您来到我们这个美丽的城市”等，然后向对方作自我介绍。

3. 迎接客人应提前为客人准备好交通工具。

4. 接待人员带领客人到达目的地，应该有正确的引导方法和引导姿势。

(1) 在走廊的引导方法：接待人员走在客人二三步之前，配合客人的步调，并让客人走在内侧。

(2) 在楼梯的引导方法：当引导客人上楼时，应该让客人走在前面，接待人员走在后面；若是下楼时，应该由接待人员走在前面，客人在后面，上下楼梯时，接待人员应该注意客人的安全。

(3) 在电梯的引导方法：引导客人乘坐电梯时，接待人员先进入电梯，等客人进入后关闭电梯门，到达时，接待人员按“开”的按钮，让客人先走出电梯。

(4) 在客厅里的引导方法：当客人走入客厅，接待人员应用手指示，请客人坐下，看到客人坐下后，才能行点头礼后离开。如客人错坐下座，应请客人改坐上座（一般靠近门的一方为下座）。

5. 将客人送到住地后，主人不要立即离去，应陪客人稍作停留，热情交谈，但考虑到客人一路旅途劳累，主人不宜久留，让客人早些休息。分手时将下次联系的时间、地点、方式等告诉客人。

第三步：会见座位的安排及会谈中的礼仪。

1. 会见通常安排在会客室或办公室。宾主各坐一边。以正门为准，主人占背门一侧，客人面向正门。译员、记录员安排坐在主人和主宾的后面。

2. 准确掌握会见、会谈的时间、地点和双方参加人员的名单，及早通知有关人员和有关单位做好必要安排。主人应提前到达。事先排好座位图，现场放置中外文座位卡，卡片上的字体应工整清晰。客人到达时，主人在门口迎候。会见时招待用的饮料，在我国举行的会谈一般只备茶水，夏天加冷饮。会谈如时间过长，可适当上咖啡或红茶。会见结束时，主人应将客人送至车前或门口握别，目送客人离去后再回室内。

第四步：签字仪式的安排。

1. 安排签字仪式，首先应做好文本的准备工作，同时准备好签字用的文具、国旗等物品，与对方商定助签人员，并安排双方助签人员洽谈有关细节。

2. 一般在签字厅内设置长方桌一张，作为签字桌。桌面覆盖深绿色台呢，桌后放两把椅子，为双方签字人员的座位，主左客右。座前摆的是各自保存的文本，上端分别放置签字文具，中间摆一旗架，悬挂签字双方的国旗。

3. 有时签字后，备有香槟酒，共同举杯庆贺。所以事先要有安排。

第五步：宴请安排。

1. 宴会入场时，应在宴会厅门口迎接客人。当客人到达时，要表示欢迎。在客人卸去衣帽后，将其迎入休息厅，并招呼客人坐下，随即上茶、递上毛巾等。

2. 客人入席时，应面带微笑，引请客人入座。照顾客人入座时，要用双手和右脚尖将椅子稍微撤后，然后向前徐徐轻推，使客人安稳落座。

3. 斟酒时，应当走到客人的右侧，斟入的酒约占酒杯的四分之三或五分之四即可。斟酒时，瓶口不应紧挨着酒杯，酒杯无须拿起。

4. 上菜应按照顺序进行。一般应先上冷盘，再上热菜，最后上甜食、水果等。凡两桌以上的宴会，上菜应同步。上菜的方式大致有三种：一是把大盘的菜端到桌上，由客人自取；二是招待者托上菜盘逐一往客人的食盘中分让；三是单吃，即用小碗或小碟盛装，在每位客人面前放一份。

5. 席间如客人不慎将餐具碰落在地，不要大惊小怪，应及时为客人换上干净的餐具。

6. 宴会结束客人起身离座时，应为其拉开坐椅，疏通走道，并将客人送出宴会厅。

第六步：教师点评，指出在演练中的错误行为。学生撰写实训报告。

注意事项

1. 要熟练掌握每个环节的礼仪要求与操作规范。
2. 注意培养大家在训练中的合作意识。
3. 要保证每人都参与到实训过程中。
4. 注意课堂纪律的掌控，确保情景模拟逼真。
5. 课堂时间如果不够，可利用课余时间来进行。

实践知识

一、 接待筹划

一旦有重要客人来访做客或洽谈业务，公关人员要把好接待关，做好充分的准备工作，使客人高兴而来，满意而去。为了确保接待工作的顺利进行，公关人员应提前制定、审定接待计划。

（一）制定接待计划

1. 明确接待的对象、人数、来处、任务及要达到的目的要求。

2. 确定接待规格。不论是个人还是团体，均应事先确定接待规格。

3. 拟定接待期间的程序和日程表。程序可包括：确定主持人，介绍重要客人，组织领导人或重要客人致辞，有的还安排重要来宾留言题字等。

4. 确定接待人员及分工。包括：重要来宾的接待应由组织负责人来完成；接送、剪彩、留言、题字等活动都要预先安排专人负责。

5. 接待场地的准备，包括接待室、休息室、活动室、音响、照明设备、录像机、花篮等。

6. 食宿安排。客人食宿的宾馆、饭店应在客人到达之前安排好。根据客人的风俗习惯和接待规格确定住宿和用餐标准。为帮助客人尽快熟悉当地环境，可准备一些有关资料供客人查阅，如城市简介、交通图、比较有名的游览胜地等。

7. 迎送安排。迎送规格一般按照国际礼宾惯例的“对等原则”，即迎送人通常应与客人的身份相当。但由于各种原因，不可能完全对等时，可灵活变通，由职位相当的人士或由副职出面，同时，应从礼貌出发，向对方作合理的解释，求得对方谅解。

8. 经费预算。接待客人需人力、物力。费用预算包括招待费、食宿费、交通费、材料费、纪念品费用等。

（二）审定接待计划

1. 接待规格的审定。重要客人的身份、职业、性别、名气等一定要搞清楚，不能马虎从事。

2. 接待程序和日程的审定。接待程序是否合乎礼仪要求，日程的安排是否充分合理，具有可行性，都要认真地进行一一审定。

3. 接待地点、场地的审定。地点、场地确定后，应进行实地考察，认真布置。

4. 陪同及服务人员的审定。陪同人员身份是否相当，服务人员是否经过专门培训等情况应加以审定。

5. 接待礼仪程序的审定。不同民族、不同地区接待礼仪不同，要根据接待对象的风俗习惯、民族文化层次等施以不同的礼仪。

6. 食宿规格条件的审定。食宿地点确定后，要审定规格条件是否合乎要求，达到标准。

7. 送别时的审定。送别要考虑周全，要善始善终。送别重要客人，一般要依照迎接的规格来确定送别的规格，主要迎候人应参加送别活动。

8. 落实情况的审定。对接待计划全盘审定时，应逐项落实，专人专项负责，确保接待工作完满成功。

二、 往来接待礼仪

（一）迎接礼仪

迎来送往，是社会交往接待活动中最基本的形式和重要环节，是表达主人情谊、体现礼貌素养的重要方面。尤其是迎接，是给客人良好第一印象的最重要工作。给对方留下好的第一印象，就为下一步深入接触打下了基础。迎接客人要有周密的部署，应注意以下事项：

1. 对前来访问、洽谈业务、参加会议的外国、外地客人，应首先了解对方到达的车次、航班，安排与客人身份、职务相当的人员前去迎接。若因某种原因，相应身份的主人不能前往，前去迎接的主人应向客人做出礼貌的解释。

2. 主人到车站、机场去迎接客人，应提前到达，恭候客人的到来，绝不能迟到让客人久等。客人看到有人来迎接，内心必定感到非常高兴。若迎接来迟，必定会给客人心里留下阴影，事后无论怎样解释，都无法消除这种失职和不守信誉的印象。

3. 接到客人后，应首先问候“一路辛苦了”、“欢迎您来到我们这个美丽的城市”、“欢迎您来到我们公司”等。然后向对方作自我介绍。如果有名片，可送予对方。注意送名片的礼仪：当你与长者、尊者交换名片时，应双手递上，身体可微微前倾，说一句：“请多关照。”当你想得到对方名片时，可以用请求的口吻说：“如果您方便的话，能否留张名片给我?”作为接名片的人，双手接过名片后，应仔细地看一遍，千万不要看也不看就放入口袋，也不要顺手往桌上扔。

4. 迎接客人应提前为客人准备好交通工具，不要等到客人到了才匆匆忙忙准备交通工具，那样会因让客人久等而误事。

5. 主人应提前为客人准备好住宿，帮客人办理好一切手续并将客人领进房间，同时向客人介绍住处的服务、设施，将活动的计划、日程安排交给客人，并把准备好的地图或旅游图、名胜古迹等介绍材料送给客人。

6. 将客人送到住地后，主人不要立即离去，应陪客人稍作停留，热情交谈，谈话内容要让客人感到满意，比如客人参与活动的背景材料、当地风土人情、有特点的自然景观、特产、物价等。考虑到客人一路旅途劳累，主人不宜久留，让客人早些休息。分手时将下次联系的时间、地点、方式等告诉客人。

（二）接待礼仪

接待客人要注意以下几点：

1. 客人要找的负责人不在时，要明确告诉对方负责人到何处去了，以及何时回本单位。请客人留下电话、地址，明确是由客人再次来单位，还是我方负责人到对方单位去。

2. 客人到来时，我方负责人由于种种原因不能马上接见，要向客人说明等待理由与等待时间，若客人愿意等待，应该向客人提供饮料、杂志，如果可能，应该时常为客人换饮料。

3. 接待人员带领客人到达目的地，应该有正确的引导方法和引导姿势。在走廊的引导方法：接待人员走在客人二三步之前，配合客人的步调，并让客人走在内侧。在楼梯处的引导方法：当引导客人上楼时，应该让客人走在前面，接待人员走在后面，若是下楼时，应该由接待人员走在前面，客人在后面，上下楼梯时，接待人员应该注意客人的安全。乘电梯的引导方法：引导客人乘坐电梯时，接待人员先进入电梯，等客人进入后关闭电梯门，到达时，接待人员按“开”的按钮，让客人先走出电梯；在客厅里的引导方法：当客人走入客厅，接待人员用手指示，请客人坐下，看到客人坐下后，才能行点头礼后离开。如客人错坐下座，应请客人改坐上座（一般靠近门的一方为下座）。

4. 诚心诚意的奉茶。在我国，人们习惯以茶水招待客人，在招待尊贵客人时，茶具要特别讲究，倒茶有许多规矩，递茶也有许多讲究。

（三）会见与会谈

1. 会见座位的安排。

会见通常安排在会客室或办公室。宾主各坐一边。某些国家元首会见还有其独特礼仪程序，如双方简短致辞、赠礼、合影等。我国习惯在会客室会见，客人坐在主人的右边，译员，记录员安排坐在主人和主宾的后面。其他客人按礼宾顺序在主宾一侧就座，主方陪见人在主人一侧就座。座位不够可在后排加座。

2. 会谈座位的安排。

双边会谈通常用长方形、椭圆形或圆形桌子，宾主相对而坐，以正门为准，主人占背门一侧，客人面向正门。主谈人居中。我国习惯把译员安排在主谈人右侧，但有的国家亦让译员坐在后面，一般应尊重主人的安排。其他人按礼宾顺序左右排列。记录员可安排在后面，如参加会谈人数少，也可安排在会谈桌就座。

小范围的会谈，也可不用长桌，只设沙发，双方座位按会见座位安排。

3. 会见和会谈中的注意事项 。

(1) 提出会见要求，应将要求会见人的姓名、职务以及会见什么人、会见的目的告知对方。接见一方应尽早给予回复，约妥时间。如因故不能接见，应婉言解释。

(2) 作为接见一方的安排者，应主动将会见（会谈）时间、地点，主方出席人，具体安排及有关注意事项通知对方。作为前往会见一方的安排者，则应主动了解上述情况，并通知有关的出席人员。

(3) 准确掌握会见、会谈的时间、地点和双方参加人员的名单，及早通知有关人员和有关单位做好必要安排。主人应提前到达。

(4) 会见、会谈场所应安排足够的座位。如双方人数较多，厅室面积大，主谈人说话声音低，宜安装扩音器。会谈如用长桌，应事先排好座位图，现场放置中外文座位卡，卡片上的字应工整清晰。

(5) 如有合影，事先排好合影图，人数众多应准备架子。合影图一般由主人居中，按礼宾次序，以主人右手为上，主客双方间隔排列。第一排人员既要考虑人员身份，也要考虑场地大小，即能否都摄入镜头。一般来说，两端均由主方人员把边。

(6) 客人到达时，主人在门口迎候。可以在大楼正门迎候，也可在会客厅门口。如果主人不到大楼门口迎候，则应由工作人员在大楼门口迎接，引入会客厅。如有合影，宜安排在宾主握手之后，合影后再入座。会见结束时，主人应送至车前或门口握别，目送客人离去后再回室内。

(7) 领导人之间的会见，或是会谈，除陪见人和必要的译员、记录员外，其他工作人员安排就绪后均应退出。如允许记者采访，也只是在正式谈话开始前采访几分钟，然后统统离开。谈话过程中，旁人不要随意进出。

(8) 会见时招待用的饮料，各国不一。在我国，一般只备茶水，夏天加冷饮。会谈如时间过长，可适当上咖啡或红茶。

(四) 签字仪式

1. 安排签字仪式，首先应做好文本的准备工作，有关单位应及早做好文本的定稿、翻译、校对、印刷、装订、盖火漆印等项工作，同时准备好签字用的文具、国旗等物品，与对方商定助签人员，并安排双方助签人员洽谈有关细节。

2. 参加签字仪式的，基本上是双方参加会谈的全体人员。如一方要求让某些未参加会谈的人员出席，另一方应予同意，但双方人数最好大体相等。不少国家为了对签订的协议表示重视，往往由更高或更多的领导人出席签字仪式。

3. 我国举行的签字仪式，一般在签字厅内设置长方桌一张，作为签字桌。桌面覆盖深绿色台呢，桌后放两把椅子，为双方签字人员的座位，主左客右。座前摆的是各自保存的文本，上端分别放置签字文具，中间摆一旗架，悬挂签字双方的国旗。

4. 双方参加人员进入签字厅。签字人员入座时，其他人员分主客各一方按身份顺序排列于各自的签字人员座位之后。双方的助签人员分别站立在各自签字人员的外侧，协助翻揭文本，指明签字处。在本国保存的文本上签毕后，由助签人员互相传递文本，双方签字人员相互握手。有时签字后，备有香槟酒，共同举杯庆贺。

（五）宴请

宴请指的是设宴招待来宾。在公共关系交往中，它经常用于一些特殊公众的沟通。

1. 宴请的形式包括宴会、工作进餐、招待会等。

（1）宴会。这是较为隆重的设宴请客的聚会。宴会为正式就餐，坐下进食，由招待员顺次上菜。包括国宴、正式宴会、便宴、家宴等。

（2）工作进餐。包括工作早餐、工作午餐、工作晚餐。这是利用进餐时间边吃边谈问题的一种非正式宴请形式，只请与工作有关的人员参加，规格较低，菜的道数较少。往往安排席位，尤以用长桌为多，便于谈话。

（3）招待会。这是不备正餐较为灵活的宴请形式。备有食品、饮料，通常不排席位，也可以自由活动。有酒会和冷餐会两种形式。

2. 宴请程序为：主人一般在门口迎接客人。视宴会重要程度，还可有少数其他主要人员陪同主人排列成行迎宾。迎接到客人，相互握手互致问候后，由工作人员将客人引至休息厅室。如无休息厅室，则直接进宴会厅，但不入座。休息厅室要有相应身份人员照顾客人，并由招待员送饮料。主宾到达后，由主人陪同进入休息厅与其他客人见面。主人陪同主宾进入宴会厅，全体人员落座，宴会即开始。如休息厅较小或宴会规模较大，也可请主桌以外的客人先入座，主桌人员最后入座。在我国，如有正式讲话，一般习惯在热菜之后、甜食之前进行。主人先讲，然后主宾讲。也有一入席即讲话的。冷餐会和酒会的讲话时间较灵活。吃完水果，主人和主宾起座，宴会即告结束。

3. 宴请席位安排。较为正式的宴会都要按宾主顺序入座。在中国，座次高低一般以进门方向为准，面门方为上位，背门方为下位。不论桌子形状，均如此。如果客人是成双成对的（夫妻），就成对地安排座次，或男女相互交错状。主人坐下位。

西方的习惯与中国不同。排席位一般不考虑进门方向，而是以主人位置为准，桌次以主桌位置为准。基本原则是：右高左低，近高远低，也就是说，桌次高低以离主桌位置远近和左右而定。

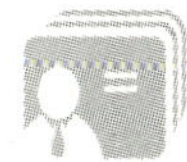

操作练习

1. 小马被公司委派承担这次商务谈判的接待工作，请你告诉他应该如何做才能够保证这项工作不出纰漏?

2. 经过长期洽谈之后，南方某市的一家公司终于同美国的一家跨国公司谈妥了一笔大生意。双方在达成合约之后，决定正式为此举行一次签字仪式。中方的工作人员在签字桌上摆放中美两国国旗时，误以中国的传统做法“以左为上”代替了目前所通行的国际惯例“以右为上”，将中方国旗摆到了签字桌的右侧，而将美方国旗摆到了签字桌的左侧。结果让美方人员恼火不已，他们因此而拒绝进入签字厅。请回答：

(1) 签字仪式礼仪有哪些?

(2) 这个案例给我们的教训是什么?

3. 作为公关人员，在会见与会谈中主要工作是联系和组织安排工作，尤其是一些具体的事务性工作。请你列出在会见与会谈中公关人员的几项具体工作。

4. 某组织因为知名度和美誉度的提高，重要的客人来访或洽谈业务明显增多。组织的公关人员为了确保接待工作的顺利进行，使客人高兴而来、满意而归，决定重新制定更完善的接待计划。你认为该接待计划应包括哪些内容?

实训考核

表 1—2 公关接待评价评分表

考评人		被考评人	
考评地点			
考评内容	接待、会见与会谈、签字仪式、宴请		
考评标准	内容	分值/分	
	准确掌握公关接待活动礼仪的知识	20	
	模拟接待活动中操作规范科学	40	
	在接待活动中与同学们互相配合	20	
	能够顺利完成模拟情景规定的任务	10	
	实训小结	10	
合计		100	

注：考评满分为 100 分，60—70 分为及格，71—80 分为中，81—90 分为良好，91 分以上为优秀。

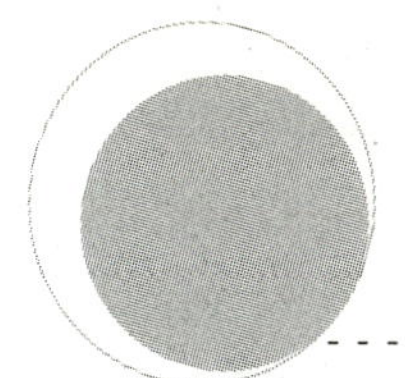

实训任务3 欢迎词、欢送词、答谢词的写作

职业场景

某高校与企业之间就人才培养模式进行研讨，组织了一次研讨会，在研讨会上首先校长要对与会者致欢迎词，研讨会即将结束时，校领导要对专家的到来及提出的宝贵意见表示感谢，需要致答谢词。研讨会结束后，学校安排宴请与会专家，宴请会上，校领导要致欢送词。请你帮助校领导分别拟一份欢迎词、答谢词和欢送词。

实训目的

通过实训，使学生掌握欢迎词、欢送词、答谢词的写作规范和基本要领，并能够灵活运用所学知识进行写作。

训练步骤

第一步：教师介绍欢迎词、欢送词和答谢词的使用场合。欢迎词是在迎接宾客的仪式、集会、宴会上主人对宾客的光临表示热烈欢迎的一种礼仪文书。欢送词是在欢送宾客的仪式、集会、宴会上主人对宾客即将离去表示热烈欢送的一种礼仪文书。答谢词是在专门仪式、宴会、招待会上宾客对主人的热情接待表示衷心感谢的致词。

第二步：介绍欢迎词、欢送词和答谢词的写作格式及注意事项。

1. 欢迎词、欢送词和答谢词的格式包括标题、称谓、正文和落款四部分。

（1）标题。可直接以文种“欢迎词”、“欢送词”、“答谢词”为题，也可以以场合和文种为题，如“在开学典礼上××的欢迎词”等。

（2）称谓。对被欢迎、欢送的对象的称呼，称呼前可加修饰语“尊敬的”、“敬爱的”之类，称呼后可加头衔，也可加“先生”、“女士”、“夫人”等。

（3）正文。

1）欢迎词的正文一般先写表示欢迎的话；接着写宾客来访的目的、意义、作用；继而回顾双方交往的历史与友情，赞扬宾客在某些方面的贡献及双方友好合作的成果，表示继续加强合作的意愿、希望；结尾写祝颂语，对宾客的光临再次表示热情的欢迎和良好的祝愿。

2）欢送词的正文一般应包括这样的内容：对宾客的离去表示热烈欢送的话；有关欢送的具体内容，如宾客逗留的时间及离别的日程，叙述访问的行程及收获，对宾客的希望及要求，表示继续加强交往的意愿；结语常需再次对宾客的即将离去表示热烈的欢送。

3）答谢词正文部分一般包括的内容有：对对方的热情接待表示由衷的感谢。如果是访问，则概述出访期间留下的美好印象，赞扬主人某方面的业绩、崇高的精神，或对双方共同关心的问题表达自己的观点、看法和愿望。结尾一般需对对方再次表示谢意。

（4）落款。即在正文的右下方写明致欢迎词、欢送词和答谢词的单位、人物的名称和日期。如果在标题中已经写明，则此处不必再落款。

2. 欢迎词、欢送词写作的注意事项：

（1）感情须亲切、真挚、诚恳，要符合当时情况，能适当引导出席者的情绪，以创造一种友好的气氛，密切关系，推动双边合作。

（2）注意礼貌，又要有分寸。既尊重对方，又不卑不亢。

（3）有分歧的问题、意见不一致的问题不在言辞中表露。

（4）语言要便于交际场合朗读、演说，即上口、好读。

（5）动笔之前，要了解对象的基本情况，比如已取得的成就及影响、大会的宗旨、工程建设的目的等。这样，才能切合实际，有的放矢，言之有物。

第三步：例文分析。

[例文 1]

欢迎词

尊敬的来宾、代表们、朋友们、同志们：

我荣幸地宣布，第一届中国国际旅游会议开幕了，我代表中国政府和人民并以我个人的名义，向这次会议表示热烈的祝贺，衷心欢迎各位来宾和代表。

…………

朋友们、同志们，会议期间，我们将欢聚一堂，交流经验。会后，我们中的一些人将去中国的其他地方参观访问。我诚恳地希望，你们将对中国的旅游事业提出宝贵的建议。

我祝本次大会圆满成功，并祝各位身体健康，在中国生活得愉快！

谢谢各位。

［析评］

这是一篇欢迎词。内容分三个部分。其一写欢迎的原因以及对客人表示热烈欢迎；其二写良好的预期、会后的安排和要求；其三写祝颂语和表示感谢。言辞情真意切，友善礼貌，营造出一种友好的气氛。

［例文 2］

欢送词

同志们、朋友们：

刚好在两个星期以前，我们愉快地在这里欢聚一堂，热烈欢迎×××博士。今天，在×××博士访问了我国的许多地方之后，我们再次欢聚一起，感到特别亲切、高兴。×××博士将于明天回国。

×××博士的访问虽然短暂，然而是极其成功的。在北京期间，他会晤了有关方面的领导同志，参观了工厂、农村、学校，与各界人士进行了谈话，并认真研究了我国的政治、经济、文化和教育。

在向×××博士告别之际，我们真诚地希望×××博士给我们提出批评、指导的宝贵意见，以便我们改进工作。同时，我们想借此机会请他转达我们对×国人民的深厚友谊，请他转达我们对他们的亲切问候和敬意。

祝×××博士回国途中一路平安，身体健康！

［析评］

这篇欢送词突出了两方面的内容。其一写与客人两次欢聚。“两个星期以前”曾欢聚一堂欢迎客人一句，点明客人的访问时间长度。客人“将于明天回国”一句，又点明欢送的缘由。其二写客人访问我国的行程情况，以及收获。最后写主人的希望、要求和祝愿。全文感情诚恳，用语巧妙，分寸适当，语言精练，是篇不错的欢送词。

［例文 3］

答谢词

亲爱的朋友们：

我们对贵国的访问即将结束。首先，请允许我代表我们旅游观光团一行 20 人对贵国政府对我们的盛情款待表示由衷的感谢。

访问期间，我们十分有幸结识了许多知名人士，参观了城镇、乡村、工厂、学校和文艺团体，与各界人士进行了饶有兴趣的谈话，这些都给我们留下了很深的印象。

我相信，我们这次参观访问将有利于促进两国人民之间的友谊。我们用文字和照片记录下了这次访问中一幕幕的动人景象，回国后，我们将让我国人民得知这一切。我深信，这将给他们以巨大的鼓舞。

借此机会，再次衷心地感谢大家！

祝中国人民幸福！

祝两国人民之间的友谊万古长青！

再见了，亲爱的朋友们！

[析评]

这是一篇答谢词。正文分为三部分：其一写“我们对贵国的访问即将结束”，这是答谢的背景、原因。接着写对主人的热情接待表示感谢。其二概写访问的内容、留下的美好印象、成果和愿望。其三写再次感谢和祝颂词。全文情感真挚、感人，尤其是宾客回国后的“计划”和最末一句话，令人感动。

资料来源：杨文丰：《现代应用文写作》，164页，北京，中国人民大学出版社，2003。

第四步：学生根据前面模拟的场景，分别进行欢迎词、欢送词和答谢词的写作练习。

第五步：教师进行总结评价，并分析存在的问题。学生撰写实训报告。

注意事项

1. 要注意欢迎词、欢送词、答谢词写作的不同要求。
2. 注意写作格式的规范。
3. 要求每人都要参与，并独立完成写作。
4. 主要是在课堂上进行，时间为10分钟。

实践知识

一、 欢迎词

1. 欢迎词是国家机关或单位在举行隆重庆典、大型集会、欢迎仪式或洗尘宴会上，主人对宾客的来临表示热烈欢迎而使用的讲话稿。

2. 欢迎词言辞热情，旨在对来宾表示欢迎和尊重，表达友好交往、增强交流与合作的心愿，营造和强化友好和谐的社交气氛。

3. 欢迎词具有应对性，一般来说，主人致欢迎词后，宾客即致答词。

4. 欢迎词和祝酒词有时可以互用，在欢迎宴会上发表的欢迎词往往叫祝酒词。但欢迎词和祝酒词也有所不同：祝酒词只用于宴会上，祝酒词可表示欢迎，也可表示欢送；祝酒词的结尾句，一般为“为××干杯!”的祝酒语句，而欢迎词的结尾句多为表示祝愿成功、愉快的语句。

5. 注意事项：欢迎词的正文，语言要朴实、热情、简洁、平易，语气要亲切、诚恳，感情要真挚，宜多用短句，言辞应力求格调高雅。回顾以往的叙述要简洁，议论不要过多，力求精当；对主宾的赞颂和评价要热情而中肯，不要过分。可以有适当的联想与发挥。整个篇幅不宜过长。如遇来宾的意见、观点与主人不一致时，写作欢迎词当坚持求同存异的原则，多谈一致性，不谈或少谈分歧，可恰当采用委婉语、模糊语句，尽力营造友好和谐的气氛。

二、 欢送词

1. 欢送词是领导人在欢送仪式或宴会上向来宾发表的表示欢送的演讲稿，其主要功用与欢迎词除应用的时间、场合不同，并无实质性的区别。除内容外，写法也与欢迎词大致相同。

2. 写欢送词一定要注意了解来宾来访期间的活动情况，访问所取得的进展（如交换意见，达成共识，签署了什么样的联合公报，发表了什么样的联合声明，有哪些科技、贸易、文化及其他方面的合作）等。得悉了这些情况，欢送词就会写得内容丰富而准确。

3. 写欢送词还要注意以下事项：称呼用尊称、注意宾客身份，致辞要恰到好处，感情要真挚、诚恳而且要健康；措辞要慎重，勿信口开河，要尊重对方风俗习惯，以免发生不该发生的误会；语言要精确、热情、友好、温和、礼貌；要言简意赅，篇幅不宜过长。欢送词也是一种礼节性的社交公关辞令，要短小精悍，这样更宜于表达主人的尊重和礼貌。

三、 答谢词

1. 答谢词，是指在特定的公共礼仪场合，主人致欢迎辞或欢送词后，客人所发表的对主人的热情接待和诸多关照表示谢意的讲话。答谢词也指客人在举行必要的答谢活动中所发表的感谢主人的盛情款待的讲话。

2. 答谢词的写作重点在于表达出对主人的热情好客的真挚感谢之情。答谢词的开头，应先向主人致以感谢之意。答谢词的主体，先是用具体的事例，对主人所做的一切安排给予高度评价，对主人的盛情款待表示衷心的感谢，对访问取得的收获给予充分肯定，然后，谈自己的感想和心情。

操作练习

1. 我国一个旅游观光团到某一友好国家进行旅游观光，受到该国政府的热诚接待。在回国前夕，我旅游观光团举行答谢宴会，请你为观光团团长写一篇答谢词。

2. 九九重阳节，某饭店举办了“80老人百叟宴”的大型公关活动。如果你是饭店公关部的负责人，你将如何起草这次活动的欢迎词？

3. 某企业引进了美国某公司的一套生产设备，美国公司派工程师杰克逊先生前来进行技术指导。在杰克逊回国前夕，公司为他举行了欢送会。请你为公司领导代拟一篇欢送词。

实训考核

表1—3 公关文书评价评分表

考评人		被考评人	
考评地点			
考评内容	欢迎词、欢送词、答谢词的写作		
考评标准	内容	分值/分	
	格式规范	30	
	感情真挚诚恳	20	
	用词准确，语言精练	40	
	独立完成	10	
合计		100	

注：考评满分为100分，60—70分为及格，71—80分为中，81—90分为良好，91分以上为优秀。

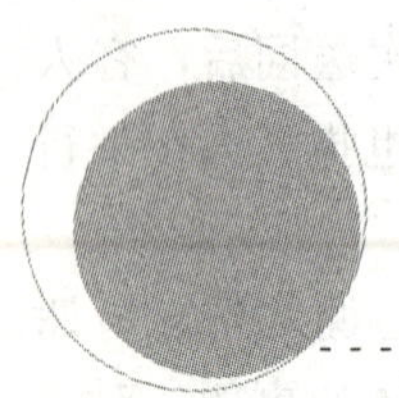

实训任务4 介绍信和邀请信的写作

职业场景

小李是市场营销专业的一名大三的大学生，要利用寒假时间去某超市实习，需由所在院系开具介绍信，如果你是系办公室主任，如何来开这个介绍信呢？超市为了迎接新年，拟定召开一次联欢会，需要聘请上级主管部门和相关的合作单位来参加这个联欢会，请你帮助该公司拟定一封邀请信。

实训目的

通过实训，使学生了解介绍信和邀请信的写作格式及内容，掌握写作的要领及注意事项，提高文字沟通能力。

训练步骤

第一步：向学生说明本次实训训练的是介绍信和邀请信的写作。

第二步：根据模拟场景，进行介绍信的写作。

1. 教师说明在什么情况下需要写介绍信，以及介绍信的作用，以引起学生对本次实训的重视。

2. 教师讲解手写式介绍信的结构及内容。

手写式介绍信包括标题、称谓、正文、结尾、署名五部分。

（1）标题一般是在信纸的第一行写上“介绍信”三个字，有些也可省略。

（2）称谓在第二行，要顶格写，要写明联系单位或个人的单位名称（全称）或姓名，称呼后要加上冒号。

（3）正文要另起一行，空两格写介绍信的内容。介绍信的内容要写明如下几点：要说明被介绍者的姓名、年龄、政治面貌、职务等。如被介绍者不是只有一人，则还需注明人数。其中，政治面貌和被介绍者的年龄有时可以省略；写明要接洽或联系的事项，以及向接洽单位或个人所提出的希望和要求等；要在正文的最后注明本介绍信的使用期限。

（4）介绍信的结尾要写上“此致，敬礼”等表示敬意的话。

（5）出具介绍信的单位名称写在正文右下方，并署上介绍信的成文日期，加盖单位公章。

这种介绍信写好之后，一般装入公文信封内。信封的写法同普通信封的写法相同。

3. 教师讲解带存根的印刷式介绍信的结构及内容。

带存根的印刷式介绍信一般由存根联、正式联和间缝三部分组成。

（1）存根联部分。存根联的第一行正中写有“介绍信”三个字，字体要大；紧接“介绍信”之后，用括号注明“存根”两个字。第二行，在右下方写有“××字×号”字样，如果是市教委的介绍信，就写“市教字×号”；如是县政府商业局的介绍信，可写“县商字×号”。“×号”是介绍信的编号。

正文要另起一行写介绍信的内容，具体由以下几项构成：

1）被介绍对象的姓名、人数及相关的身份内容介绍，还要写明前往何处、何单位。

2）具体说明办理什么事情，有什么要求等。

结尾只注明成文日期即可，不必署名，因为存根仅供本单位在必要时查考而已。

（2）正式联部分。第一行正中写有“介绍信”字样，字体较大。第二行在右下方有“××字××号”字样，内容照存根联填写。称谓要顶格写，写明所联系的单位或个人的称呼或姓名。正文应另起一行，空两格起再写介绍信的具体内容。内容同存根内容一样，主要写明持介绍信者的姓名、人数、要接洽的具体事项、要求等。结尾要写表示敬意的话，如“此致，敬礼”。最后要注明该介绍信的有效期限。在右下方要署上本单位的名称全名，并加盖公章，同时另起一行署成文日期。

（3）间缝部分。存根部分同正文部分之间有一条虚线，虚线上即有“××字第××号”字样。这里可照存根第二行“××字×号”的内容填写。要求数字要大写，如“壹佰叁拾肆号”，字体要大些，便于从虚线处截开后，字迹在存根联和正文联各有一半。同时，应在虚线正中加盖公章。

4. 强调介绍信写作过程中的注意事项。

介绍信是介绍来人身份的一个有用的证件，它是建立一种良好的合作或有效办理某项事情的有效凭证，所以在写或填写介绍信的时候，务必注意以下一些事项：

（1）要填写被介绍人的真实姓名、身份，不得虚假编造，冒名顶替。

（2）所接洽办理的事项要写清楚，与此无关的不要写。介绍信要简明扼要，不可太长。

（3）介绍信务必加盖公章，以免以后造成不必要的麻烦。查看介绍信时，也要核对公章和介绍信的有效期限。

（4）有存根的介绍信，存根联和正式联要内容完全一致。存根底稿要妥善保存，以备今后查考。

（5）介绍信书写不得涂改，要书写工整。有涂改的地方，可加盖公章，否则此介绍信将被视为无效。

第三步：学生以系办的名义帮助市场营销专业的小李写一份介绍信，要求分别用手写式和带存根的介绍信两种形式来写。实训时可以分组进行。每组 3—5 人。时间 20 分钟。

第四步：教师介绍请柬或邀请信的写作结构和写法。

请柬、邀请信有横式、直式两种，一般由以下几部分组成：

1. 封面（正面）。居中写“请柬”或“邀请信”，字体要略大，要醒目和美观。

2. 称谓。首行顶格写被邀请的单位名称或个人的姓名。

3. 正文。写清邀请的目的、活动内容、时间、地点及应注意的一些问题。

4. 结尾。通常写“敬请光临”、“敬请莅临”或“敬请光临指导”。

5. 落款。写清发请柬或邀请信的单位名称或个人姓名，下一行注明年、月、日。有的请柬、邀请信是印刷出售的，如果其格式完整、合用，也可以购回填写。

第五步：强调请柬、邀请信写作的注意事项。

1. 有关信息的交代要清楚。邀请的内容、时间、地点，被邀请者的姓名、头衔必须准确无误。

2. 措词讲究。用语要简短、热情、文雅，宜用期盼性语言表达。突出“请”意，避免使用“务必”、“必须”之类带强制性词语，不能有半点强求之意。当然，对特殊的邀请书，措词必须与所邀请参与的活动性质相适应。

3. 制作宜精美。装帧尽可能美观、大方，以示对被邀请者的尊重。

4. 文种选择需根据使用的场合和情况。隆重的礼仪场合多用请柬；参加学术研讨会、纪念会、订货会多用邀请信，一般的会议发通知即可。邀请的事项单一，用请柬；邀请的事项较复杂或需要向被邀请者说明有关问题，则用邀请信。

5. 如有需要注意的事项，如联系人、联系电话、食宿或携带物品、文件要求、交通路线等，要在“请柬”或“邀请信”上适当的位置注明。如有签到卡，可随请柬附上。

第六步：学生以超市职员的身份向参加新年联欢会的参会人员写请柬或邀请信。实训时可以分组进行。每组 3—5 人。时间 20 分钟。

第七步：教师讲评，并指出实训过程中存在的问题。学生撰写实训小结。

注意事项

1. 讲解与训练相结合。

2. 要求注意行文的规范和用词的准确。

3. 写作时间要掌握好。

4. 要注意分析存在的问题。

实践知识

一、 介绍信

1. 介绍信是机关团体、企事业单位的人员与其他单位或个人联系工作、了解情况、洽谈业务、参加各种社会活动使用的一种专用书信。

2. 介绍信适用于单位与单位之间的工作来往所需，是一种较为正规的具有一定凭证作用的信件，主要适用于以下情况：

(1) 学生到某单位实习或搞什么活动时，由所在院系开具介绍信。

(2) 国家机关人员外出调查或前往其他单位商讨大事时要带上介绍信。

(3) 一些商业单位在派人到别的单位推销宣传自己的产品时，也要带上介绍信。

(4) 一些单位在同其他单位进行业务交流时，若派新手前往接洽，则需带上介绍信。

(5) 推荐他人入学，为他人推荐工作或向他人求教问题而相互并不认识时，可写份介绍信。

3. 介绍信的特点一般来讲具有证明的特性。介绍信是机关团体必备的具有介绍、证明作用的书信。接介绍信的人，可以凭借此信同有关单位或个人联系，商量洽谈一些具体事宜，而收看介绍信的一方则可以从对方的介绍信中了解来人的职业、身份、要办的事情、要见的人、有什么希望和要求等。介绍信是联结双方关系的一个桥梁，其目的旨在证明来人的身份，以便防止假冒。介绍信同时还具有时效的特性。介绍信就相当于一个在一定时间内的有效证件，它可以帮助对方了解你的身份、来历，同时也赋予了你一定的责任和权利，所以介绍信一般都开列出一定的时日期限，这是一种在限期内才具备有用性的一种专用文书。

4. 介绍信的分类方式可以有很多种。角度依据不同，则可以分为不同的类别。不过一般来讲，介绍信通常可以分为以下两种，即手写式介绍信和印刷式介绍信。

(1) 手写式介绍信。

手写式介绍信是一种较常见的介绍信，一般采用公文信纸书写或书写在机关、团体、单位自制的信笺上，最后只要加盖公章即可。

这是一种比较便捷的介绍信方式，但因其用纸、书写没有什么严格的要求，所以容易被人伪造，在正规的场合下要少用这种介绍信。

(2) 印刷式介绍信。

这是一种正式的介绍信，铅印成文，内容格式等已事先印刷出来，使用者只需填写姓名、单位，另加盖公章即可。

印刷式介绍信又可以细分为两种，一种为带存根的介绍信，一种为不带存根的介绍信。

1) 带存根的介绍信通常一式两联，存根联由开介绍信一方留档备查，正式联由被介绍人随身携带。格式统一制作的介绍信使用时简单方便，只需填写个别内容，可以提高工作效率，是公用介绍信使用较多的一种。

2) 不带存根的介绍信内容格式同带存根的介绍信在正文的印制上无甚差别，也是随用随填，只是未留存根而已。

介绍信写好后，也应装入公文信封内。信封的写法同普通信封相同。

二、邀请信

邀请信（Letter of Invitation）是邀请亲朋好友或知名人士、专家等参加某项活动时所发的请约性书信。在国际交往以及日常的各种社交活动中，这类书信使用广泛。邀请信可分为两种：请柬和一般的邀请信。请柬是一种正规的邀请信。请柬的格式严谨而固定，一般适用于较庄重严肃的场合。一般邀请信通常适用于一些平常的事情的邀请，而且邀请人同被邀请人之间又很熟悉。一般邀请信具有简短、热情的特点。

(一) 邀请信的内容

第一，说明邀请对方参加什么活动、邀请的原因是什么。

第二，将活动安排的细节及注意事项告诉对方，诸如时间、地点、参加人员、人数，做些什么样的准备及所穿的服饰等。

第三，为了方便安排活动，如有必要，可注明请对方予以回复能否应邀及还有哪些要求等。

[例文]

关于出席××研讨会的邀请函

××秘书长：

最近，国家×部××科学研究院批准关于××课题研究的项目。经议，定于三月下旬在×省×市召开该项课题第一次研讨会。现将有关事项函告如下：

一、会议报到时间（略）

二、会议地址（略）

三、联系人及电话（略）

特邀请您届时出席。

××研究中心（盖章）

（二）写邀请信应注意的事项

1. 邀请人和被邀请人要用第二人称，参加活动的时间、地点也要写得清楚明确。

2. 希望被邀请人收到请柬后给予答复的，则须在请柬上注明“R. S. V. P”或“r. s. v. p”字样，意为“请答复”。有时为了方便联系，可留下自己的电话号码或地址。

3. 对参加活动的人有什么具体要求可简单在请柬上注明，比如对服装的要求，要求穿礼服时，须在请柬的右下角注明“Dress：Formal”；较随意时可用“Dress：Informal”。

操作练习

1. 某单位要召开一次有关新产品开发的座谈会，邀请有关人员参加，请你帮助拟定一个邀请函。

2. 公关部刘主任要出差，请公关员小赵开一封介绍信。小赵在介绍信上写上了对方部门的称谓，又写上了签发介绍信的单位和日期。请问：小赵写的介绍信中还缺少什么内容？

实训考核

表 1—4 公关文书评价评分表

考评人		被考评人	
考评地点			
考评内容	介绍信和邀请信的写作		
考评标准	内容	分值/分	
	介绍信和邀请信的格式规范	20	
	介绍信和邀请信的内容全面	20	
	用词准确，行文流畅	30	
	实训中的合作态度与效果	20	
	实训报告写作	10	
合计		100	

注：考评满分为 100 分，60—70 分为及格，71—80 分为中，81—90 分为良好，91 分以上为优秀。

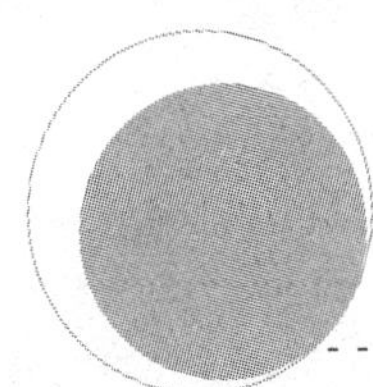

实训任务5 通知、海报、简报写作

职业场景

学校为了提高学生的综合素质、开阔学生的视野，准备邀请全国知名的营销专家叶××先生来我校作关于《营销理论与实践创新》的专题讲座，请你帮助拟一份海报。同时拟一份通知，要求各系的教师积极参加，并要求学校办公室以简报的形式对学校各部门通报本次讲座的基本情况。请你帮助该部门拟定一份简报。

实训目的

通过对海报、通知和公关简报的写作知识的学习和训练，使学生能够运用所学知识撰写海报、通知和公关简报，提高学生的文字写作能力和实践操作能力。

训练步骤

第一步：教师介绍本次实训的内容及模拟的场景。

第二步：简要介绍海报的格式及写作要求。

1. 海报的格式。

海报一般由标题、正文和落款三部分组成。

(1) 标题。

海报的标题写法较多，大体可以有以下一些形式：

1) 单独由文种名构成，即在第一行中间写上“海报”字样。

2) 直接由活动的内容承担题目，如“舞讯”、“影讯”、“球讯”等。

3) 可以是一些描述性的文字，如“×××再显风采”、“××旧事重提”等。

(2) 正文。

海报的正文要求写清楚以下一些内容：

1) 活动的目的和意义。

2) 活动的主要项目、时间、地点等。

3) 参加的具体方法及一些必要的注意事项等。

(3) 落款。

要求署上主办单位的名称及海报的发文日期。

以上的格式是就海报的整体而讲的，实际的使用中，有些内容可以少写或省略。

2. 海报写作的注意事项：

(1) 海报一定要具体真实地写明活动的地点、时间及主要内容。文中可以用些鼓动性的词语，但不可夸大实事。

(2) 海报文字要求简洁明了，篇幅要短小精悍。

(3) 海报的版式可以做些艺术性的处理，以吸引观众。

第三步：练习海报的写作，内容是邀请全国知名的营销专家叶××先生来我校作关于《营销理论与实践创新》的专题讲座。

第四步：介绍通知的种类，然后说明要写的通知属于会议通知，并说明会议通知包括的内容。

第五步：每个同学按照要求来撰写这份会议通知，时间掌握在30分钟之内。

第六步：说明简报的类型，包括综合简报、工作简报和会议简报。我们模拟的属于综合简报，这类简报要求用最简洁、精练的语言表达出准确、完整的信息内容，一般不加评论。编写时应注意以下三点：

1. 编写者应像新闻记者那样，善于从一般中见特殊，从细微处发现值得注意的动向。

2. 要求据实直书，注重用事实和数据说话。

3. 强调简明扼要，同时注重信息内容的完整。

第七步：说明简报的写作格式。

简报式样像小报，由报头、报核、报尾三部分组成。

1. 报头部分。报头部分，又称版头。一般占首页三分之一的上方版面，用间隔红线与正文部分分隔开。报头的内容包括：

(1) 简报名称：如《××工作简报》，在居中位置，用套红大号字体，要求醒目大方。

(2) 期数：排在简报名称的正下方，有的还注明总期数。

(3) 编发单位：在横隔线的左上方位置上。

（4）印发日期：在横隔线的右上方位置上。

2. 报核部分。刊登简报文稿的部分称为“报核”，是简报的核心部分。一般由按语、标题、正文、发送单位四项组成。

3. 报尾部分。报尾在简报的最后一页的末尾，用横线与报核隔开，写上发送单位名称和印制份数。

简报样式示例如下：

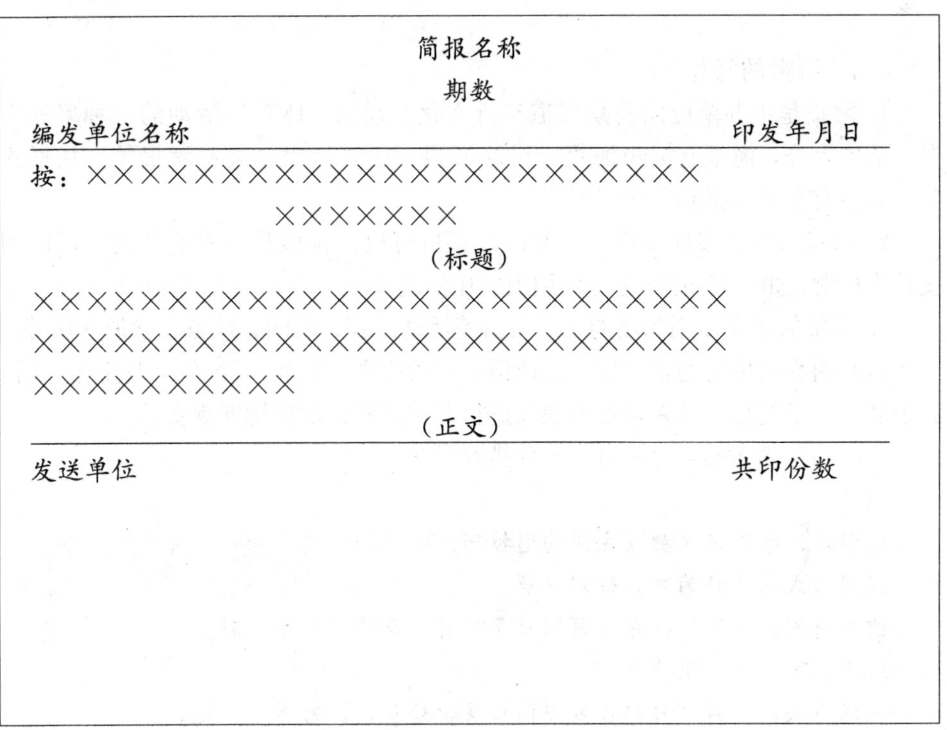

简报名称

期数

编发单位名称　　　　印发年月日

按：××××××××××××××××××××××××

×××××××

（标题）

××××××××××××××××××××××××××

××××××××××××××××××××××××××

××××××××××

（正文）

发送单位　　　　共印份数

第八步：学生以本次讲座为题，根据以上简报的样式写一份简报。写作过程中要注意无论文字、语言、标题制作都要求清新活泼，具有较强的可读性。简报的编写者完全可以根据内容和行文的需要，在编写上不断创新。

第九步：教师总结评价。如果时间允许，可以训练会议简报和工作简报的写作。

注意事项

1. 教师讲解与实训可穿插进行。

2. 要注意各种不同类型通知的写法。如果时间允许，可以设置其他通知的场景进行模拟训练。

3. 注意海报和简报两种文体的写作的不同要求。

4. 要求在课堂上进行。海报实训时间为10分钟，简报为20分钟。

5. 要进行问题的分析和总结。

实践知识

一、 海报的写作

1. 海报是主办单位向公众报道举行文化、娱乐、体育等活动的一种事务文书。从内容分，海报有演出海报、讲演海报、比赛海报、展览海报等。从形式分，海报有文字海报和美术海报两种。

2. 海报的写法多种多样，标题的位置也可根据排版设计随意摆放。可以用文种作标题，如《海报》，也可以用内容作标题。

3. 海报的正文要用简洁的文字写清楚活动内容、时间、地点、参加办法等。

(1) 内容简单的通常只用三言两语，一段成文。例如："×月×日下午×时，我校和××学院足球队在本校大操场进行友谊比赛，欢迎踊跃观赛。"

(2) 内容稍多的可分项目，分项排列成文。

例如：

特邀××学院××教授主讲沟通技巧。

讲座形式：视频为主，辅以讲解。

讲座时间：××××年×月×日至×日，每晚×时至×时。

地点：××××报告厅。

入场办法：×月×日起在本馆门口售票处售票，每票××元。

(3) 有的海报在正文首或正文末加上排列整齐的标语，起画龙点睛作用。配上这类标语之后，起渲染吸引作用，但要遵守真实的原则，不能哗众取宠，甚至招摇撞骗。

4. 结尾的内容有主办单位、海报制作时间等。正文已把有关内容写清楚了，可以不设结尾。有的结尾还加上一些吸引人的口号，如"售完即止!""勿失良机!"之类。

二、 通知的写作

1. 通知可以用来布置工作、传达指示、晓谕事项、发布规章、批转和转发文件、任免干部等，公关人员最常用的通知种类有：

(1) 会议通知。这是一种常见的通知，即告诉有关单位或个人参加会议的通知。

一般包括如下内容：召开会议的时间、地点以及会议的名称；会议的中心议题和主要程序；对与会人员身份的要求；对与会人员会前准备工作的要求；报到时间、地点及联络人；其他需要事先说明的事项。

(2) 任免通知。任免通知，只需写明会议决定，任命什么人担任什么职务，免去什么人的什么职务即可，不必说明原因。

(3) 指示性通知。这类通知用来发布指示、布置工作。凡是需对某一事项进行处理、对某问题做出指示，又不适合用命令、决定、指示的形式行文的时候，均可用通知的形式进行办理。

(4) 批示性通知。批转、转发文件的通知。将某一下级机关报来的文件（主要是建议性报告或工作报告）转发给有关下级机关，叫做“批转”。将上级机关发下来的文件，或不相隶属机关发来的文件（主要是指示、意见、通知等）转发给下级机关，叫做“转发”。批转、转发文件的通知的正文有时十分简短，主要由转发对象、转发决定、执行要求组成。

(5) 知照性通知。用于告知某一事项或某些信息的通知，诸如庆祝节日，成立、调整、合并、撤销机构，人事任免，启用新印章，更改电话，更正文件差错等，都可用这种通知行文。

2. 由于通知的功能多，种类多，写法彼此有较大的区别，这里只能概括介绍一些通知写作的基本方法。

(1) 通知的标题。通知的标题一般采用公文标题的常规写法，由“发文机关＋主要内容＋文种”组成，如《中共中央办公厅、国务院办公厅关于严禁用公费变相出国（境）旅游的通知》。

(2) 通知的主送机关。通知的发文对象比较广泛，因此，主送机关较多，要注意主送机关排列的规范性。

(3) 通知的正文。包括缘由、事项、要求三部分。主体在事项部分。下面分别介绍几种通知正文的写法：

1) 会议通知的写法。

会议通知依据其不同类型，有不同的写法。通过文件传递渠道发出的会议通知，一般应写明召开会议的原因、目的、会议名称、主要议题、到会人员、会议及报到时间、地点、需要的材料等，通常采用条文式写法，要求内容周密、语言清楚、表述准确，不致产生歧义。

供机关、单位内部张贴或广播的周知性会议通知，正文开头可不写受文对象，应在通知事项中说明会议时间、地点、内容、准备材料及出席人员等。语言力求简短、明白。

2）任免通知的写法。任免通知的写法比会议通知更为简单，一般的固定格式是：按任免决定写上任免人员即可。

3）指示性通知的写法。指示性通知的正文，一般先写发文的缘由、背景、依据；在事项部分，或写发布行政法规、规章制度、办法、措施等，或写带有强制性、指挥性、决策性的原则（或指示性意见）、具体工作要求等。

指示性通知的事项，一般具有影响面较大、比较紧急和有一定的政策性的特点。

4）批示性通知（批转、转发性通知）的写法。批转与转发性通知正文写法大体相同。可以把这两种通知称为“批语”，把被批转、转发的文件看做是通知的主体内容。批语的内容主要有如下三个方面：第一，说明批转的目的或陈述转发的理由；第二，对受文单位提出贯彻执行的具体要求；第三，根据具体情况做出补充性的规定。

用通知批转或转发下级机关、不相隶属机关和上级机关的公文时，对被批转和转发的文件已起到了一种公布、认可或推荐的作用。从构成上看，这种通知由批语部分和批转或转发文件组成，批语和被批转或转发文件都不能单独作为一份文件。如果批语脱离被批转或转发文件，没有实际依托内容，不能单独行文；如被批转或转发文件离开批语则不能纳入通知的内容，不能体现发文单位的意图，没有批语予以的权威性和合法地位。

5）知照性通知的写法。知照性通知的正文，只要写清楚行文的依据、目的和事项即可。要求文字简练、明白。

三、公关简报的写作

1. 简报是机关、团体、企事业单位内部，或者是某项中心工作、某次重要会议中用的沟通信息、交流经验、反映情况、汇报工作的期刊式文字载体。其特点是文字短、内容新、反应快、形式活，是各级信息部门经常使用的最简便、灵活的工具。

2. 简报的名称很多，常见的有《××简报》、《××简讯》、《××信息》、《××动态》、《××通报》、《××通讯》、《内部参考》及《情况反映》等。

3. 从不同角度对简报有不同的分类，按内容来分，可分为综合简报、工作简报和会议简报三种形式。综合简报全面、综合反映编发单位工作进展、思想动态、成绩缺点等概况。综合简报多常年定期编发。工作简报主要是为配合、推动当前某项中心工作，掌握思想动态、交流推广经验而编发。工作简报多在一定时期内不定期制发。会议简报用于报道会议概况，反映会议交流经验和探讨的问题，传达和贯彻会议精神和决议。会议简报用于大中型会议，视会期长短及规模在会议期间可只编发一期或多期。

4. 简报的编写。

(1) 报头，简报首页上端 1/3 处由分割线将报头与文稿部分分开，报头由以下四个必备要素构成：1) 简报名称，一般套红、居中、字体稍大印刷；2) 期数，印于简报名称正下方；3) 编印机关，一般为制发简报单位的办公部门或中心工作领导小组及会议的秘书处（组），要求用全称或规范化简称印于分割线左上方；4) 编印日期，印于分割线右上方，要求年月日齐全。除以上四个要素，视简报内容，保密要求，还可以增加简报编号、密级（或使用范围和要求）等要素。

(2) 简报正文内容包括：按语、标题、目录、正文。按语是代简报编制机关立言，是对文稿及使用做出说明、评价，如说明材料来源、转引目的、转发范围，表明对简报内容的倾向性意见及表示对所提问题引起讨论研究的希望等等。按语的位置在报头下，标题前。它视需要而使用，并非每篇必有。根据简报的体式，标题也有不同写法。动态性较强的内容多采用单行式新闻标题，简短明快地交待事实、揭示中心，在总结体简报和其他体式简报中，一般使用文章化标题。简报文稿通常是一期一篇，根据需要也可以是一期为一组性质接近的文章。如是一组文章，则须在报头下设计“目录”一栏，将各篇文章标题先印于此，然后依次刊出每篇文章。正文可能是片断章节，也可能是整篇文稿。

(3) 在简报末页下 1/3 处用分割线与文稿部分分开，分割线下与之平行的另一横线间内标本期简报的“报、送、发”单位名称，右侧注明本期印数。

操作练习

1. 人事处要下发一个关于申报职称外语考试的通知，请你代为撰写。

2. 校学生会在“五四”青年节到来之际，特邀校友××博士来校作学术报告。题目：知识经济时代的学习和工作，时间：5 月 4 日 14 点。地点：校礼堂。请你根据以上内容写一个海报。

实训考核

表 1—5　　公关文书评价评分表

<table>
<tr><td>考评人</td><td></td><td>被考评人</td><td></td></tr>
<tr><td>考评地点</td><td colspan="3"></td></tr>
<tr><td>考评内容</td><td colspan="3">海报、通知和公关简报的写作</td></tr>
<tr><td rowspan="5">考评标准</td><td>内容</td><td>分值/分</td><td></td></tr>
<tr><td>格式规范，具备必备的要素</td><td>20</td><td></td></tr>
<tr><td>内容全面</td><td>30</td><td></td></tr>
<tr><td>层次分明，语言简洁</td><td>30</td><td></td></tr>
<tr><td>简明扼要，短小精悍</td><td>20</td><td></td></tr>
<tr><td colspan="2">合计</td><td>100</td><td></td></tr>
</table>

注：考评满分为 100 分，60—70 分为及格，71—80 分为中，81—90 分为良好，91 分以上为优秀。

2 学习情境二 沟通协调

职业岗位： 公关员、公关经理

能力要求：

- 1. 能准备演讲材料
- 2. 能组织演讲活动，充当主持人
- 3. 能进行公关谈判的组织与协调
- 4. 能处理日常公众投诉
- 5. 能与主要公众进行信息沟通

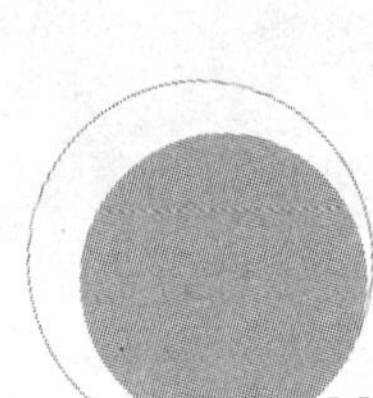

实训任务1 演讲及演讲稿的写作

职业场景

某公司要组织一场关于"诚信"为主题的演讲比赛，公关部承担组织工作，从演讲的准备、演讲稿的写作、主持人的安排、演讲活动的组织等方面模拟这次演讲活动。

实训目的

通过实训，使学生能够通过良好的表达与演讲技巧加强人际沟通，清楚地表达自己的观点，同时也可以将自己的想法和意见等通过有逻辑的语言充分地表现出来。

训练步骤

第一步：教师介绍本次实训的内容及模拟场景。

第二步：演讲稿的写作。因为演讲前必须先根据演讲主题撰写演讲稿。教师要先介绍演讲稿的结构，并用范例来详细讲解。

演讲稿的撰写一般分三大部分，即开头部分、主体部分和结尾部分。

1. 开头要抓住听众，引人入胜。演讲稿的开头，也叫开场白。它在演讲稿的结构中处于显要的地位，具有重要的作用。好的演讲稿，一开头就应该用最简洁的语言、最经济的时间，把听众的注意力吸引过来，这样，才能达到出奇制胜的效果。演讲稿的开头有多种写法，通常用的主要有：（1）开门见山，提示主题。这种开头是一开讲就进入正题，直接提示演讲的中心。运用这种方法，必须先明晰地把握演讲的中心，把要向听众提示的论点摆出来，使听众一听就知道讲的中心是什么，注意力马上集中起来。(2) 介绍情况，说明根由。这种开头可以迅速缩短与听众的距离，使听众急于了解下文。(3) 提出问题，引起关注。这种方法是根据听众的特点和演讲的内容，提出一些激发听众思考的问题，以引起听众的注意。

2. 主体要环环相扣，层层深入。这是演讲稿的主要部分。在行文的过程中，要处理好层次、节奏和衔接等几个问题。

(1) 层次是演讲稿思想内容的表现次序，它体现着演讲者思路展开的步骤，也反映了演讲者对客观事物的认识过程。那么，怎样才能使演讲稿结构的层次清晰明了呢？演讲者要在演讲中反复设问，并根据设问来阐述自己的观点，就能在结构上环环相扣，层层深入。此外，演讲稿用过渡句，或用“首先”、“其次”、“最后”等语词来区别层次，也是使层次清晰的有效方法。

(2) 节奏，是指演讲内容在结构安排上表现出的张弛起伏。演讲稿结构的节奏，主要是通过演讲内容的变换来实现的。演讲内容的变换，是在一个主题思想所统领的内容中，适当地插入幽默故事、诗文、轶事等内容，以便听众的注意力既能保持高度集中而又不因为高度集中而产生兴奋性抑制。演讲稿结构的节奏既要鲜明，又要适度。平铺直叙，呆板沉滞，固然会使听众紧张疲劳，而内容变换过于频繁，也会造成听众注意力涣散。所以，插入的内容应该为实现演讲意图服务，而节奏的频率也应该根据听众的心理特征来确定。

(3) 衔接是指把演讲中的各个内容层次联结起来，使之具有浑然一体的整体感。由于演讲的节奏需要适时地变换演讲内容，因而也就容易使演讲稿的结构显得零散。衔接是对结构松紧、疏密的一种弥补，它使各个内容层次的变换更为巧妙和自然，使演讲稿富于整体感，有助于演讲主题的深入人心。演讲稿结构衔接的方法主要是运用同两段内容、两个层次有联系的过渡段或过渡句。

3. 结尾要简洁有力，余音绕梁。结尾是演讲内容的自然收束。言简意赅、余音绕梁的结尾能够使听众精神振奋，并促使听众不断地思考和回味；而松散疲沓、枯燥无味的结尾则只能使听众感到厌倦，并随着时过境迁而被遗忘。

第三步：以诚信为题，根据以上介绍的演讲稿的写作结构要求，进行演讲稿的写作训练。时间控制在 30 分钟。

第四步：演讲前的准备工作。

1. 场地的布置。实训地点可以在教室，也可以选择会议室或报告厅，要求准备演讲所需要的相应设备，如话筒、条幅、奖品等。要求提前通知学生准备演讲稿，主持人可以由任课老师担任，也可由学生担任。

2. 演讲顺序的安排。可以用抽签方式进行。

3. 对学生进行分组，主要包括：评委组、演讲组、会务组。评委组主要负责制定评分标准，当好评委；演讲组主要负责参加演讲，当好选手；会务组主要负责布置场地，组织好演讲比赛，做好演讲结束后的资料整理和总结工作。学生完成一次活动后可轮换角色。

4. 不同角色的学生了解自己的任务并进行准备，评委要准备评分标准，活动组织人员要准备比赛场地的布置以及比赛流程的安排，演讲者要进行演讲稿的准备。

5. 演讲前学生可提前准备小卡片，将演讲提纲写上，以作提示。

第五步：按程序进行演讲比赛活动。

1. 主持人宣布演讲比赛活动开始。

2. 按照提前安排好的演讲顺序进行演讲。

3. 主要从主题内容、语言表达、形象风度、综合印象、时间把握五个方面来评价。

4. 评分采取100分制，计分保留小数点后两位。演讲比赛评分表如表2—1所示。

表2—1 **演讲比赛评分表**

姓名： 编号：

项目	评分内容	评分标准	实际评分
内容 40分	1. 主题鲜明、正确 2. 内容生动、具体 3. 层次清楚、明了 4. 结构完整、严谨	10分 10分 10分 10分	
语言表达 30分	1. 语言流畅，准确生动，富有感染力 2. 语言口语化 3. 普通话标准，脱稿演讲，口齿清晰，表达流畅，激情昂扬 4. 语言的艺术性 5. 态势语言的运用 6. 临场经验和应变能力	5分 5分 5分 5分 5分 5分	
形象风度 20分	1. 衣着整洁 2. 仪表大方，举止得体	10分 10分	
综合印象 10分	由评委根据演讲选手的临场表现做出综合素质的评价	10分	
时间把握	1. 时间不足 2. 延时	−2分 −2分	
总分		100分	

5. 每个选手的演讲时间为5—8分钟。超时者，将给予酌情扣分。

6. 由组织人员进行评分结果的排队，评出一、二、三等奖。

7. 教师对演讲同学的演讲情况进行点评。

8. 颁发奖状及奖品。

注意事项

1. 精心组织，妥善安排，特别是演讲的学生要提前准备，避免怯场。

2. 时间每人控制在5分钟之内。

3. 在时间允许的前提下保证每个人都有实训的机会。要求不善言辞的人，应争取更多发言的机会，消除羞涩与不自信；演讲前深吸一口气，增加大脑供氧，消除紧张感；演讲过程中，不要将自己的注意力过分放在别人的态度上，应专注于演讲。演讲主要是锻炼学生的表达能力与逻辑思维能力。

4. 要求不演讲的学生要注意观看其他学生的演讲，并且要在每个同学演讲前和演讲后鼓掌欢迎和鼓励。

实践知识

一、 演讲的准备

演讲活动是社会组织有计划、有目的的公关活动之一，公关人员应积极协助组织搞好演讲活动，实现公关目标。一般来说，需做到以下三点。

（一）演讲前的准备工作

1. 应明了演讲活动的规划、范围、规格、参加人数、演讲内容等，以做好心理和精神准备。

2. 做好宣传工作，力所能及地为演讲者搜集和查找有关资料。

3. 协助选择和布置演讲场地，并协助准备演讲用的器械，如幻灯机、投影仪等影像器材。

（二）演讲现场的基本工作

1. 检查麦克风。安装好视听设备并对好幻灯机的焦距，图表或幻灯片应该按正确的次序在架子上排好。

2. 随身携带额外的讲稿。把它们分发给新闻界人士以及那些想要一份讲稿的听众。

3. 把讲演用录音机录下来。录音带可以用来解决演讲内容引起的争议，并可以向当地电台提供录音剪辑。演讲的撰稿人还可以用它来对演讲者的表现作一个事后分析。如果演讲者非常有名，公关人员应该在向电台提供录音带的同时，安排电台、电视台、报社对演讲者进行采访。

（三）善后工作

1. 协助有关人员把讲稿的复印件有选择地寄给一些相关部门或知名人物。

2. 协助有关人员将改写后的演讲稿，在公司的出版物上发表或向某一合适的大众媒体投稿，以延伸演讲效益和扩大影响。

3. 协助有关人员调查了解公众对演讲活动的看法和意见，以求今后做得更完善。

二、 演讲主持人

演讲活动通常需要有主持人，而公关人员则时常扮演主持人的角色。主持人一般有社会活动主持和文艺活动主持两种，前者主持会议、座谈、演讲、辩论、竞赛、评比、典礼等；后者主持舞会、文艺演出、联欢活动等。

对于公关人员来说，由于职业特点的需要，要想充当主持人，将社会组织的政策意图传播给广大公众，起到中介、沟通、连接的作用，达到理解、信任、合作的目的，就必须从主持人的共性出发，在道德情操、知识构架、表现力诸方面加强修养和锻炼，方能胜任主持人工作。

首先要有良好的思想素质、高度的敬业精神、追求真善美的品质。其次要是“杂家”，具有多维的知识构架，拥有丰富的人生阅历，才能游刃有余，侃侃而谈，给人以启迪和享受。最后还要有良好的表现力。良好的表现力要求主持人具有较强的语言表达能力、稳定健康的心理素质、敏捷机智的应变能力、积极主动的协调能力、良好的形象气质风度等。

三、 演讲稿的写作

公关人员还可以充当组织的代言人，代表组织发表演讲。要想演讲成功，必须写好演讲稿。演讲稿是演讲者为准备演讲所写作的专用文稿，一般分三个步骤。

（一）选取演讲材料

演讲稿内容是从各种各样丰富多彩的材料中提炼出来的。演讲稿写得好不好，在一定程度上取决于拥有的材料是不是充分，选择材料是不是恰当。要做到这两点，一要围绕主题收集材料，二要靠平时的长期的积累。

（二）编写演讲提纲

列提纲是为正式起草做准备，就是利用提要或图表等方式，把整篇演讲的主题、论点和结构布局简明扼要地勾画出一个轮廓来，体现出演讲的基本思想和层次安排。

（三）撰写演讲稿

撰写演讲稿是演讲稿写作过程中最关键的一步，也是难度最大的一步。即使你选择的主题很鲜明，收集的材料很丰富，列的提纲也很有逻辑性，但如果不用具体生动的语言讲述清楚，也不能算是一篇优秀的演讲稿。因此撰写演讲稿一要写出个性，二要饱含激情地去写，三要想好再写，一气呵成。

四、 演讲的技巧

1. 气势要先声夺人。演讲要争取听众的响应和支持，最有效的方法之一，就是要有气势，“气盛宜言”。这气势不是霸气，不是骄气，不是傲气，而是浩然正气。

2. 情感充沛，以情夺人。要使听众激动，演讲者自己首先要有激情。演讲者动了真情，才能喜怒哀乐分明，语言绘声绘色，从而感染听众，达到交流情感的目的。

3. 语言生动活泼。根据听众的知识结构和文化修养，选用不同风格的语言。对一般群众的演讲可选用朴素的语言，而对文化素养较高的听众则可选用高雅的语言。这就要求演讲者平时要善于学习人民群众中生动活泼的语言，吸收外国语言中有益的成分，学习古人语言中有生命力的东西。

4. 短小精悍。没有人乐意听长篇讲话，因此演讲必须短小精悍。短小，指篇幅而言；精悍，指内容而言。

5. 内心要充满自信。著名演说家戴尔·卡耐基曾说过：“不要怕推销自己。只要你认为自己有才华，你就应该认为自己有资格担任这个或那个职务。”当你充满自信时，你站在演讲台上，面对众人，就会从容不迫，就会以最好的心态来展示你自己。当然，自信必须建筑在丰富的知识和经验的基础上。

操作练习

1. 公司负责人要在一个企业论坛会上发表演讲，在他进行演讲前及其演讲过程中，作为一名公关人员，你要做的工作是什么？

2. 一位著名的经济学家答应了某大型生产性企业的演讲邀请，时间定于下周。该企业公共关系部的陈小姐正在为这次演讲活动做着积极的准备。请问陈小姐的准备工作包括哪些内容？

3. 公司孙经理向公关员小吴咨询竞聘演讲的开场白用什么方法比较好，结尾时怎样才能让听众难以忘怀，回味无穷。小吴向孙经理介绍了几种开场的方法和结尾的方法。请问小吴介绍的方法会有什么？

实训考核

表 2—2 沟通技巧评价评分表

考评人		被考评人	
考评地点			
考评内容	演讲稿的写作、演讲活动的组织、演讲技巧		
考评标准	内容	分值/分	
	演讲稿的格式规范，具备必备的要素	20	
	演讲主题内容明确、层次分明、语言简洁	20	
	语音语调抑扬顿挫	15	
	仪态大方	10	
	简明扼要，短小精悍	10	
	时间掌握较好	5	
	组织规范、有序	20	
合计		100	

注：考评满分为 100 分，60—70 分为及格，71—80 分为中，81—90 分为良好，91 分以上为优秀。

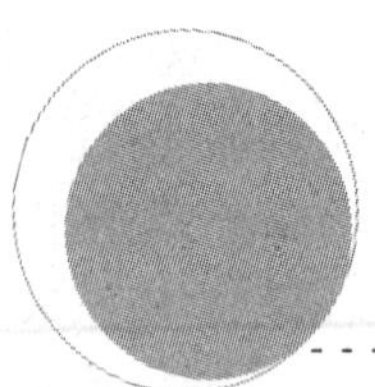

实训任务2 公关谈判的组织与安排

职业场景

公司甲：生产饮料的食品公司

公司乙：生产饮料加工设备的机械公司

甲公司要到乙公司实地考察并进行某一型号的设备购买的谈判。

公关部承担谈判的组织与安排任务。

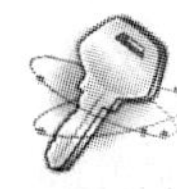

实训目的

通过实训，使学生了解公关谈判的相关知识与技巧，并能熟练地应用于各种谈判活动中。重点掌握谈判过程的组织与安排，使学生能够独立地承担和完成谈判的组织工作。

训练步骤

第一步：谈判的组织。

1. 根据以上模拟实训情景，把学生分成两组，一组是甲公司——生产饮料的食品公司，一组是乙公司——生产饮料加工设备的机械公司。甲公司要到乙公司实地考察并进行某一型号的设备购买的谈判。

2. 谈判准备。每组成员首先进行讨论。乙组要承担接待任务，要求乙组安排准备谈判接待、谈判过程的组织以及进行谈判的相关事项。甲组主要进行谈判。因此两组要根据自己的任务，结合谈判的相关知识来进行谈判准备。

（1）乙公司的谈判准备工作包括：

1）接待任务。首先要了解对方来的人数、职务、人员组成。其次安排接待对方人员并进行住宿安排。最后要求在接待过程中注意礼仪。

2）谈判过程的组织。包括谈判人员的组成、谈判地点的确定、相关资料的准备、谈判会场的布置。

3）进行谈判前的准备。参与谈判的人员要提前进行准备，在进行谈判前，首先要进行谈判分工。每个人根据分工的要求来准备相应的资料。

（2）甲组的谈判准备比较简单，主要是进行谈判。甲组也要求在谈判前进行准备，准备的内容与乙组准备内容相同。

3. 双方要通过沟通、协商确定谈判时间、地点。

第二步：模拟谈判过程。

1. 谈判入场。由甲公司的接待人员引领乙公司入场。作为客方要安排在面向门的一边。主方坐在背门的一边。

2. 双方先经过寒暄，再进入主题进行谈判，保证谈判气氛的融洽。

3. 正式谈判开始。双方根据先期讨论的人员分工，各司其职，但在谈判过程中要注意互相配合。

4. 在谈判过程中要注意谈判过程的控制、谈判中的礼节礼貌、谈判中障碍的消除及各种谈判技巧的应用。

排除谈判障碍的方法有：

第一，建立平和的谈判气氛。

影响谈判气氛的因素是多方面的。最根本的是由各方利益所致的各种观点的差异。但是，我们应当看到，各方观点的差异在平和的谈判气氛中，往往比较容易求同存异，得到妥善解决。

创造平和谈判气氛，第一要有一个合理的心理状态。合理的心理状态包括："饱而不贪"、"饥而不急"、"荒而不慌"、"争之不松"。第二要注意控制和调节情绪。第三要努力做到"制怒"与"谦和"。第四要自然而又巧妙地转换谈判议题，求同存异。

第二，巧妙处理各种意见。

（1）潜在的反对意见的处理。

（2）借口的处理。

（3）偏见或成见的处理。

（4）恶意反对的处理。

（5）自我表现的处理。

（6）各种正当要求与合理意见的处理。

（7）成交前各种意见的处理。

（8）最后拒绝的处理。

第三，说服谈判对手。

（1）在谈判中，要运用说服等技巧来达到预期的目的。为了达到谈判的预期目的，除了理由充分这一要求以外，还应做到以下几点：

1）任何时候都要冷静地回答对方。

2）在任何情况下，都不要直截了当地反驳对方。

3）要尊重对方的观点。

4）要设身处地地体谅、理解对方。

5）不要随心所欲地提出个人的看法。

6）说服对方时，要简明扼要，紧扣谈判主题。

7）不要过多地纠缠某一问题。

（2）谈判过程中的听、问、答、叙、说服的技巧包括：

首先是倾听的技巧。在面对面的谈判场合中，所谓听，并不是指运用耳朵那种听觉器官的听，而是指运用自己的眼睛去观察对手的动作和表情，运用自己的心为对手的话语作设身处地的构想，以及运用自己的头脑去判断对手的话语背后的动机，这种耳到、心到与脑到的听，我们称为倾听与聆听。具体要点有以下几点：

1）专心地、有鉴别地倾听。

2）不要带偏见去听。

3）不要抢话。

4）不要回避难以应付的话题。

5）主动地向对方进行反馈。

因此，只要有可能，应尽量为自己及对方创造有利于倾听的环境，不但可以发掘事实真相，而且可以探索对手的动机和思维脉络所在。

其次是提问的技巧。为使发问在谈判中发挥其独特的功能，掌握以下一些基本方法是必要的：

1）封闭式发问。

封闭式发问可使发问者获得特定的资料，而回答这种提问的人并不需要太多的思索工夫即能给予答复。

2）开放式发问。

开放式发问因为不限定答复的范围，故可使对话者畅所欲言，同时发问者也可以从中获悉对话者的立场与感受。

3）澄清式发问。

澄清式发问不但能确保谈判双方在“同一语言”基础上进行沟通，而且这是针对对方的话语从事回馈的一种理解方式。

4）探索式发问。

探索式问句不但可以用以发掘较充分的信息，而且可以用来显示发问者对对方答复的重视。

5）含有第三者意见的发问。

含有第三者意见的问句中的第三者，如果是对方所熟悉而且也是他所尊重的人，该问句对对方将产生很大的影响，否则，将适得其反。

6）引导性问句。

这是指对答案具有暗示性的问句。例如“你们违约，是不是应承担责任?”这类问题几乎使对方毫无选择地按发问者设计的答案回答。

再次是答复的技巧。谈判，就其基本构成来说，是由一系列的问和答所构成的，有问必有答，“问”有问的艺术，“答”也要有答的技巧。

1）在回答问题之前，要给自己一些思考的时间。

2）除非清楚地了解对方提问的目的和动机，否则不应随便答复。

3）有些问题是不值得回答的。

4）有时对某些问题只需作局部的答复。

5）有些问题可以答非所问。

6）有时采用推卸责任的方法。

7）有些问题的回答可使用安慰的方法。

应该强调的是，在谈判中正确的答复未必就是最好的答复，正确的答复有时可能愚蠢无比。答复的艺术在于知道什么应该说，什么不应该说，而并不在于答复的对错。

又次是叙述的技巧。谈判者能否正确、有效地运用叙述技巧，把握叙述的要领，会直接影响谈判的效果。从谈判的角度来看，叙述应掌握以下技巧：

1）用对方能听懂的语言进行沟通。

2）不要随便发表与谈判主题无关的意见。

3）叙述要主次分明、层次清楚。

4）叙述事实要客观。

5）对叙述中出现的错误要随时纠正。

6）必要时注意重复。

7）叙述时要避免使用包含上、下限的数值。

8）在谈判结束时，最好能给予谈判对方正面的评价。

最后是说服的技巧。说服的一般技巧包括：

1）努力寻求双方的共同点。

2）强调彼此利益的一致性。

3）要诚挚地向对方说明，如果接受了你的意见将会有什么利弊得失。

4）说服要耐心。

5）说服要由浅入深，从易到难。

6）不可用胁迫或欺诈的方法说服。

第三步：教师进行点评。指出本次实训过程中的优点与不足。

第四步：要求学生撰写实训小结。

注意事项

1. 在购买设备谈判训练中同学可分成两大组，每组指定专人负责。

2. 谈判内容要提前布置，课下让同学们精心准备。

3. 在谈判过程中要掌握谈判技巧的应用。

4. 在购买设备谈判训练中要把重点放在谈判的组织与过程的演练上。若模拟购买商品的谈判，重点应放在讨价还价的训练上。

5. 不要中途打断学生的模拟训练，以免影响模拟效果。

6. 要进行角色互换，力争让每个学生都有机会得到各种角色锻炼，充分调动学生的积极性。

7. 在学生进行角色扮演过程中，教师要做些笔记，便于最后点评。

实践知识

沟通和协调是公关的重要职能，而公关谈判则是沟通和协调的一种基本手段。所谓公关谈判，是指社会组织与社会公众之间，为寻求一致的观点和利益，通过洽谈、协商，最终达成一致协议的一系列行为活动的总称。

一、谈判人员的组织与选择

谈判更多的是组织行为，有其特定的组织原则、构成要求。

（一）组织原则

1. 学历、经验并重。

2. 精干、实用、有效率。

3. 新老梯队搭配。

4. 配置互补，分工明确，职责落实。

5. 既要量的规定，又要质的规定。量的规定依据，一是谈判的复杂程度，二是项目的重要性，三是主谈的素质。质的规定坚持依据优势互补、合力制胜、连续性、谈判内容的重要性进行选择。

（二）组织人员构成

谈判一般实行谈判小组制，分为主谈和陪谈。主谈是小组负责人，是核心，必要时，主谈可分为技术主谈和商务主谈。主谈要具有增效能力，即通过有效地指挥与协调谈判小组每个成员的活动，使谈判小组的群体效应得到最大限度的发挥。主谈的主要职责：监督谈判程序，掌握谈判进程，确保谈判按计划顺利进行；听取建议、说明，协调小组的意见，调动小组的积极性；决定谈判中的重大事项；代表单位签约。

（三）组织业务构成

谈判小组内各类专业人员应具有合理的比例结构。技术、商务、法律、管理、服务等专业人员要密切合作。

（四）组织性格构成

个人有个人的性格、智慧，组织也有组织的总体性格和群体的表现智慧。各种性格的谈判人员互补发挥构成组织的有利于完成谈判目标的性格。

(五) 谈判人员的能力要求

谈判活动是内容复杂的商务活动，需要人具有多方面的能力，商界顶尖人士认为选择谈判者必须看他是否具备了以下的能力：

1. 语言表达能力。
2. 观察注意力。
3. 记忆力。
4. 谈判能力。
5. 应变能力。
6. 决策能力。

二、谈判的控制

(一) 谈判者的控制

谈判管理中对谈判者的控制，主要是指对其行为的控制——监督与指导。其控制点主要有一致性、保密性、纪律性和职业道德等几个方面。控制的手段有教育、宣传与检查等。

(二) 谈判进程的控制

谈判进程的控制，主要是指对谈判进展中所涉及的问题的管理。主要有谈判方向、谈判进展及谈判策略的控制。

(三) 成交条件的控制

成交条件的控制，系指对成交条件的量与度的控制，即大小与时机的控制。

三、正式洽谈的礼节

(一) 迎送的礼节

对应邀前来谈判者，在他们抵离时，均应安排相应身份人员前往迎送，迎送的具体内容包括：

1. 确定迎送规格。

主要依据前来谈判人员的身份与目的，适当考虑双方关系。己方主要迎送人的身份和地位通常都应与他方主谈人对等，业务也应对口，一般以己方主谈人为宜。

准确掌握他方谈判班子乘坐的交通工具及其抵达时间，及早做好迎送车辆的准备、送行。

2. 介绍。

介绍应该遵循这样的顺序：把男士介绍给女士；把职位低的人介绍给职位高的人；把晚辈介绍给长辈；把未婚者介绍给已婚者；把主人介绍给客人；把非官方人士介绍给官方人士。即要遵守受尊敬的一方有优先了解对方的权利。

3. 陪车。

应请客人坐在主人的右侧，并主动为客人打开其乘坐一侧的车门，如有译员，可坐在司机旁边。在特殊情况下，若己方负责人亲自开车，可邀对方负责人坐在自己身旁。

4. 食宿安排。

迎接客人之后，应将其直接送至下榻处。在客方住宿落实后，应让其安静独处，休息思考。一般而论，在客人抵达当天，应为其设便宴接风。迎送人员在告辞时，应将接风之便宴时间安排告知客人，请其届时在客房内待我方人员前往引导，亦可委托其下榻处公关人员、服务人员前往引导。

（二）会谈的礼节

会谈即谈判的正式过程，是谈判的实质性阶段，也是最为重要的阶段，其礼节直接影响谈判的进程与成效，因此尤为重要。会谈的礼节主要包括握手、入场、会谈氛围的把握与控制等内容。

1. 握手。

谈判开始，客方到场时，己方人员应主动与其握手，但一次谈判结束，主方则禁忌主动握手，因为此时主动握手等于催促对方赶快离开。离别之际应将握手的主动权让于客方，其寓意为再见和对接待表示感谢。在异性谈判人员之间，男性一般不宜主动向女性伸手，但女性应主动向男性伸手。双方握手的时间，一般以 5 秒为宜，如果双方较熟悉或关系较密切可适当延长。但无论如何握手时间不能过短，彼此两手一经接触即刻松开，表明此举纯为客套应酬，没有加深交往的愿望，往往被对方认为缺乏谈判诚意。握手时应面对面注视，友好地注视对方的面部表情及眼神活动。侧身握手，被视为一种不重视对方的非礼行为。与地位相等的人握手，应不卑不亢；与地位较低者握手，应热情友好；表示谢意时，要稍微躬腰；与长者握手，则要伴之以鞠躬。

2. 入场。

即进入谈判场所或谈判会场。原则上应主方礼让，客先主后。若客方坚持并行入场，则更佳，预示谈判开场即持积极的合作姿态。双方负责人员并行入场即可，其他人员可自由地尾随其后进入。若为严肃重要的涉外谈判，则应双方人员一一对应，对等列队并行入场。切忌己方人员先自行入场，在场内等待对方人员之到来，这会被看做傲视对方，毫无谈判诚意，且被怀疑在谈判场所做了什么手脚。若抢先入场则更为失礼行为，一开始就恶化了谈判气氛。

3. 会谈氛围的把握与控制。

此处的会谈，即具体的交谈、谈判。这是谈判的实质性环节，能否取得成效，在相当程度上取决于谈判的氛围，而对此进行把握与控制，则依赖于交谈时的礼节。当然，遵从交谈礼节未必一定会使谈判成功，但至少可以留有余地，为以后再谈创造条件。交谈的礼节要求包括：

第一，掌握好说话的时间。

第二，尊重和谅解对方。

第三，在适当的时候采用适当的方式肯定对方。

第四，谈判语言应准确、明了，不使对方产生误解。

(三) 会务活动的礼节

谈判的会务活动指谈判期间所安排的非会谈性活动如参观游览、观看文艺演出、联谊娱乐、宴请等。因双方仍以组织身份集体参加，所以应纳入谈判的正式活动，它在实质上是具体会谈的延伸与补充。安排会务活动，一为调剂双方谈判人员的脑力、体力，使其得以休息解除疲劳；二为联络双方感情，为谈判的深入及顺利发展进一步准备条件。谈判告一段落或取得成果，也要安排一定的会务活动巩固关系或加以庆贺。

(四) 签字仪式的礼节

参加谈判签字仪式的基本上是双方参加会谈的全体成员，人数最好对等，主方上级可到场参加并表示祝贺。有关单位应及早做好文本的定稿、翻译、校对、印刷、装订等项工作，同时准备好签字用的工具、双方的标志或国旗等物品。签字位置一般安排客方居右边，主方在左边。签字人员入座时，其他人员分主宾各一方，按身份顺序于各自的签字人员座位之后，双方参加签字仪式的助签人员分别站在各自签字人员的外侧，协助翻揭协议文本，指明签字处。在本方保存的文本上签毕后，由双方助签人员互相传递文本，再在对方保存的文本上签字，然后由双方签字人员交换文本，相互握手。签字仪式完毕后应备香槟等礼宾酒类干杯庆贺。

操作练习

1. 甲是谈判小组负责人，率领乙、丙、丁出国进行一项商务谈判。在与对方代表首次见面时，由丙向对方介绍自己的同伴乙。介绍乙的方式有两种，第一种方式：“这是我公司的会计，乙先生。”第二种方式：“这位是乙先生，他具有

15年财务工作的丰富经验，有权审核500万美元的采购项目。”请回答：

（1）由谁向对方代表介绍乙比较合适？

（2）以何种方式介绍乙为好？

2. 某水果加工厂派一谈判小组赴国外洽商引进一条橘汁干燥生产线，该小组成员包括1名主管市长、1名经委主任、1名财办主任，另加该厂厂长，共4人。请问这一安排有何不合理之处？对这一安排应做何调整？调整的理由是什么？

实训考核

表2—3 沟通技巧评价评分表

考评人		被考评人	
考评地点			
考评内容	谈判过程的组织与安排		
考评标准	内容	分值/分	
	谈判过程组织有序合理	20	
	谈判中礼节礼貌符合要求	20	
	谈判过程控制比较好	20	
	谈判中各种技巧应用得当	40	
合计		100	

注：考评满分为100分，60—70分为及格，71—80分为中，81—90分为良好，91分以上为优秀。

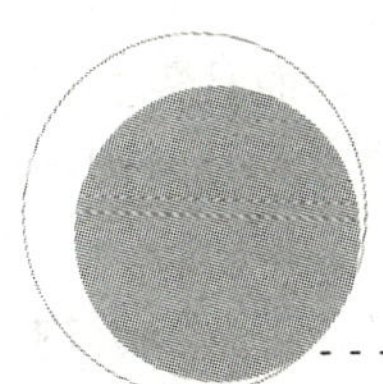

实训任务3 公众投诉的处理

职业场景

某服装商场的售货员在销售产品的过程中与顾客由于产品质量问题发生了争吵，顾客要求退货，售货员认为产品已经使用，不能退货，顾客为此到公关部投诉，请模拟处理投诉的过程。

实训目的

通过实训，使学生熟悉处理公众投诉的程序，掌握处理公众投诉的方法与技巧，并能熟练地处理各类公众的投诉。

训练步骤

第一步：教师介绍本次实训的内容及模拟的场景。

第二步：把学生分成小组，每组 5 人，然后进行角色分工，角色包括售货员、公关部经理、顾客等。

第三步：每个小组成员分组讨论如何模拟投诉处理过程。

第四步：分组进行投诉处理过程的角色模拟。在模拟过程中要注意处理投诉的原则、程序及相关注意事项。

1. 处理公众投诉要坚持以下原则：

（1）有章可循。要有专门的制度和人员来管理客户投诉问题。另外要做好各种预防工作，使客户投诉防患于未然。为此需要经常不断地提高全体人员的素质和业务能力，树立全心全意为客户服务的思想，加强企业内外部的信息交流。

（2）及时处理。对于客户投诉，各部门应通力合作，迅速做出反应，力争在最短时间里全面解决问题，给客户一个圆满的结果。否则，拖延或推卸责任，会进一步激怒投诉者，使事情进一步复杂化。

（3）分清责任。不仅要分清造成客户投诉的责任部门和责任人，而且需要明确处理投诉的各部门、各类人员的具体责任与权限以及客户投诉得不到及时圆满处理的责任。

（4）留档分析。对每一起客户投诉及其处理要做出详细的记录，包括投诉内容、处理过程、处理结果、客户满意程度等。通过记录，吸取教训，总结经验，为以后更好地处理好客户投诉提供参考。

2. 处理公众投诉的程序：

（1）接受投诉。

1）礼貌接待、耐心倾听、不急于做任何辩解与反驳，站在客人的立场上理解对方。

2）表示出对客人投诉的关心，使客人逐渐平静下来。

3）弄清真相，必须查明投诉的真正原因是什么（处理顾客投诉的基本原则就是查证)。

4) 向客人真诚道歉，同情客人，正面回答客人的问题，不允许和客人争辩。

5) 不得作推卸式的解释。

(2) 处理投诉。

1) 了解客人最初的需要和问题的所在。

2) 找出当事人进行查询，了解情况。

3) 积极寻求办法，尽量满足客人要求。

4) 与客人协商解决办法，不能强迫客人接受。

(3) 记录投诉。

1) 问题解决后，再次向客人道歉。

2) 记录投诉的事实、时间、地点、处理投诉的人员。

3) 上报上级，以避免再次发生类似的问题。

4) 在下次班前会上进行通报。

对于一般的顾客投诉在每周的例会上集中进行通报，重大的顾客投诉由总经理主持进行处理，并均要求建立完整的档案。

3. 其他注意事项：

(1) 不能直接指正客人的错误。

(2) 委婉地向客人说出其中的事实。

(3) 要给客人适当的退步余地。

(4) 切勿认为客人“多事”或有意“找茬”，无论客人投诉的动机如何都应该认识到，从客观上讲，投诉是有利于改进工作的。从这种意义上说，投诉是服务行业的最大财富。

(5) 对于一些复杂的问题先不急于表态，弄清真相后，有礼、有理，在客人同意的基础上作出处理，一时不能处理的，也要让客人知道事情的进展情况。

(6) 因为工作失误造成客人投诉，要追究当事人的责任。

第五步：如果时间允许，可以让学生进行角色轮换后再进行模拟。

第六步：投诉结束后要进行原因分析，并建立企业的投诉处理制度。

第七步：教师进行点评，学生撰写实训报告。

注意事项

1. 实训地点可以在教室。要求学生分别扮演售货员、顾客、公关人员的角色。道具可提前准备。

2. 在模拟的过程中，教师不要中途打断，学生扮演得越自然越逼真越好。

3. 每次角色演练完，教师首先要赞美参与的学生，并请他们谈谈体会，也可请观察的同学发表评论。

4. 在学生演练过程中，教师要做笔记，便于总结点评，如有必要的话可亲自上阵演示一番，令学生印象更深刻。

5. 要进行角色互换，力争让每个学生都有机会得到各种角色锻炼，充分调动学生的积极性。

实践知识

一、 有效地处理公众投诉的意义

（一）投诉能体现公众的忠诚度

作为公众去投诉，很重要的一点是需要得到问题的解决，此外公众还希望得到企业的关注和重视。有时公众不投诉，是因为他不相信问题可以得到解决，或是他觉得他的投入和产出会不成比例；而投诉的公众往往是忠诚度很高的公众。总之，有效地处理公众投诉，能有成效地为企业赢得公众的高度忠诚。

（二）有效地维护企业自身的形象

调查发现：不投诉的客户有9％会回来，投诉没有得到解决的客户有19％会回来，投诉没有得到解决但还会回来，是什么原因呢？客户有受尊重的需求，投诉尽管没有得到解决，但他受到了企业的重视。有效地处理公众投诉的意义就在于，把投诉所带来的不良影响降到最低点，从而维护企业自身的高大形象。

二、 一般性投诉处理

公关人员充当组织与公众之间的协调人，当公众与社会组织发生矛盾上门投诉，如反映产品质量不好、服务态度不好、污染环境等，公关人员应如何处理？

（一）以平和的态度听取意见

公众上门投诉，向组织提出严厉的批评，不管这种批评采取何种方式，措辞如何尖锐，是否存在偏见，公关人员都要以平和认真的态度听取意见，以免火上浇油，产生对立情绪。

(二) 充分进行双向交流

首先让公众充分发表意见，在进行双向交流的基础上，做到多听少说，让公众尽量倾诉不满，宣泄郁闷，这样会起到降温作用，以达到理解、谅解、求同存异的效果。

(三) 协调反馈

有的投诉涉及组织方方面面的问题，一时难以处理，一方面要稳住公众，做好协调工作；另一方面要主动及时、实事求是地向领导汇报，寻求好的解决办法。

三、 处理投诉的主要方法

处理公众投诉要注意方式方法。

(一) 善于分析公众投诉的原因

常见的公众投诉原因有：1. 借口。有时候，公众投诉并不是组织有什么过错，而是他们有难言之处，找托词。在此种情况下，只要帮助其解决困难就行了。2. 偏见或成见。有些公众意见明显不合理，不合逻辑，带有强烈的感情色彩。这种有意的对立情绪往往是由公众已有的成见所致。3. 真诚的意见。由于公众对组织及其产品不了解或组织自身的行为过错，公众会诚心诚意地发牢骚，指责组织。针对这些不同的动机，公关人员应采取不同的沟通方法，在感情上争取他们改变态度。

(二) 欢迎公众提意见

应通过设立意见箱、意见簿、直接征询等方法将听取公众意见制度化、经常化。主动听取意见比被动听取意见要有效得多。在问题已经出现的情况下，被动听取意见比掩耳盗铃要好。俗话说，嫌货者买货人。公众对组织提意见，说明他关心和注意该组织，这正是组织塑造和传播形象的契机。

(三) 尊重公众的意见

即使公众是错的或者有过头的举止言行，也应鼓励其畅所欲言，以保持友好的气氛。接待公众投诉之后，要予以应有的重视，并让公众知道组织的积极态度。这样，公众感到受到了尊重和重视，就容易由对立转化为缓和状态。否则会加剧双方的对立。

(四) 冷静地对待公众

不管公众的情绪和意见如何，公关人员必须自我克制，避免与公众争吵或冒犯公众。

要根据公众的态度、意见内容、动机和要求，选择不同的处理时机。1. 先发制人。如果发现公众可能会提意见，应抢先把问题提出来，并予以回答。这样可把问题化小，并赢得公众的信任和好感。2. 当即答复。如果公关人员有能力和权力当场处理公众的投诉，应立即给予答复，使之尽快转化为顺意公众，防止他们利用人际或其他渠道传播反对意见。3. 推迟答复。如果公关人员无法当即给予公众满意的答复，或者不宜现场处理，应推迟答复。这种处理有利于组织商讨对策，保证处理意见具有稳妥性，另一方面又可以淡化公众的敌对情绪。但是，推迟答复不等于拖延答复或不予答复。事实上，对待公众的任何意见，都应给予适当的反应。

四、 投诉处理机制的建立

公共关系工作范围广，接触人多，不免与公众发生这样那样的矛盾，引起公众的不满和抱怨，公众或投诉、或来访、或通过大众媒介向社会组织提出批评，由此发生的种种冲突和纠纷如何有效的解决，显而易见需要公关人员制定科学合理的工作制度。

（一）建立信访制度

来信来访者，是公关纠纷的“报警员”，做好信访工作，是公关工作的重要内容，是发现纠纷前兆的措施之一。每位来信来访者，都不是孤立的个人，解决好一个人的问题，就能解决一批人。同时，一位信访者反映的问题，往往代表着某一方面公众的情绪、意见和要求，不但带有普遍性，也是迫切需要解决的，处理不好，则会带来麻烦。公关人员要以主动负责、扎扎实实办实事的态度做好信访工作。同时，要做好信访记录，并分别存档，定时向企业负责人汇报信访情况，遇有重大问题，随时汇报。

（二）建立组织自查制度

组织建立自查制度确定自查项目，定期按照这些项目，检查组织是否有侵害公众利益的行为。自查的内容包括企业产品与服务、经营管理、环境保护及各种政策执行情况等。

（三）建立公关调研制度

公关调研主要有两种手段：一是民意测验，这是检查公共关系状况、发现其中“热点”的基本方法。二是监测新闻媒介，这是了解社会舆论的方法。社会舆论有力地影响着企业的舆论。

（四）建立公关预测制度

它的基本思想与做法是，企业公共关系问题同社会问题密切相连、息息相关，通过分析社会发展趋势，可以发现某些引发企业公关问题的线索，从而预测该企业将要遇到的问题和公众纠纷，并制定多种可供选择的应急方案。

操作练习

1. 有一位顾客到宾馆住宿时，对宾馆的服务不满意，到宾馆公关部来投诉，作为公关部的一名员工，你应该如何处理？

2. 企业经常会遇到消费者的投诉，有时消费者的意见也难免有偏颇。假设你作为企业的公关人员受理一起消费者投诉，对方情绪很冲动、态度很对立时，你会以哪些做法来缓解矛盾并进而解决问题？

3. 刘燕去某商厦公关部应聘，主试人问她，在处理消费者的投诉时应该注意些什么？刘燕一时不知道怎样回答，主试人进一步启发她说，比如应该怎样选择最佳时机处理公众意见。刘燕想了半天，仍旧答不上来。你能告诉她怎样选择最佳时机处理公众意见吗？

实训考核

表 2—4　　沟通技巧评价评分表

考评人		被考评人	
考评地点			
考评内容	公众投诉的处理		
考评标准	内容	分值/分	
	投诉处理程序规范	30	
	投诉处理过程中各种方法和技巧运用灵活恰当	40	
	在角色扮演过程中态度认真	15	
	实训报告格式规范，内容充实	15	
合计		100	

注：考评满分为 100 分，60—70 分为及格，71—80 分为中，81—90 分为良好，91 分以上为优秀。

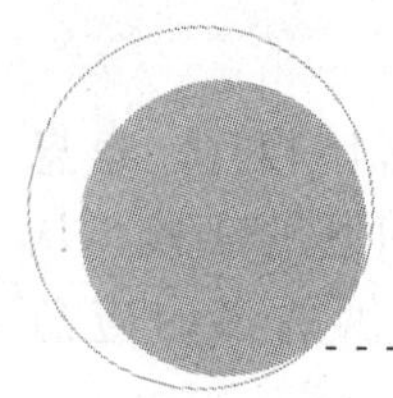

实训任务4 公众关系的沟通与协调

职业场景

某单位由于平时缺乏沟通，各部门之间都认为自己的部门最重要，其他部门应该配合自己的部门，因此，互相之间矛盾重重，使得正常的工作受到影响。为此单位领导准备召开一次沟通协调会，加强了解，消除矛盾。这项任务交给公关部来做。假如你是公关部的人员，请模拟召开一次沟通协调会。

实训目的

通过实训，使学生能够了解公关沟通协调的重要性，掌握与各类公众进行沟通的技巧，并能够和不同的内外公众进行良好的沟通。

训练步骤

第一步：教师介绍与公众进行沟通协调的相关知识。

第二步：模拟场景进行公众关系的沟通与协调，本次实训的场景主要是与内部公众的沟通。

第三步：学生分组进行角色扮演，模拟整个沟通过程。部门公众有：办公室、财务部门、生产部门、销售部门、宣传部门等。

1. 在扮演前首先要进行角色分工，并确定主持沟通协调会的主持人。

2. 分组讨论沟通过程中可能存在的障碍。

一般情况下沟通障碍主要有以下九方面：

（1）发送信息的含义不明。

（2）知识水平上的差异。

（3）沟通媒介选择不当。

（4）传递工具不灵。

（5）空间距离的限制。

（6）组织结构不合理。

（7）内容过杂，数量过大。

（8）地位身份的差异。

（9）心理因素所引起的障碍。

3. 分组讨论如何模拟整个沟通协调过程。包括主持人如何组织，各部门之间就什么事情进行沟通，要确定沟通的主题，在沟通过程中要求每个人一定要进入角色，否则就达不到实训的效果。

4. 把每组模拟的结果在班组进行现场的表演。模拟整个沟通协调过程。在处理公众投诉的过程中要坚持公众利益至上的原则。要能够站在对方的角度来思考问题，这样沟通协调才会有效果。

第四步：如果有时间可以模拟一个与外部公众沟通的场景进行实训。本章所有内部公众和外部公众都可以作为一个情景中的角色来模拟公众投诉处理过程。方法类似于部门关系的沟通协调，不同点仅在于利益点不同，导致处理过程中着重点也存在差异。

第五步：教师进行点评。学生撰写实训报告。

注意事项

1. 在模拟的过程中，教师不要中途打断，学生的表现越自然越逼真越好。

2. 每次角色演练完，教师首先要赞美参与的学生，并请他们谈谈体会，也可请观察的同学发表评论。

3. 在学生演练过程中，教师要做笔记，便于总结点评，如有必要的话可亲自上阵演示一番，令学生印象更深刻。

4. 要进行角色互换，力争让每个学生都有机会得到各种角色锻炼，充分调动学生的积极性。

实践知识

有沟通，才有理解。良好有效的沟通能够让交流的双方充分理解，达成共识。沟通看起来很容易，其实沟通双方要做到有效的沟通，必须经过长时间的配合、摩擦，是一项非常困难和复杂的工作。沟通双方不但要理解传递过来的信息，还要分析信息，获取事实，翻译转化信息。据统计，企业的管理者把 70%

的时间花在沟通上。开会、谈判、谈话、作报告是最常见的沟通形式，撰写报告实际上是一种书面沟通的方式，对外各种拜访、约见也都是沟通的表现形式。同时企业中70%的问题是由于沟通障碍引起的。比如企业常见的效率低下的问题，实际上往往是有了问题、有了事情后，大家没有沟通或不懂得沟通所引起的。另外，企业里面执行力差、领导力不高的问题，归根到底，都与沟通能力的欠缺有关。

一、 与内部公众关系的沟通

组织与公众的关系，说到底是利益关系，具有相互关联性。协调组织与公众的关系，关键是寻找到组织与公众的利益相关点，了解公众的需求，有针对性地开展公关工作，才能构建良性的公关状态。因此，必须把握各类公众与组织的利益相关点，再针对性地提出公关工作的协调内容。内部公众是组织的成员，与组织的关系最为密切、直接，是组织开展公共关系活动的出发点。组织与内部公众的关系包括以下几类。

（一）员工关系

1. 广义的员工是指组织内部的人事构成，包括领导与职员、工人等；狭义的则相对于领导而言，除领导之外，都是员工。

在公共关系活动中，员工具有两重性，一方面，他们是组织内部公共关系工作的对象，另一方面，他们又是组织开展外部公共关系的主要依靠力量。员工公众属于组织的内部公众，他们与组织的利益相关点是：他们是实现组织目标和利益的主要依靠力量；是树立组织良好形象的决定性因素；也是处于公共关系第一线的前沿哨兵。

2. 要搞好同员工的关系，必须做到以下几点：

（1）尊重员工的个人价值是前提。组织追求的是团体价值，但团体价值是和团体中每一个个体的价值联系在一起的，需要通过个体价值的实现来实现。因此，组织应当尊重员工个体的价值，善于引导员工个体价值与组织价值相一致。尊重员工的个人价值，就是要了解员工的状况、需要，尊重员工的物质利益和精神需求。

（2）正确运用激励方法是保证。要运用管理激励、奖惩激励、领导行为激励、榜样激励等各种方法激励员工，调动员工的积极性，使他们为实现组织目标而努力。

（3）保持与员工的沟通是必要条件。这种沟通是双向的，一方面将组织的信息传递给公众，使公众了解组织，理解和支持组织的决策；另一方面将公众的信息传递给组织，使组织了解公众，做出正确的决策。

(4) 满足员工参政议政的积极性是重点。要尽量创造条件满足员工的参与热情，让员工以主人翁的精神关心组织的各项工作。

(二) 股东关系

1. 股东公众是组织的投资者，是以集资和认股的形式向组织提供资金以求获取利润的个人或团体。它主要包括四类：一是普通股东，二是集资的职工，三是董事会成员，四是金融舆论家，如证券分析家、股票经纪人等。在公共关系活动中，股东也是组织内部公共关系工作的重要对象。股东与组织的利益相关点表现在以下四方面：

(1) 股东是组织的“财源”。股份制公司的资金是由股东大众集资和投资而来的，其股权为大众所有，其利润为大众所分享。因此，在国外这样的企业也被称为“大众公司”。股东是企业的“财神”。

(2) 股东是组织的“权源”。在股份制企业的组织结构中，股东大会是最高权力机构，由股东大会推选大股东为董事会，由董事会任命总经理等。

(3) 股东是组织的“信息源”。众多的股东分散在社会的各行各业，各个阶层，可为组织提供多方面的信息。

(4) 股东是组织的“宣传员”和“推销员”。股东和组织利益息息相关，可为组织宣传和推销产品或服务，提高组织的知名度。

2. 组织要搞好同股东的关系，必须做到以下三方面：

(1) 维护股东的正当权益。组织要树立股东权益意识，切不可损害股东的权益，这是处理好与股东关系的前提。

(2) 满足股东的心理需求。股东购买了组织的股票，自然而然就会产生一种“主人意识”，希望了解组织的信息，关心组织的发展状况，组织应当满足股东的这种心理需求。

(3) 争取股东对组织决策的参与和支持。组织应采取各种方式，采纳股东对组织经营管理方面的意见和建议，争取股东对组织决策的参与和支持。

(三) 干群关系

1. 干群关系表现为领导与员工的关系，体现在领导与员工之间的利益冲突与关系协调之中。干群关系的利益相关点是干群关系对组织的良性公共关系状态具有重要的影响和作用。

2. 要搞好干群关系，关键在领导，必须做到以下四方面：

(1) 树立良好的领导形象。领导者要努力提高自身的素质，取得员工的信任与好感。

(2) 信任员工，对其工作给予肯定的评价。领导的肯定性评价有助于提高员工的自信心和积极性。

(3) 真诚相处、平等相待，才能得到员工的真心拥戴。

(4) 主动承担责任。在遇到矛盾时，如处理组织的危机事件中，主动承担责任，解除员工的心理压力和精神负担，体现领导的责任感和对员工的体贴关怀。

(四) 部门关系

1. 部门关系既是指组织领导与各职能部门之间的关系，也是指组织内部各个职能部门之间的相互关系。部门关系处理得好有利于工作朝着组织的目标发展，有利于形成上下一致的局面。

2. 要搞好部门关系，必须做到以下三方面：

(1) 关心部门的利益分配。要公平合理地处理好各部门之间的利益分配，努力缩小各部门之间的利益分配差距，形成部门之间的群体凝聚效应。

(2) 引导实现组织的整体目标。

(3) 努力做好内求团结的工作，使各个部门“心往一处想，劲往一处使”。

二、 与外部公众关系的沟通

外部公众是组织生存与发展的重要条件，是独立于组织体之外的组织或群体，是组织在社会上的各种社会关系。处理好与外部公众的关系，才能使组织立足社会，获得根本性的、长久的发展。外部公众关系主要有以下四种。

(一) 消费者关系

1. 消费者公众是指组织的服务对象，包括有形产品、无形产品的消费者，精神产品、物质产品的消费者。在公共关系活动中，消费者是组织中最重要也是数量最大的外部公众。消费者与组织的利益相关点是：

(1) 消费者的需求是组织生存和发展的前提。任何企业，在生产过程中投入人、财、物后所生产的商品，或提供的劳务，只有经过消费这一重要环节之后，才能实现其价值，才能补偿投入的消耗，实现简单再生产。如果生产的商品没有消费者的消费，企业资金积压，就有破产的风险。

(2) 消费者的态度和意见是组织生存和发展的重要因素，任何组织一旦失去了消费者也就意味着失去了市场，面临能否生存的危险。

2. 组织要搞好同消费者的关系，必须做到：

(1) 树立公众至上的理念。消费者是组织的衣食父母，组织的发展离不开消费者的消费，要坚持“消费者永远是正确的”法则。

(2) 自觉维护消费者的权益。这是组织处理好与消费者关系的前提。

(3) 满足消费者的需求，为消费者提供优良服务。它包括售前服务、售中服务和售后服务三个环节。售前服务主要是指在消费者购买产品之前，积极向消费者传播有关产品和服务的信息；售中服务主要是指在消费者购买产品的过程中，为消费者提供所需的服务；售后服务主要是指在消费者购买产品之后，为其提供安装、维修等服务。

(4) 正确处理和妥善对待消费者的各种投诉。化解矛盾，求得理解或谅解。

(5) 加强对消费心理的研究，有针对性地开展公关工作。

(二) 社区关系

1. 社区即组织所处的地域。社区关系是指组织与所在地地方政府、社会团体和其他组织以及当地居民之间的睦邻关系，社区公众是指组织所处地域内与组织具有一定关系的各种组织和群体。在公共关系中，社区公众也是组织的一种重要的外部公众，任何组织都是处在一定的社区中，并同社区公众发生联系。社区公众好比组织的邻居，中国有句古话，叫做“远亲不如近邻”，说的就是处理好与邻居关系的重要性。

2. 社区与组织的利益相关点是：

(1) 社区为组织提供可靠的社会服务。组织的维持和发展离不开社区的水陆交通、水电供应、消防安全、邮政银行、治安保卫、教育卫生等服务。

(2) 社区为组织提供良好的员工生活环境。组织的员工家属的日常生活依赖于社区周围的商店、学校、医院和其他社会公益事业部门，好的生活环境可使他们消除后顾之忧，提高生产的积极性。

(3) 社区为组织提供丰富的劳动力资源。组织雇用当地居民可以为组织减少住宿、伙食、探亲等费用，也便于对他们的管理和培训。

(4) 社区为组织提供稳定的顾客。组织的一部分产品和服务是销售给社区内的居民，对组织来讲，最稳定的顾客就是当地居民。

3. 组织要搞好同社区的关系，必须做到：按规定向社区政府机关交纳税金；向社区居民提供优质产品和优良服务；维护社区环境；帮助社区繁荣经济；支持社区的公益活动；维持社区安定；为社区带来光荣和骄傲。

(三) 媒介关系

1. 组织的媒介关系主要是指组织与新闻传播机构或新闻传播工作者的关系。新闻界公众是指服务于报社、电台、电视台等部门的记者、编辑、节目主持人、专栏作家等。在公共关系活动中，新闻界具有二重性，它既是组织树立良好形象的工具，又是组织重要的外部公众。新闻界在信息社会中具有巨大作用，有人把服务于新闻界的记者称为“无冕皇帝”，欧美学者把新闻界看成是继立法、司法和行政三大权力之后的“第四权力”。新闻界在公共关系的信息传播中具有传播的信息量大，信息传播的范围广，信息传播的速度快，信息传播的保证度强，信息传播的费用低，比较容易为组织所接受等特点。

2. 新闻界与组织的利益相关点有：

（1）新闻界可为组织树立形象服务，扩大组织的知名度和美誉度。

（2）新闻界可为组织了解公众信息和社会舆论，为组织的生存和发展把握环境影响因素。

3. 组织要处理好与新闻界的关系，必须做到：

（1）尊重新闻媒介公众的职业道德。既要克服只要新闻界为我所用而不顾其独立性的倾向，也要克服一味迎合新闻界的需要而丧失组织的基本立场的倾向。

（2）保持经常接触。及时向新闻界提供组织的有新闻价值的信息，增进组织与新闻界的相互了解和感情联络。

（3）尊重新闻规律。了解各种新闻媒介的特点，提高传播的有效性。学会“制造新闻”，并全面、熟练地掌握新闻写作的理论和技巧。

（4）正确对待新闻媒介的批评。若新闻媒介的批评属实，应虚心接受，并通过新闻媒介向有关公众表示道歉并采取纠正的措施。若新闻媒介的批评与事实有出入，应及时与新闻媒介沟通，以澄清事实。

（四）政府关系

1. 政府关系是指社会组织与政府公众的关系。政府即国家行政机关，是对社会进行统一管理的国家权力的执行机构，在公共关系活动中，政府是一种重要的外部公众。任何一个组织作为社会的一部分，都必须服从政府对整个社会的统一管理，因此存在着与政府的关系。

2. 组织与政府的利益相关点有：

（1）政府作为国家的权力机构，通过制定和执行政策来管理社会，组织的一切活动都必须在政策法令范围之内进行。

（2）政府是最具社会影响力和经济实力的组织，它对其他社会组织的支持、援助、赞赏或批评、制裁，在社会上会造成巨大影响。

（3）政府是重要的信息中心，许多信息与组织的发展息息相关。

3. 要搞好同政府的关系，关键在于妥善处理好国家整体利益和组织自身局部利益的关系，组织必须做到：

（1）树立全局观念，克服本位主义，力求为社会多做贡献。组织应积极参加社会公益活动，将组织的局部利益与社会的整体利益统一起来，使组织获得长久的发展。

（2）遵守政府的政策、法令和法规，服从政府有关部门的管理和领导。政府是管理社会的重要方式，任何组织如果违反了政府的管理，就会破坏社会生活、生产的秩序，这不仅有害社会，最终也会有害组织自身。

（3）加强与政府的信息沟通和联系。组织在处理与政府的关系中，并不是完全被动的，例如在意见沟通方面，组织可发挥公共关系工作的信息双向沟通作用，一方面，将政府的有关信息传递给组织，使组织的行为依据政府的政策法令行事，另一方面，将组织的信息传递给政府，帮助政府了解组织，使政府做出正确决策以利于组织的发展。

操作练习

1. 如果你是企业的经营者，你的员工间由于争风吃醋、钩心斗角而矛盾重重，请问你将采取什么方法消除他们的矛盾，增强企业内部的凝聚力？

2. 某鞋业股份公司新上任的总经理非常重视股东关系的处理，有一天他专门找来公关部钱小姐咨询应该怎样与股东进行沟通，钱小姐非常明确、清楚、完整地回答了总经理的问题。你知道她是怎样回答的吗？

3. 某著名的快餐连锁集团的公共关系部拟与媒介联合举办系列活动，包括联合举办文艺演出、联合捐资助学、联合举办智力竞赛和赞助报纸版面等，但在内部公众参加的意见征询会上却遭到大多数员工和股东的反对，于是公共关系部的经理耐心地向大家讲述了这种传播方式的优点，终于获得了内部公众的理解和支持。你知道这位经理是如何讲述的吗？

4. 美智公司为扩大组织的社会影响、提高知名度和美誉度，制定了与外部公众沟通交流的计划，公司按照计划有意识、有步骤地举办了一些社会性的公关活动，达到了与外部公众进行有效沟通的目的，但同时却发现组织在内部协调一致方面存在很大问题，为此，公关部决定加强与内部公众的沟通，以实现内求团结、外求发展的目标。你认为公司应该如何与内部公众沟通？

实训考核

表 2—5　　沟通技巧评价评分表

考评人		被考评人	
考评地点			
考评内容	公众关系的协调		
考评标准	内容	分值/分	
	对相关知识掌握准确	30	
	实训过程中能够灵活运用各种方法与技巧协调各类公众关系	40	
	在角色扮演过程中态度认真	10	
	实训报告格式规范，内容充实	20	
合计		100	

注：考评满分为 100 分，60—70 分为及格，71—80 分为中，81—90 分为良好，91 分以上为优秀。

3 学习情境三
信息传播

公　共　关　系　实　训

职业岗位：公关宣传人员

能力要求：

- 1. 能撰写新闻通讯稿
- 2. 能撰写各种专题性新闻稿件
- 3. 能进行媒体联络
- 4. 能安排记者采访
- 5. 能制定新闻发布计划
- 6. 能组织新闻发布活动
- 7. 能编写组织内部刊物
- 8. 能编写组织对外宣传册

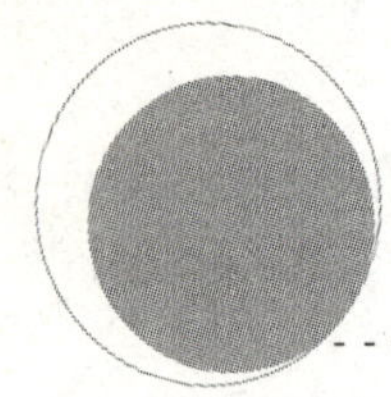

实训任务1 新闻稿的写作

职业场景

某集团公司研制的L900冷藏车在国际汽车博览会上获得了银质奖，为此，集团公司将召开新闻发布会。请你帮助起草一篇新闻发布稿。（要求：注重格式，其专业性内容可以省略。字数控制在200字以内，含标点符号。）

实训目的

通过撰写新闻通讯稿，使学生掌握新闻宣传稿的写作要求及注意事项。要求按照新闻五个“W”一个‘H’（Who、What、When、Where、Why、How）来写作，并注意结构与类型。

训练步骤

第一步：教师介绍新闻稿的基本结构和构成要素。

1. 有学者提出撰写新闻发布资料“八要素”理论，即：新闻发布会要表达什么主题，说明该主题的内容是什么事情，什么人完成的，在什么时间，在什么地点，为什么做这件事情，结果怎么样，这一结果的意义是什么。我们在实训过程中可以按照这八个方面来写。

2. 新闻稿的结构，要严谨、逻辑性强。一般采用倒金字塔式结构。首先是导语，用最简洁的文字把事情的要点和重点提纲挈领浓缩式地交待出来。其次是新闻主体，即对导语中披露的新闻作进一步的说明，要注意观点明确、层次清楚、精心选材。再次是新闻背景，就是有关新闻事件的历史和环境的材料。最后是新闻的结尾，要简短、言尽而意未尽，发人深思或设置悬念，为以后的连续报道埋下伏笔。

第二步：介绍新闻稿的种类及每种的写作要求，并说明本次实训的新闻稿属于喜庆性新闻稿。它的写作要求见本实训任务的实践知识。

第三步：学生根据模拟的场景及范例撰写新闻发布稿。如果时间允许可以对其他类型的新闻稿进行实训，如果没有时间，学生可以根据相关内容，结合操作练习的作业题来训练。

第四步：学生完成写作以后，教师可以挑选一部分同学在课堂上陈述自己的新闻稿的写作情况。教师分析存在的问题并进行总结评价。

注意事项

1. 实训随堂进行，讲解与实训相结合。
2. 范例的选择一定要有代表性。
3. 每个小组要安排一名负责人，由负责人来组织讨论并安排专人执笔写作。
4. 由小组负责人来陈述宣传稿内容。
5. 要注意不同类型新闻发布稿之间的差异。
6. 要求学生课后反复练习。

实践知识

由于新闻传播站在第三者的立场上，显得公正、可靠性强，因此，利用新闻稿来宣传、推销企业是极为可取的一种方式。然而，新闻稿的写作不光只是记者们的事，企业不能只是消极地等记者上门来采访。组织不仅可以“制造新闻”，让新闻媒介主动将信息传播给公众，亦可自己整理材料，并将这些材料交给新闻界传播给公众。因此，新闻稿的撰写是公关人员利用新闻媒介实现对公众施加影响的必要手段，也是与新闻界保持密切联系的纽带。因而，新闻稿的撰写就成为公关人员必须掌握的技术之一。

一、 新闻素材的搜集

1. 撰写新闻稿必须尽力使稿件符合编辑的要求，达到被采用的目的，同时以最佳的写作方式实现公共关系的目标。因此，必须查找现有报刊的内容、电台和电视台的节目，研究他们所经常采用的稿件与被舍弃的稿件在内容、写作方式、用词造句方面的不同点，然后总结出适合自己的写作方法。

2. 选择具有新闻价值的素材是新闻稿被采用的首要因素。只有具有新闻价值的新闻，才能产生轰动效应。毫无新闻价值的资料是不会被新闻单位采用的。新闻一般是对新近发生的与大众有关的事实的报道。新闻价值主要指新闻事实中能够明显引起公众注意和兴趣的特性，如时效性、接近性、特殊性、重要性、新奇性、内幕性等，具备这些特性之一，便可能构成新闻素材。

二、 新闻稿的写作

掌握新闻稿的撰写技巧，是发挥新闻素材作用、写成一篇好的新闻稿子的必需条件。新闻有其独立的写作形式，应该用符合新闻学规范的方式来准备新闻稿件。

首先是新闻稿的基本要素，一个完整的新闻稿件应包括新闻报道的五个“W”、一个“H”，即新闻稿的六要素：When（何时）、Where（何地）、Who（何人）、What（何事）、Why（何因）以及 How（过程怎样）。英国公共关系学家杰夫金斯则举出公关新闻稿的七个要素：主题、组织机构、地点、优点、应用、细节、消息来源。

其次是新闻稿的结构，要严谨、逻辑性强。一般有倒金字塔式、顺时式等。其中倒金字塔式是一种典型的新闻稿结构，即以重要性递减的顺序来安排新闻中的各项要点和事实。这种纯新闻报道的基本结构形式，既有助于记者快速写作新闻，便于编辑制作标题和设计版面，也有助于读者阅读。

1. 导语。

撰写新闻稿时要注意写好新闻导语，即新闻的开头，它常常是整个消息的概述，可以用最简洁的文字把事情的要点和重点提纲挈领浓缩式地交待出来，假如后续无文的话，这一段落就概括了整个事件。

导语的关键是个“导”字，它应当起到引导、诱导、前导的作用。也就是说，它应当用简洁的语言，写出最主要、最新鲜、最吸引人的事实，给读者留下深刻的印象。因此，导语的写作要求开门见山、中心突出、简明扼要、生动有趣。

2. 主体。

新闻主体，即对导语中披露的新闻作进一步的说明，要注意观点明确、层次清楚、精心选材。一般来说，新闻主体应当具备这样两部分内容：一是对导语提出的主要事实、问题或观点进行具体的阐述或回答，使导语部分的内容借助于一连串丰富的材料而得到进一步的说明和解释，使新闻诸要素更为明确和详尽；二是用附加的次要材料来补充导语中没有涉及的新闻内容，提供新闻背景，说明事件的来龙去脉，使新闻内容充实饱满，主题更加突出。

主体部分常见的结构形式有以下两种：

（1）以事件的重要程度为序组织材料。

这就是通常所说的倒金字塔结构。它是一种常见的新闻写作方法，多用于动态新闻。所谓倒金字塔结构，就是大头在上面，小头在下面。具体来说，一篇新闻，先是要把最重要、最新鲜的事实放在导语中，主体部分的内容则依照重要性递减的顺序来安排：较重要的材料往前放，较次要的往后放，最次要的放在最后面。这种叙述方式主题突出、阅读简便，同时便于编辑删节、修改稿件——如有篇幅限制，编辑可以由后往前删，而不影响全篇内容的完整性。

（2）以事件的时间先后为序组织材料。

这种主体结构形式，通常是按事件发生的时间顺序来组织材料，事件的开始是新闻稿的开头，事件的结束为新闻稿的结尾。由于这种结构方式能够清楚地反映出新闻事件的来龙去脉、前因后果，使读者对它的全过程有一个鲜明的印象，所以它比较适用于内容较为复杂但线条单一的新闻的写作，如报道节目游行盛况、一些重大事件、一场事故、一次球赛等。这种叙述结构同人的思维取向相吻合，易于人们阅读、理解，尤其适合我国读者的阅读习惯和口味。而这种“从头到尾”的写作方法掌握起来也比较容易。

3. 新闻背景。

什么是新闻背景？简言之，新闻背景就是有关新闻事件的历史和环境的材料。新闻是对新鲜事物的报道，而新的东西对人们来说往往是陌生的，这就有必要对新闻中的基本事实进行解释和补充说明。只有适当地对事件的来龙去脉、它与周围事物的联系及其相互影响进行“衬托性叙述”，才能显示出事件的意义，才能使生活在不同地区、工作和阅历各不相同的读者排除阅读障碍，对新闻发生兴趣。

4. 结尾。

新闻的结尾要简短，言尽而意未尽，发人深思或设置悬念，为以后的连续报道埋下伏笔。在新闻的结构布局中，结尾并非占据着举足轻重的地位，有些新闻稿有结尾，有些新闻稿无所谓结尾不结尾的。

一般来说，事实叙述清楚了，新闻稿的写作也就大功告成了，不必死板地强加结尾。这是因为：

（1）多数新闻所采用的倒金字塔结构，是以事件的重要程度为序安排材料的，在这种结构形式中，事实排列完，新闻也就写完了，实际上没有必要也不便于再加上个尾巴。与其生硬地重复，给人以画蛇添足的感觉，倒不如就此停笔。

(2) 新闻要求用事实说话，摆完事实通常也就讲完了道理，因而一般不必点题作结论，也无须借结尾之机向读者说明主题或下什么断语。否则就会给人以“意已尽而言不止”的感觉。

(3) 从新闻要短的要求来看，很多情况下也不容许特意加个结尾。不写或少写结束语式的结尾，有助于新闻稿文字简约，节奏明快；反之则有可能使新闻文章化，篇幅冗长。

三、 注意事项

1. 新闻有其独立的写作形式，要求言简意赅，只要能将事实讲清楚，句子越短越好，而且要求准确无误和通俗易懂；事件的描写不超过一页纸的篇幅；应避免使用形容词的最高级形式和含糊的概括；不要使用陈词滥调；不要对所有报道机构都发通用的新闻稿。此外，还要注意文字的简短、准确、具体、流畅以及标题设计、格式的处理等新闻稿写作的具体技巧。

2. 写好一篇新闻稿，还应注意一些技术处理的细节。如稿子誊写时，行与行之间应留空，以利编辑作删改补充；用方格稿纸更好，便于编辑计算字数。稿纸上最好印有机构名称、地址、电话号码、联系人姓名等，便于编辑对稿件内容需要发问或补充时可以及时联络。

3. 新闻稿寄发出去后，还要注意一些小问题。如不要纠缠编辑，责问他们是否收到了稿件，是否会采用。如果稿件已被媒介决定采用，不要向编辑索要原稿的清样或复本。此外，不要由于稿件未被采用而怀恨在心，也不要因为你不大赞同媒介对稿件内容的处理方式而心怀不满。如果确实有些地方编辑弄错了，可以向他指出，但不要就新闻评判的标准和稿中的精要部分在哪里等与编辑争论不休。因为，有时公关人员和编辑看问题的角度不同，见解也会有所不同。

总之，一篇稿子能否被新闻机构采用，关键在于稿子是否具有新闻价值。同时，应注意写作技巧、表现手法以及技术处理细节，才能以最佳的写作方式实现公共关系的目标。

四、 各类新闻发布稿的写作

任何新闻发布会都必须有明确的主题，提倡什么，反对什么，说明什么，都要清清楚楚，明明白白，在新闻发布稿中体现出来，来不得半点含糊。按不同的主题划分，新闻发布稿大致有三种基本的类型：喜庆性新闻发布稿、专业性新闻发布稿和突发性新闻发布稿。

1. 喜庆性新闻发布稿。

这类新闻发布稿适用于开业、周年庆典和产品获奖等有喜庆色彩的事件。它的写作要求是：

(1) 简介梗概：简明扼要地介绍事情的梗概，细节可以放在答记者问时介绍。

(2) 体现价值：体现事件的本来价值，比如“全国第一家”、“同行业第一个金质奖”等。

(3) 突出意义：事件有多大的社会意义，比如对公众的价值、对社会环境的益处等。

(4) “一多一少”：自我赞美之辞要少，引用专家、社会舆论的赞语要多。

(5) “一低一高”：低调处理个人在事件中的作用，提高团队整体实力和组织形象。

(6) 言之有据：如“全国第一家”之类的结论须有出处等。

以产品获奖为例，喜庆新闻发布稿可以按以下格式撰写：

L900 冷藏车获奖新闻发布稿

(称呼) 各位记者朋友：早上好!

(主题) 现在，我以激动的心情向各位并通过各位向关心 L 集团发展的所有朋友宣布：L 集团自行设计、制造的 L900 冷藏车在刚刚结束的世界汽车博览会上获得了银质奖!(展示奖杯)

(意义) 这意味我国的特种国产汽车已经领先一步走向世界……

(梗概) L900 冷藏车的研制是从 1996 年开始的……

(评价) L900 在世界汽车博览会上获得的赞誉……

(结束语) L 集团人对荣誉的态度……

谢谢大家!

2. 专业性新闻发布稿。

这类新闻发布稿适用于重大项目开工、科技成果转让、新政策条文实施等。它的写作要求是：

(1) 简介梗概：简明扼要地介绍事情的梗概，不要纠缠于技术细节。

(2) 阐明标准：项目达到什么标准，20 世纪 90 年代发达国家先进水平还是 21 世纪水准？新政策条文是应急措施还是适应未来需要？

(3) 体现个性：与同类项目、技术相比，有何与众不同之处？

(4) 突出效益：对项目或科研成果的综合效益进行了怎样的预测？

(5) 明示代价：人们采用新成果、新条文需要付出什么代价？

(6) 体现权威性：重大项目的论证和科技成果的鉴定是否有权威部门的

监督？

(7) 做好“翻译”：尽可能把专业技术术语“翻译”成普通公众听懂看懂的“白话”。

以政府办公用品统一采购为例，专业性新闻发布稿一般可以按以下格式撰写：

政府办公用品统一采购新闻发布稿

(称呼) 各位记者朋友：早上好！

(主题) 现在，我代表S市政府办公厅向各位并通过各位向关心S市廉政建设的社会各界朋友宣布：S市政府决定自即日起实施政府办公用品统一采购制度！

(梗概) 为此，S市政府决定采用新办法……

(说明) 我们所说的政府统一采购是指……

(效益) 据测算，采用新办法后经济效益是……社会效益是……

(代价) 实施新办法需要的条件是……

(结束语) S市政府办公厅欢迎社会各界朋友的监督！

谢谢大家！

3. 突发性新闻发布稿。

这类新闻发布稿适用于内部突发危机事件需要说明事实真相、外部突发事件需要表态等。它的写作要求是：

(1) 态度在先：属于自己失误的要先作自我批评；对造谣中伤者决不姑息；对外部突发事件要敢于表态。

(2) 说明真相：简要介绍发生的事情、真相如何。

(3) 讲清原因：事故是人为的失误，还是形势不可逆转、结局不可抗拒？大致各占几分因素？

(4) 总结教训：有哪些才识可以总结？最应当使他人和自己今后警惕的是什么？

(5) 亮出措施：拟采取的措施是什么？何时开始实施？

(6) 做出承诺：是否能保证今后不再重犯类似的错误？

以某化工厂毒气泄漏、引发附近居民中毒事故为例，突发性新闻发布稿一般可以按以下格式撰写：

某化工厂毒气泄漏事故新闻发布稿

(称呼) 各位记者朋友：早上好！

(主题) 今天请各位来，是要通过各位所在的新闻媒介向社会各界朋友致歉！

(真相) 在座的各位可能已经知道，我们厂的××生产车间发生了毒气泄漏的严重事故，目前已经造成的实际损失是……在这里，也提醒各位注意，目前社会上的某种说法是没有根据的。

（原因）经初步查明，事故的原因是……

（教训）教训是沉痛的，它使我们……

（措施）事故发生后我们采取的措施是……

（结束语）事故已经发生，恶果已经酿成。我们决心……

操作练习

1. 美国一家公司所生产的天然花粉食品“保灵密”销路不畅。正当公司经理为此苦恼不已的时候，该公司负责公共关系的一位工作人员带来喜讯，美国总统里根长期吃此食品。原来，这位公关人员非常善于结交社会上的名人，她常常从一些名人那里得到一些非常有价值的信息。这次，她从里根总统的女儿那里听到了对本企业十分有利的谈话。据里根总统的女儿说：20 多年来，里根家庭冰箱里的花粉食品从未断过货，他喜欢在每天下午 4 时吃一次天然花粉食品，长期如此。后来，该公司另一位公关人员从里根总统助理那里证实了这一信息：里根总统在健身壮体方面的秘诀就是“吃花粉，运动多，睡眠足”。这家公司在得到上述信息并征得里根总统同意后，马上发动了一个全方位的宣传攻势，通过新闻稿让全美国都知道，美国历史上当选年纪最大的总统之所以体格健壮，精力充沛，是因为常服天然花粉的结果。于是“保灵密”走俏美国市场，出现了人人争食“保灵密”的盛况。

请结合案例说明，公关人员撰写新闻稿的关键是什么？

2. 给下面的新闻消息制作一条标题（不超过 10 个字）。

从 1 月 2 日以来，德国的电视、广播、报纸等各种媒体纷纷报道，德国从美国耐克公司生产的运动服中发现了一种缩写为 TBT 的剧毒化学物质。从 1 月 6 日起德国卡尔斯塔特、考夫霍夫、赫尔蒂等百货公司将耐克运动服全部清出货架，停止销售，并对已售出的耐克运动服实施退货。美国耐克公司也宣布对此进行全面调查。纺织品含有 TBT，是德国电视台在最近市场调查中偶然发现的。

3. 根据下列新闻事实写一条导语（不超过 50 个字）。

过去我国一直没有专用的森林消防车，森林火灾主要靠人力和小型机械扑救，不能及时赶赴现场，灭火效率不高。从××××年开始，由北京林业大学森工研究所设计、四川消防机械总厂试制了 CGL25/5 型森林消防车，第一批样车曾参加大兴安岭森林火灾的救火战斗，显示了它的威力。该车分内坐式与敞开式两种，采用 6 轮驱动，具有较好的越野性能。车上除消防泵外，还配备有直接利用天然水源进行灭火的手抬机动泵和小型液剂灭火机具，可用于我国浅山和丘陵地区扑救中等强度以下的火灾和建立林火控制线，并可兼用于林区城镇消防。这种车今天通过了部级鉴定，参加鉴定的专家们认为，该车在车辆通过性能及综合灭火能力等性能上，达到了国际同类产品的水平。

实训考核

表 3—1 信息传播评价评分表

考评人		被考评人	
考评地点			
考评内容	新闻稿的写作		
考评标准	内容	分值/分	
	新闻宣传稿要素齐全、结构合理	30	
	具有新闻价值	20	
	格式正确，标题简要、突出、吸引人	30	
	稿件整体清晰简洁、段落分明	10	
	语句简短、排版清爽	10	
合计		100	

注：考评满分为 100 分，60—70 分为及格，71—80 分为中，81—90 分为良好，91 分以上为优秀。

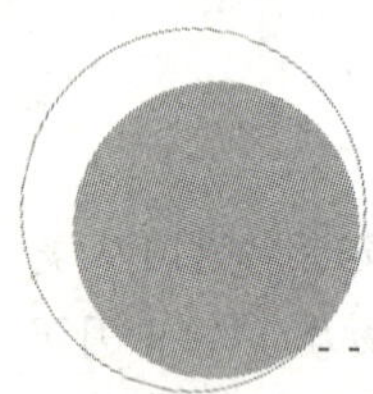

实训任务2 新闻发布计划的制定

职业场景

公关员小张为公司制定了一份关于开发新产品的新闻发布计划，其内容包括以下几个方面：(1) 必须了解各种新闻媒介的特点。(2) 要与新闻界全面合作。(3) 有目的地举行座谈会、新闻发布会，主动帮助记者客观地报道组织的政策和活动。(4) 应当定期地向新闻机构寄发各种新闻资料、提供新闻线索，供记者编辑参考之用。

你认为这份计划正确吗？如果不正确，请你制定一份正确的计划。

实训目的

通过学习新闻发布计划的相关知识，使学生认识到制定新闻发布计划的重要性，并能够运用所学知识为企业制定新闻发布计划。

训练步骤

第一步：教师介绍新闻发布计划的内容，一般包括以下几项：

1. 主题。
2. 信息内容。
3. 传播目标。
4. 邀请对象。
5. 会议准备。
6. 主持人与发言人。
7. 时间、地点、经费。

第二步：根据以上内容分析本模拟场景中新闻计划的内容是否正确。

通过分析，可以发现该新闻发布计划仅表示要与新闻媒体进行合作发布新闻，其他相关计划的内容都没有。因此，需要根据职业场景所述内容重新制定一份正确的计划。

在分析过程中，不要把制定新闻发布计划的程序和新闻发布计划的内容混在一起。程序为计划内容做准备，计划内容是程序实施后的结果。

第三步：根据制定新闻发布计划的程序重新制定一份计划。

制定新闻发布计划的程序如下：事由——动议——分析——建议——核定——启动。

第四步：由学生分组完成新闻发布计划的制定。

特别要注意新闻发言人的确定。

新闻发布会的效果，在很大程度上取决于新闻发言人的现场“表演”。因为新闻发言人是新闻发布会的主角，是组织机构的“喉舌”。发言人形象是组织形象的代表。

衡量一个新闻发言人是否合格，有多方面的标准，如相貌体态、风度举止、思维言谈、才华学识等。这些标准除了有些如相貌体态基本由个人的先天条件决定外，其他标准通过后天的训练是基本可以达到的。考虑到组织机构的新闻发言人通常是由其最高领导人来担任的，公关人员应该帮助领导人加强这些方面的修养。除此之外，集组织机构领导人和发言人双重角色于一身的新闻发言人，还必须在新闻发布会上向新闻记者显示出以下五种修养。

1. 对组织机构的忠诚。

2. 对信息的全面了解。

3. 驾驭现场的综合能力。

4. 坦诚的态度和言辞。

5. 与主持人的配合。

公关人员必须熟悉这五项要求，帮助新闻发言人预先进行“后台演练”。

第五步：学生分组派代表在课堂上陈述自己的新闻发布计划。其他同学根据相关知识进行评价。

第六步：由教师进行总结评价，并分析实训过程中存在的问题及改进意见。

注意事项

1. 讲解与练习相结合。

2. 练习内容包括新闻发布计划的制定和各种新闻发布稿的写作。学生练习时教师要在旁边作个别指导。

3. 教师在评价前要先分析存在的问题及改进意见。

实践知识

中国有句古话：“凡事预则立，不预则废。”“预”就是事先做好计划或准备。做一切事情，只有事先计划好才有希望取得成功，否则就可能失败。新闻发布会是组织机构在重要关头才会开展的一项重要活动，更要事先制定计划。

一、 制定新闻发布计划的程序

制定新闻发布计划是为了减少新闻发布会的盲目性。但一次新闻发布会究竟是否有必要举行，却要在制定计划之前就要先确定下来。这涉及制定新闻发布计划的程序问题。

在实际工作中，我们大致会遇到两种情况：一种是工作无计划，事到临头往往“抓瞎”。另一种情况是，计划好看不好用，计划成了“聋子的耳朵——摆设”。出现第一种情况的原因很简单，改正也很容易，只要未雨绸缪，事先计划就是了。第二种情况的原因就相对复杂些：或者计划不切实际，或者形势发生突变，或者执行计划出现走样。原因虽然很多，但基本上都可以在计划的科学性上寻找答案，即首先是这项计划的产生过程是否科学，然后才是计划方案是否科学。显然，科学的新闻发布计划是在一个科学的程序之后产生的。

制定新闻发布计划的程序如下：事由——动议——分析——建议——核定——启动。

1. 事由。

“无风不起浪”，制定计划总要有它的缘由：近期发生了什么大事或计划做什么大事？这个“大事”应当是与组织机构的发展有直接的重大关系的：或者发生在组织机构内，已经或将要波及社会，比如制药厂发明了治疗癌症的良药；或者发生在社会，必然会影响到组织机构内部来，比如，市场上骤起 DCD 削价风，必然要影响知名度较高的 DCD 企业的价格政策。

2. 动议。

制定新闻发布计划的依据是有这方面的提议。“大事”与新闻发布会之间并没有必然的联系。要宣传“大事”可以通过新闻发布会，也可以直接给报社写稿，还可以作广告。只有有了开新闻发布会的提议，计划程序才能开始。提议者可以是最高决策层，也可以是一个部门。当然，公关人员也可以发出召开新闻发布会的动议。

3. 分析。

是否进入计划程序要过分析关。召开新闻发布会的动议是否合理？召开新闻发布会是否必要？会产生什么影响？在当前形势下以新闻发布会制造声势是否与整体传播规划相适应？有没有比新闻发布会更合适的形式？公关人员对新闻发布会可能产生的各种影响预先进行分析，可以减少新闻发布活动的盲目性。

4. 建议。

公关人员对是否举行新闻发布会和会议的格调向最高管理层提出建议。建议举行新闻发布会，理由是什么？确定什么样的主题？何时能够拿出具体的计划？反对举行新闻发布会，理由是什么？是否需要替代的措施？

5. 核定。

组织机构领导审阅上述建议，对是否举行、如何举行新闻发布会做最后审核。

6. 启动。

如果领导批准举行新闻发布会，则启动计划程序，开始拟订计划。

二、新闻发布计划的内容

新闻发布计划的内容，一般包括以下几项：

1. 主题。

新闻发布会的主题是根据事件的性质和组织机构的传播目标确定的。它要公布一个与组织机构有关的重大信息；或者阐发组织机构对某个社会问题的看法；或者是澄清一件重大事情的真相内幕。

2. 信息内容。

对新闻发布会主题的细化。可以运用新闻发布材料的“八要素”理论对信息内容进行概括，并围绕新闻发布主题对重点要素予以强调。

3. 传播目标。

分近期即时目标和长远目标。即时目标：争取几家媒介报道？让多少人知晓？影响哪个层次的公众？长远目标：希望得到哪些方面的社会评价？对公众施加哪些方面的潜在影响？

4. 邀请对象。

拟邀请多少新闻媒介/记者？具体到哪几家？除了新闻媒介外，新闻发布内容还涉及哪些部门或单位？拟邀请其中的哪几家？

5. 会议准备。

会议现场的布置，发言人用的新闻发布稿和会上散发的新闻稿的准备，会后新闻报道情况的跟踪与公众反馈信息的收集等，都要写进计划。

6. 主持人与发言人。

谁主持新闻发布会？谁担任新闻发言人？主持人一般是公共关系经理，也可以是组织机构的“二把手”；发言人一般是组织机构的“一把手”，必要时可以安排一位或几位专业技术人员，做发言人的现场助手。

7. 时间、地点、经费。

在时间安排上，突发性新闻发布会的选择余地不大。但其他新闻发布会最好避开重大节假日，因为越是重大节日，党政领导人的活动往往越是显著，新闻媒介多的是“头条新闻”。但组织机构的新闻发布会可以考虑安排在周末，因为周末一般无重大活动，新闻媒介可能把搜寻“头条新闻”的目光转移到组织机构的活动上来。

新闻发布会的地点可以根据实际需要在内部会议室、本地宾馆和外地举行。新闻发布会的费用也要有一个基本的预算方案。

三、 制定新闻发布计划的原则

一个科学的新闻发布计划是新闻发布会成功的首要条件。制定新闻发布计划同样是一件严肃、科学的事情，要求符合以下原则：

1. 要符合程序。

科学的新闻发布计划是在一个科学的程序之后产生的。一个科学的程序不仅可以减少新闻发布计划的盲目性，保证每次新闻发布会能发挥它应有的价值，而且可以起到“把门人”的作用，把那些本无价值的新闻发布会挡在计划之外。

2. 要有系统性。

新闻发布会不是一个孤立的活动，而是组织机构整体传播计划中的一个环节。即使属于突发性新闻发布活动，也应该符合组织机构的整体传播目标。因此制定新闻发布计划要有系统眼光，从整体上衡量一次新闻发布活动的即时效应和潜在效应，把握其对局部的影响和对全局的意义，而不可“头痛医头，脚痛医脚”，只顾一时轰动而打乱整体计划。

3. 要切合实际。

即新闻发布计划要量体裁衣，符合实际：首先新闻发布计划要考虑事实信息本身的新闻价值，避免因夸大事实而拔高新闻发布活动的规模；其次要考虑组织机构的性质和规模，不因随意提高或压低新闻发布会的规格而造成信息、人力、财力的浪费；最后要考虑社会发展趋势，使所发布的信息符合公众的心理需求。

4. 要有备用方案。

组织机构赖以生存的社会环境处于持续不断地变动之中。一般情况下，社会变化是渐进性的、因果关系清晰的，但有时也会发生骤然巨变。为此，新闻发布计划要有一定的前瞻性，那些对组织机构的发展关系特别重大的新闻发布计划，最好要有备用方案，以防出现突发事件。

操作练习

1. 某企业准备举行一次科研成果新闻发布会。请按常规起草一份新闻发布计划。

2. 王副经理最近被指派为公司的新闻发言人，没有新闻发言人经验的他需要提高这方面的素养。作为一名公关员，你将如何帮他？

3. 某品牌摩托车因为质量问题频出事故，引发消费者的强烈不满。生产该摩托车的公司迅速做出了召开新闻发布会的决定。请你按常规要求为该公司拟写一份新闻发布稿的提纲。

实训考核

表 3—2 信息传播评价评分表

考评人		被考评人	
考评地点			
考评内容	新闻发布计划的制定		
考评标准	内容	分值/分	
	新闻发布计划的制定程序科学合理	30	
	新闻发布计划的要素齐全	30	
	新闻发布计划的制定符合相应的原则	20	
	新闻发言人的确定符合要求	20	
合计		100	

注：考评满分为 100 分，60—70 分为及格，71—80 分为中，81—90 分为良好，91 分以上为优秀。

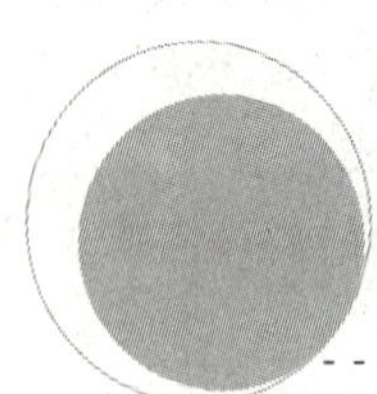

实训任务3 新闻发布会的组织

职业场景

某省高校要召开一次“校园歌手大奖赛”，为发动全省各高校的在校大学生踊跃参加，特召开一次新闻发布会。假如由你来组织这次新闻发布会，你该如何组织呢？

实训目的

通过训练，能准备有关新闻发布资料，能联络新闻发布会场事宜并安排现场媒体采访活动。要注意新闻发布会的程序及礼仪。

训练步骤

第一步：说明本次实训的内容及模拟场景。

第二步：把全班同学分成三组：一组担任新闻发布会的组织工作；一组作为新闻发布组，负责新闻发布；一组作为媒体组，负责向新闻发布组提问题。

第三步：新闻发布会的组织工作主要包括以下几方面：

1. 确定被邀请记者的范围。

该邀请哪些记者得根据公布事件发生的范围、影响来决定。如事件涉及全国，则要邀请全国性新闻单位的记者出席；如事件的影响只限于本地，则邀请当地新闻单位的记者；如事件涉及专门业务，就需邀请专业新闻单位的记者。一般说来，邀请记者的覆盖面要广，各方新闻机构都应照顾到，不仅要有报纸、杂志记者，还要有电台和电视台的记者；不仅要有文字记者，还应有摄影记者。

2. 确定时间和场所。

确定新闻发布会的日期，一是要及时，在新产品、新政策出台前夕及时举行，或组织单位受到指责、误解时及时举行，以便澄清真相，挽回影响；二是日期应当避开重大会议、社会活动，如全国人民代表大会会议期间、奥运会期间，此时新闻界和公众的注意力集中于它们，作为一个一般的社会组织的新闻发布会相比之下居次要地位，不易被公众广泛接受。

新闻发布会在何处举行，要根据会议的主题来确定，如果是一般情况，可以在本组织单位的会议室、接待室举行，也可以租用宾馆、招待所或赴外地举行；如果是希望造成全国性影响的，则可以赴大都市如北京、上海租用场地举行。

3. 确定主持人和发言人。

出于记者的职业要求和习惯，他们大都提出一些尖锐深刻甚至让人下不了台的问题，这对主持人和发言人都提出了很高的要求。新闻发布会一般由公关部门负责人或办公室主任、秘书长等主持。主持人负责介绍主题及基本情况，其措辞讲究典雅而有力、风趣而不失庄重。发言人由单位决策层人物担任，要求发言人熟悉全面情况、头脑机敏、有较高文化修养和风度、语言表达能力强。

4. 准备发言材料和布置会场。

为了使参加会议的记者们对举办单位所传递的信息或所解决的问题能够理解深刻，并给予充分的肯定，负责新闻发布会的公关部门一定要准备好必要的资料。资料应包括会议程序、领导人的发言材料，送给记者的有关资料，单位对问题的理解、认识和感受等方面的文字资料。

会议要选择交通便利、安静而无噪音，有电话等电讯设备的地方。会议桌可以围成圆形，使气氛显得和谐，宾主平等。如果是大中型的记者招待会，可使用长方形的桌子，并分别标明“记者席”、“主持人席”、“工作人员席”，主持人和工作人员应佩戴写明姓名的胸牌。主持人、发言人还应设置标明职务的姓名牌，以便记者识别。如邀请的记者多，还可排定座次顺序，分清主次，注意照顾有代表性的新闻单位的记者，避免出现混乱和不愉快。准备好录音、录像设备，文具用品，饮料茶水等。

5. 制作经费预算。

费用应根据所举行新闻发布会的规格和规模做出可行的经费预算。其费用项目一般有租场费、印刷费、会场布置费、茶点费、礼品费、文具费、邮费、电话费、交通费等。

6. 组织会议。

主持人的职责是把握会议的主题、避免使大家离题太远，发言人讲完后，主持人要引导记者踊跃提问，遇到冷场时，可用轻松、幽默的语言活跃气氛，提高记者们提问的兴趣和勇气；遇到记者竞相提问时，应控制提问时间，避免提重复的问题，以提高会议效率。新闻发布会的时间一般控制在两小时之内。

7. 参观活动安排。

如有条件，新闻发布会前后可以配合招待会主题组织记者进行参观活动，如观看设施、实物、成果展览、模型、图片等应给记者创造实地采访、摄影、录像的机会，增加记者对会议主题的感性认识。

8. 小型宴请安排。

如果必要，可以在招待会或参观活动后，邀请记者参加午餐或晚餐，以进一步进行沟通。

9. 收集有关新闻报道。

新闻发布会举行后的一段日子里，公关人员要注意搜集到会记者采写、刊发的各类新闻稿件，分门别类地登记、分析，以便检验会议的效果。对参加会议而未发布新闻的记者，也应礼貌地询问原因，便于日后改进工作。

第四步：新闻发布组要对人员进行分工，如谁担任什么角色，在新闻发布会上做什么发言。然后提前准备发言稿，以及答记者问的相关资料。要求回答简练、机智、幽默、真实、讲究方法。

第五步：媒体组主要是讨论向新闻发布组提什么问题。

第六步：模拟新闻发布的过程。

1. 要提前准备好音响、摄像器材、话筒、纪念品。

2. 布置会场环境。

3. 记者入场，组织者接待，包括发放资料、签到、安排就座。

4. 新闻发布会实施过程。新闻发布会的程序包括：宣布开始 →发布新闻或消息 → 答记者问→宣布结束→ 提示会后安排。

5. 新闻发布会十分强调礼仪规范，其核心是诚，要真诚地面对新闻记者，坦诚地公布与组织机构相关的信息。新闻发布会应遵循的礼仪参见前面的相关知识。

注意事项

1. 提前布置，让学生早做准备，避免冷场，影响效果。
2. 相关的设备如音响、摄像器材、话筒由教师准备，其他由学生准备。
3. 要进行角色轮换，让每个同学都有锻炼的机会。
4. 教师要就训练过程中出现的问题进行分析和总结。
5. 要求学生实训结束后写实训报告或实训小结。

实践知识

组织机构的生存和发展离不开信息。组织机构在取得成就时要与公众分享自己的喜悦，在遭遇突发事件时要向社会说明事件的真相和自己的态度，在这些情况下，组织机构往往要考虑在适当的时候采取一定的形式和渠道把那些重要的信息向社会公众进行发布。利用新闻媒介进行的信息发布活动就是新闻发布。

在现代社会中，新闻发布活动的典型形式就是新闻发布会。新闻发布会又称记者招待会，是组织机构为发布重大新闻或阐述重要方针政策而专门约请新闻记者参加的会议。

新闻发布会的基本功能是：(1) 提高知名度。即通过发布信息，引起公众对组织机构的关注。(2) 开展媒介关系。通过活动为新闻界提供了解自己的机会，借以建立或进一步巩固与新闻界的关系。(3) 影响舆论。通过阐述组织机构的方针政策，引导公众意见和态度朝着对组织机构有利的方向转化。

新闻发布会是现代组织机构从事信息传播的一种十分正规和隆重的活动。它的参与者是对社会发展有特殊影响作用的新闻记者。活动的成败事关组织机构发展的大计，不允许出现差错和失误。对此，公共关系人员要有十分清醒的认识。

一、 新闻发布会的程序

（一）新闻发布会程序的特点

1. 条理清晰。组织机构举行新闻发布会一般来说目标比较单一，贯穿始终的往往只有一个主题。因此，新闻发布会的程序比较简单，条理也很清晰。发言人的演讲不是面面俱到的总结性报告，不涉及太多的枝节问题。主持人也总会运用娴熟的技巧把某些记者“旁敲侧击”式的提问巧妙地引导到会前设定的主题上来。

2. 节奏明快。节奏明快是新闻发布会的又一显著特点。组织机构的新闻发布会主题比较单一，并沿袭其他大型新闻发布会限定时间的惯例，新闻发言人的演讲和说明往往简洁明快；受新闻媒介截稿时间的限制，新闻记者的工作作风更以快节奏著称。这两方面的因素决定了新闻发布会在程序安排上时间紧凑、节奏明快。

3. 符合规范。新闻发布会是正规、隆重的信息发布活动。多年来的国内外实践形成了基本的规范，并已经以相对固定的程序延续了下来。除非出于组织机构的特殊需要，一般不做大的改动。

（二）新闻发布会的具体程序

1. 宣布开始。主持人宣布新闻发布会开始，致简短欢迎词，介绍议题和议程，推出新闻发言人。

2. 发布新闻。新闻发言人讲话，可以宣读新闻发布稿，也可以按发言提纲发布新闻。

3. 答记者问。由主持人指定提问记者，新闻发言人回答记者的提问。主持人自始至终掌握着时间和节奏，按事先规定的时间宣布“最后一位记者提问”。

4. 宣布结束。新闻发言人答完“最后一位记者提问”后，主持人宣布新闻发布会结束。

5. 提示会后安排。主持人提示会后记者的活动，如参观生产车间和厂容、赠送礼品等。

二、 新闻发布会的组织

（一）准备新闻发布资料

1. 能系统地概括组织机构的运营状态、准确地反映组织机构的整体面貌的综合性材料。比如一家商场、一个公司，哪怕刚刚成立一天，也有自己的经营范围、产品结构、市场分布、服务网络。优秀的企业往往还有自己的经营理念、企业文化、知识产权等。

2. 与本组织机构所在的行业相关的专业技术材料。用于新闻发布会的专业性资料主要包括：(1) 专业技术标准，即本组织依据什么样的标准从事生产或提供服务，省级、国家级还是ISO9000标准？(2) 达标情况：现在提供的产品或服务是否达到标准？经过哪个权威部门验证过？(3) 现有技术力量：人员、设备、工艺水平如何？(4) 专业术语：本组织机构经常使用并在社会上传播较广的专业术语有哪些？分别表示什么含义？公众应该怎样理解这些术语？(5) 针对新闻发布内容准备的其他专业技术资料。

3. 说明性资料，是指用于解释说明新闻发布会主题的一揽子材料。新闻发布会是一种目的性十分明确的信息传递活动，事先必须准备充分的材料，来说明为什么要举行这个发布会，同时还要预想在一个确定的主题下记者会提问什么样的问题，对这些问题应当如何说明。

4. 实物资料。为产品获奖、新产品上市而举行的新闻发布会，可以展示奖杯、证书和新产品样品。为澄清事实而举行的新闻发布会，也可以展示实物资料，作为澄清事实的“物证”。为了加强与新闻界的感情联络，同时也是出于树立品牌形象的需要，有些新闻发布会要提供广告宣传品，这也是实物资料。这些都要在事先做好准备。

(二) 邀请新闻媒介

1. 确定新闻媒介。

新闻媒介人员就是在新闻单位供职的记者、编辑或技术人员。新闻媒介人员代表不同的新闻媒介，确定新闻媒介是新闻发布会前期准备中的一个重要环节。新闻媒介的选择是否恰当，直接关系着新闻发布会的效果，甚至决定着新闻发布会的成败。确定新闻媒介需要做好以下两个方面的工作：

(1) 分析新闻媒介。

新闻媒介有各自的宣传宗旨和受众群体，有自己的报道倾向和社会影响力。熟悉新闻媒介、了解不同新闻媒介机构的特点，对制定新闻发布计划、确定新闻发布会的邀请对象是有帮助的。对新闻媒介的分析，需要考虑以下因素：

什么媒介——报纸、杂志，还是广播、电视？这些媒介各有优势，又都有自己的局限性，因此在选择媒介时，既要考虑单一媒介的长处，又要考虑尽可能发挥不同媒介的组合优势。

哪一级媒介——全国性媒介，还是省级、本地媒介？要考虑新闻发布内容需要传播多大的范围。传播范围小了固然起不到宣传效果，盲目扩大宣传范围则不仅会造成浪费，还有可能给开展工作造成被动。

哪一种媒介——综合性媒介，还是专业性媒介？要考虑新闻发布会的主题。

（2）确定邀请名单。

对新闻媒介的性质进行分析后，就要确定新闻发布会的邀请名单了。邀请名单是以本组织机构为原点，由近及远确定的：与本组织机构有长期良好的合作关系的人士；与本组织机构有过接触、有初步印象的人士；与本组织机构有误解、需要加深关系的人士；与新闻发布会的主题有直接关系的人士；名气大、通过合适方式可以邀请到的人士。

2. 邀请新闻媒介人员。

在西方社会，新闻记者有“无冕之王”之称。在我国，新闻记者是党和人民的“喉舌”，肩负着传播信息和宣传政策的双重职能。新闻记者这种比较特殊的社会地位决定了邀请新闻记者要特别慎重。必须合乎规范，不能马虎行事。

（1）邀请新闻记者的一般程序是：

1）匡算邀请记者的人数，初拟被邀媒介、记者的名单。

2）与新闻媒介联系，落实被邀媒介、记者的名单。

3）制作、填写新闻发布会请柬。

4）发出邀请。对重要媒介要派人正式邀请，对一般媒介可以通过电话口头邀请或通过传真发请柬。“重要媒介”不一定是级别最高的媒介，但一定是不太好请而本次新闻发布会必须出席的新闻媒介。

5）落实出席新闻发布会的媒介及记者的人数。

（2）注意事项：

1）新闻发布会的规模是由新闻发布内容决定的，媒介、记者数量要适中，并不是越多越好。

2）重要媒介的参与是新闻发布会成功的关键，应当与重要媒介做好沟通工作，以确保其派记者出席。

3）新闻发布会是正式的活动，邀请记者的程序必须奉行“先公后私”的原则。不论公关员与记者多么熟悉，都要履行“组织机构—媒介机构—新闻记者”的正规程序。

4）不要以利益诱惑的方式吸引新闻记者或对记者做特殊许诺，这是违背公共关系职业道德的，也是政府新闻宣传纪律部门所禁止的。

（三）布置新闻发布会现场

1. 新闻发布会的场所，有3种不同的选择：可以布置在自己组织的会议室；可以选择本地的宾馆；还可以到异地选择其他场所举行。

（1）公司会议室现场。

组织机构的新闻发布会，多数情况下是在组织自己的会议室内举行的。在自己“家”里开会，有人可能会觉得是件省钱省力，以逸待劳的事情，实则不然。任何新闻发布会均具有双重职能：发布信息，展示形象。新闻记者为他所需要的信息而来，同时他也会以特有的敏锐目光去审视组织机构的运转情况。如果在记者的眼中出现组织现状与新闻发布会内容不协调或互相矛盾的景象，会使他感到新闻发布会内容的价值大打折扣。因此，组织机构要想借助新闻发布会在传播信息和塑造形象上获得双丰收，必须既有“两条战线作战”的思想准备，又能有行动上的最佳表现；既要把组织机构的运转调整到最佳状态，又要把新闻发布会现场布置得井然有序。

（2）宾馆和外地发布会现场。

1）规格较高的新闻发布会一般在宾馆举行，现场的布置可以委托宾馆进行。基本设施与布置和在公司会议室内一致。除此之外，服务要求更加规范、周到，服务人员一律要佩戴标有“××公司新闻发布会”字样的绶带。

2）新闻发布会如果需要在异地举行，则可繁可简，国内企业以往规格最高的新闻发布会曾经在人民大会堂举办过，影响大，花费也大，而且往往需要很长时间的联系和准备。

3）规格一般的，可以委托一家宾馆举行，程序与上述1）相同。如果事情紧急，新闻发布内容又容易引起新闻媒介的关注的，还可以在形式上不拘一格，或借游园活动联络记者，或借文化沙龙发布消息。

总之，异地举行新闻发布会，现场布置的原则是：一般规范与灵活多样相结合；可以因地制宜，不必过分讲求形式。最重要的是保证新闻发布的效果。

2. 发布会会场的环境布置。室温、灯光、噪音等问题要考虑周全，务必委派一个富于时代感的公关设计人员来布置会场，使会场既体现企业精神，又使记者及其他来宾产生宾至如归的感觉。会场应设有记者或来宾签到处，签到处最好设在入口或入场通道处。会场座次安排要分清主次，特别是有贵宾到会的情况下。在每个记者席上准备有关资料，供记者们深入细致地了解所发消息的全部内容。

3. 发布会主持人和发言人的选择。确定会议的主持人和主要发言人，要考虑到主持人的作用在于把握主题范围，掌握会议进程，控制会场气氛，促成会议的顺利进行，此外在必要时还承担着消除过分紧张的气氛，化解对立情绪、打破僵局等特殊任务；主要发言人要透彻地掌握本企业的总体状况及各项方针政策，面对新闻记者的各种提问，需要头脑冷静，思维清晰，反应灵敏，具有很强的语言表达能力，措辞精确，语言精练、流畅，发表的意见具有权威性，主要发言人一般由企业主要负责人或部门负责人担任。

4. 选择发布会现场服务人员。现场服务人员要严格挑选，从外貌到自身的修养均要合格，并注意服务人员的性别比例，以便发挥“异性效益”。服务人员的主要工作有如下几点：

（1）安排与会者签到；

（2）引导与会者入座；

（3）准备好必要的视听设备；

（4）分发宣传材料和礼品；

（5）安排好餐饮工作；

（6）安排一名摄影师专门拍摄会场情况，以备将来宣传和纪念之用。

三、 新闻发布会的礼仪

礼仪是处于一定社会关系中的人们共同认可和遵循的行为规范。与其他正式社交场合一样，新闻发布会有一套完整的礼仪规范。与大多数社交场合不同的是，新闻发布会的礼仪规范中较少客套的东西，它的核心是诚：真诚地面对新闻记者，坦诚地公布与组织机构相关的信息。如果不能做到这些，信息发布会就应当改为其他形式。

新闻发布会的礼仪表现为以下六个方面的特点。

（一）称谓

对新闻记者的称谓，基本要求是规范。见面打招呼时不论男女，均称“姓＋记者”；在新闻发布会上，面对全体记者时的主要称呼语是“各位记者”或“尊敬的记者朋友”，为了烘托气氛，可附加“女士们，先生们，朋友们”等称呼语。

（二）礼节

与新闻简洁、注重时效性的特征相适应，新闻发布会的礼节最大的特点是简单。虽然我国素有“礼仪之邦”的美誉，俗语也有“礼多人不怪”一说，但礼节使人周到，也使人疏远，尤其是过于客套、过于周到的礼节，不仅使人局促，而且有时会令人产生虚而不实或不胜其烦的感觉。而新闻发布会上的礼节太多、太烦琐的话，就更与新闻发布会的主旨和新闻记者的职业习惯不相适应。因此，在新闻发布会期间和发布会前后的必要场合，对新闻记者的接待以简单得体为宜，不必刻意铺陈和曲意逢迎。

（三）仪表

人是社会动物，人们在出门时总要洗把脸、换一件合体的衣服，这就是我们所说的仪表。新闻发布会要求主持人和发言人注意自己的仪表。新闻发布会的仪表要求是正规：正规的发式、正规的服饰。即男士要剃须理发，西装革履；女士要化妆淡雅，着装庄重。但如果是流行时装发布会等特殊性质的新闻发布会则另有要求。

在仪容仪表方面需要克服如下倾向：一是不要过分突出个人的情趣和偏好。因为新闻发布会展示的是组织形象，而不是个体的形象。二是不要过于突出公司统一着装。因为它容易让人把这种形式的统一同广告宣传联系起来，反而影响新闻发布的效果。

（四）态度

公关人员待人处事的态度是组织行为的一个重要组成部分。就一般而言，诚恳的态度是成功交流的法宝。在新闻发布会上，或者有新政策需要发布，或者有问题需要公众谅解，抑或面对记者连珠炮般的发问，最基本、最有效的策略仍然是诚恳的态度。从正反两方面的经验看，与“无冕之王”打交道，虚与委蛇或故意兜圈子都只能适得其反。

（五）言辞

公共关系思想的普及正在冲击着“君子欲讷于言”的传统观念，看“国际大专辩论会”使我们深刻认识了雄辩的言辞的力量。言辞是说话或写文章时所用的词句，是人类传播信息的基本符号。在开放的现代社会，优雅的谈吐、动听的言辞，已经或正在成为打开交际大门的一把钥匙。因此，说话或写文章的人应该学会应用各种修辞手段，如比喻、排比、夸张等，以加强信息传播的效果。在新闻发布会上，沟通组织机构与新闻记者的基本媒介同样是言辞，但发言人能够使用的修辞手段却比较有限。原因是，新闻发布会应当强调新闻性，而新闻是一种简约的文体，新闻的力量在于“用事实说话”。相对于事实本身蕴涵的逻辑力量和记者的广闻博识，多数修辞手段，比如排比、对仗、夸张，不仅会显得苍白无力，而且会显得蹩脚、卖弄，不尊重记者，不合礼仪。只有用“确认、正面肯定和赞成的态度”，即肯定的言辞，去发布事实确凿的肯定的信息，才能够使人感受到“用事实说话”的力量和对新闻记者的尊重。因此，用肯定的言辞发布信息乃是新闻发布会最简约、最有力的言辞手段和最合体的礼仪。

（六）议程

新闻发布会是现代社会的产物，新闻讲究时效性。因此新闻发布会的议程要求议题紧凑、节奏明快。即使新闻记者的态度明显与发言人的意见相左，发言人都只能力争用肯定的语调公布事实确凿的信息，即“用事实说话”。而主持人则应该审时度势，尽力把记者的提问和发言人的回答及时引入符合主题的正确轨道。如出现发言人不能回答又无法回避的问题，应该得体而果断地申明本次新闻发布会不探讨某个特殊的问题，请记者谅解。发言人和主持人在新闻发布会上都必须做到不擅用“无可奉告”这样的外交辞令，更不狡辩，不抢白记者，不随意打断记者问话。

操作练习

1. 某公司将举行一次大型业务交流会，拟邀请新闻记者到现场采访报道，领导安排你负责此项工作，你知道邀请新闻记者的一般程序吗？

2. 顾群在公关部工作了两年，经理让他向新来的小金介绍新闻发布会程序的内容。顾群应怎样介绍？

3. 某企业即将隆重推出新研制的一批产品，为此要召开一次新闻发布会，公共关系部的李华受命担当此次发布会的主持人。为了确保不出差错，他将发布会程序的内容按顺序写在纸上，而且对每个程序的内容还作了具体提示，如先讲什么，后讲什么，谁来讲等。请问李华是怎么样写的？

4. 在某公司举行的一次新闻发布会上，主持人面对全体记者说道：“张记者、王记者、刘记者等记者朋友们，欢迎你们参加今天的新闻发布会……”

为了开好这次新闻发布会，公司领导非常重视礼节礼貌，专门安排了20名迎宾小姐，20名礼宾先生，聘请了大型乐队，记者们进场时，鼓乐齐鸣，彩旗招展，并且给每位记者披红戴花……

为了体现个性和特色，主持人和发言人对自己的仪表进行了精心的修饰，女主持人穿了一件大红色的旗袍，盘起古典式发型，显得仪态万方。男主持人故意蓄了黑浓的胡须，穿了一件对襟棉袄，戴了一顶礼帽，颇有绅士派头。

在发布会上，主持人和发言人为了显示自己的知识和口才，一个劲地使用比喻、排比、对仗、夸张等手法与记者兜圈子，甚至油腔滑调地捉弄记者。

为了显示出活跃的气氛，他们毫无限制地让记者自由提问，但在一些难以回答的问题面前，多次使用“无可奉告”的外交辞令，使记者们哭笑不得。

请问这次新闻发布会是否符合礼仪规范？为什么？正确的做法是什么？

实训考核

表 3—3 信息传播评价评分表

考评人		被考评人	
考评地点			
考评内容	新闻发布会的组织		
考评标准	内容	分值/分	
	掌握新闻发布会的程序	20	
	能撰写新闻发言稿	20	
	新闻发布会的准备工作充分	20	
	新闻发布会的组织规范、有序	20	
	新闻发布会的礼仪符合要求	15	
	时间掌握较好	5	
合计		100	

注：考评满分为 100 分，60—70 分为及格，71—80 分为中，81—90 分为良好，91 分以上为优秀。

实训任务4 编制内部宣传资料和对外宣传册

职业场景

大华公司是一个生产电子产品的公司，为了提升员工的凝聚力和向心力，公司决定编制一份内部宣传资料，加强员工对公司的了解，宣传资料的形式是板报或内部刊物，请你帮助设计一个宣传资料的内容及版面。另外大华公司由于狠抓产品质量，其产品获得国际 ISO9000 质量认证，现需要把该信息向外部公众告知，要编制一个对外宣传册。请你告诉他们应该如何来编制对外宣传册。

实训目的

通过实训，使学生能够掌握各类组织对外宣传册的制作内容及技巧。要求学生能够独立地制作宣传册，并保证宣传册的内容安排规范合理。

训练步骤

第一步：根据模拟情景编写大华公司对内宣传的板报或内部刊物。

1. 板报的形式，可以从版式、体裁、文字和文章结构四个方面来说明：

（1）版式。

即板报和宣传栏的规格和编排样式。板报和宣传栏的规格一般是横长方形，长与宽的比例可以根据实际需要而定。在版面编排上，要求中心突出、版式灵活、字体多样。每期突出一个主题，包含本期主题的文章放在版面的显眼位置，一般在左上方，相当于报纸的一版头条，并加强调处理，比如版面占多一些，配一个醒目的大字标题等。其他文字或图形居于从属的地位，篇幅、标题、字体都相对短、小。版式可以横竖相同，富于变化而不零乱。从书写快捷、视觉流畅方面看，正文多选用楷书、魏碑；标题可选用黑体和隶书，以求醒目。

（2）体裁。

板报和宣传栏的体裁可以多种多样，大体分为新闻、评论和文艺作品三大类。细分有消息、短评、诗歌、故事、文摘、笑话、谜语、传说、小幽默、漫画，甚至快板书、顺口溜，几乎无所不包。但具体到一版一期，毕竟容量有限，一般以5—6种为宜，再多会显得杂乱。但每期都应有新闻报道和评论文章，前者反映组织机构的最新动态，后者进行思想教育和舆论引导。

（3）文字。

与公开出版物不同，板报和宣传栏的文字不要求字斟句酌，一板一眼，而是简洁、通俗、口语化。简洁是要求文字简洁明快，少用铺垫性的语句，不加或少加修饰性的词汇；通俗是指要用普通员工读得懂的词句；口语化是指要尽量少用专业术语和文气十足的语言，而使用口吻亲切的口语。

（4）文章结构。

板报和宣传栏上多种体裁并举。以板报上常用的消息为例，除文字比报纸上的消息更加简练外，结构安排上则能省就省，看起来也更加干净利落。比如说，可以用标题代替导语，标题之后直扑正文；正文可以化整为零，独立成篇；文章不一定要有专门的结尾。

2. 内部刊物的内容可以参照板报和宣传栏，适当增加更多内容。在突出主题的基础上，可以考虑根据不同文化层次的读者的需要，尽量用读者喜闻乐见的形式多刊登一些轻松的、富有知识性的内容，以提高内部刊物的可读性。除了形式上的自由活泼、百花齐放，内部刊物在内容安排上，同样要避免唯业务、唯工作、唯思想性的急功近利的倾向。

3. 一期报纸或者杂志，从酝酿到印制出来，需要经过以下七个环节：召开编委会，确定主题——召集通讯员、安排任务——记者、通讯员采写——编辑整理来稿、催稿、汇总——编辑会议、核实材料、修改定稿——编版、校对、印制——进入发行环节。

4. 内部刊物的发行对象主要为内部员工，也包括股东、客户和上级部门。发行渠道包括：内部渠道，通过通讯员发行到各科室、车间、班组；外部渠道，通过推销员发行到客户；展览会和展销会也是重要的发行渠道。

5. 由学生帮助大华公司制作一份板报或内部刊物。如果条件允许可以在多媒体机房制成电子版。实训时可由学生独立完成，也可分组进行。

第二步：制作对外宣传册。

1. 一个正规的对外宣传册，是由文字资料和图片资料搭配而成的。

（1）文字资料。

1）综合性信息。通过文字和数据反映的组织机构的整体情况。主要向公众介绍组织机构的性质、机构规模、发展历史、地理方位等。这一部分内容很像一个展览会的前言，以概括性很强的文字介绍一个组织机构的全貌。后面的材料则从某个侧面介绍组织机构的功能和特征。

2）组织机构的特色。组织机构在业务上有什么特色？能够为社会和公众提供什么样的服务？

3）组织文化。介绍组织机构的经营宗旨，如“以质量为核心，以市场为导向”；阐述组织的价值观，如“知识为本，利国利民”。

4）人员素质与技术水平。人员素质可以按学历体现出来，也可以按技术职称显示。反映一个企业技术水平的指标有很多，可以在技术人员的指导下进行客观的阐述。

5）管理水平。包括管理素质，如管理人员平均学历、年龄、工作经历；管理风格，如经验管理、民主管理、目标管理等。

6）社会评价。对外宣传册的内容一般只涉及正面信息，如历次各类评比的获奖情况、权威人士或领导人的赞誉等。

7）联系办法。组织机构的通讯地址、电话、传真等。

（2）图片资料。

1）组织机构领导人工作时的照片。含组织机构主要领导人的个人照片和领导班子的集体照片。

2）组织结构图。以图表形式一目了然地展示组织机构自上而下的管理结构：如董事会—董事长—总经理—副总经理（几名）—各科室—各车间。

3）组织机构建筑的鸟瞰图，如模型图或实景摄影照片。

4）组织机构内部建筑图片。首先是门面建筑图片，如大门口；其次是主体建筑，如办公大楼。还有特色建筑，如凉亭等。

5）工作现场的图片。可以是现代化流水线上工人工作的照片，或者实验室的场景图片。

6）展示成就的照片。可以是奖状、奖杯、获奖证书的照片，党政领导人和文化名人视察参观组织机构的照片等。

7）文化生活的照片。可以是工人业余活动、文艺活动的照片，画家、书法家专门为本组织机构作的字画的照片等。

2. 对外宣传册制作要注意图文并茂、印制精美，讲求文化艺术品位。简练隽永的文字，精心设计的画面，以及精致的版式和印刷效果等，往往是人们对这类宣传册的期望，因此，但凡有条件印制对外宣传册的组织机构都努力在这些方面下工夫。

3. 学生根据以上要求帮助大华公司制作对外宣传册。

第三步：展示作品。有条件的话可以在学校做一次作品展示。

第四步：教师评价，并指出存在的问题。

注意事项

1. 讲解与练习相结合。
2. 每种讲解和练习时间均为一小时。
3. 每组要派人就自己的作品进行介绍。
4. 当场进行作品的展示与评比。

实践知识

一、 编办内部板报和宣传栏

板报和宣传栏是组织机构内部的重要宣传媒介，常用于通报情况、宣传政策、鼓励先进、鞭策落后，以其形式简单、方案通俗易懂为普遍公众所喜爱，是组织机构尤其是部队、学校、矿区、村镇等基层单位传播内部信息不可多得的有力工具。

（一）板报和宣传栏的特点

1. 板报是一种笼统的说法，是对黑板报和其他颜色的板报（现在有白色的板报）的统称。黑板原本只是一种教学用具，用黑板这种教具进行教学目的以外的信息宣传，再把黑板从室内移到室外，然后又用多种材料替代木材制造黑板，把单一的黑板加粉笔扩大为多色彩板加彩色画笔。这一古老教具的发展历程，既可以使人们认识到板报自身的价值，更能反映出组织机构面对大众传播媒介的飞速发展仍然保有对通俗活泼的信息传播形式的钟爱。

2. 宣传栏可以说是“写在纸上的板报”或“放大了的报纸”，在形式与功能上同板报和企业内部报纸相近，共同承担起传递组织机构内部信息的作用。

3. 板报和宣传栏的特点可以概括为：

（1）经济实用。

办板报和宣传栏使用的材料花费不多，也容易买到。相对于其他的宣传媒介，要经济得多。但这种宣传形式却很实用，大到中央文件精神，小到班组拔河比赛消息，都可以通过它们广泛地传达到员工中间去。在企业文化搞得比较好的一些公司，板报和宣传栏经常用来表扬先进、鞭策落后，因此板报和宣传栏经济实用的特点非常明显。

（2）更换方便。

板报和宣传栏没有很固定的更换周期，为配合日常公关工作，可以十天半月一期；有紧急任务或遭遇突发事件时，可以根据需要随时更换内容。只要是字迹工整、稍懂一点美术知识者，就可以一起动手抄写，更换版面非常方便。可以说，板报和宣传栏是公关媒介中的“轻骑兵”。

（3）美化环境。

板报和宣传栏还有较强的装饰性，起到点缀环境的作用。大多数学校、军营都重视校园、营区的环境规划，板报和宣传栏往往被纳入整体规划之中，如果校园文化、军营文化搞得好，又有得力的办板人，板报和宣传栏就可常换常新，以生动活泼的内容吸引人，以丰富多彩的版面形式美化环境。

（二）板报和宣传栏的内容

板报和宣传栏上内容，是与组织机构的发展息息相关的，兼顾一些外部世界的信息。

1. 组织机构内部的新近动态。

通常是指刚刚过去的一段时间（如本月）内组织机构取得的新成绩和存在的

新问题，以一件引人注目的大事为引子，把有关成绩和问题的信息简要汇总起来。可以是一件大事的不同侧面，也可以是与一件大事相关联的几件小事。往往以新闻简报的形式出现在版面的中心位置。

2. 组织机构的近期打算。

通常是指在未来一段时间（如下月、第三季度等）内组织机构将要干什么。重大决定来自组织决策层，往往是在厂务会、经理办公会上制定的，因此适合以会议简讯的形式报道出来。为了强调决议的权威性，可以配发小评论，也可以“新闻内幕”的形式报道决议产生的经过；为了配合决议的实施，可以发表对决议实施有导向作用的“劳模专访”；为了充分调动全体员工的积极性，还可以工会的名义号召大家献计献策。

3. 国内外新闻与行业动态。

过去我们曾经讲“胸怀祖国，放眼世界”，现在我们提倡邓小平同志的三个面向：“面向现代化、面向世界、面向未来”。板报和宣传栏应当拿出一小块版面摘引报纸上刊登的国内外近期重大新闻和本行业的消息，可以开设“国内外新闻荟萃”和“行业动态”的专栏，只刊登短讯、标题新闻、一句话新闻，不做详细报道。

4. 好人好事与“坏人坏事”。

这是板报和宣传栏每一期都必不可少的内容。但表扬与批评都要注意，一要有分寸，话不要说得太满太狠，以免受表扬者遭讥讽，挨批评者生怨恨。二要有根据，以事实为根据，不能凭空想象或单纯依据个别人的议论行事。三要尽可能“见事不见人”，公开点名批评自然要特别慎重，即使是点名表扬，也要经过当事人所在部门负责人的认可，主编人不可自作主张。

5. 唱“四季歌”。

就是拿出一定版面以其内容活跃组织气氛，丰富员工业余生活。这部分内容是随着季节的变化而变化的。春天来了，号召人们周末去踏青，夏季到了号召人们去游泳，秋天的红叶最迷人，冬天的山川最壮美……可以定期穿插一些有关这些活动的报道，也可以间隔一定时间编发一期唱“四季歌”的板报、宣传栏，让员工的诗作、散文、素描百花齐放，集中亮相。

6. 名人名言。

这是普通员工喜闻乐见的内容，更是办报人拿手的“段子”。名人生活其实是普通人生活的缩影。人生充满哲理，名人名言是人生哲学的精粹，名人名言是点燃生命智慧的火光。用名人名言丰富员工的精神生活是开展内部公关工作的一种很好的形式。从办报的角度看，名人名言都很简短，可以起到“补白”和活跃版面的作用。与名人名言作用类似的还有小幽默、小窍门、“脑筋急转弯”、“生活一点通”等。

二、 内部刊物

内部刊物也是组织机构内部的重要宣传媒介。

1. 内部刊物的功能可以概括为以下四个方面：

（1）传播信息知识。

（2）培植组织文化。

（3）交流工作经验。

（4）丰富员工生活。

2. 内部刊物的形式有报纸、杂志等。

3. 内部刊物的编写需要人员。按工作职责划分，要维持一个内部刊物的正常运转，需要文字编辑、美术编辑、记者、通讯员四类人员。从“精兵简政”的原则出发，前三类人员的职责如果可以由一个专职人员担当起来的话，那么他必须有很高的相关素质和能力，而且需要经过一段时间的新闻专业训练。同时，还要成立一个由厂办秘书、公关员、工程师、推销员等3—5人组成的兼职编委会，外加一支人数众多、分布在各部门的通讯员队伍。两个班子的活动都应由专职人员统筹、协调。

三、 对外宣传册

随着组织机构宣传意识的增强，对外宣传册已经成为一种有价值的宣传媒介。

对外宣传册具有以下四种特点：

1. 对外宣传册要向公众介绍能反映组织全貌的资料，包括组织机构整体规模与实力、经营宗旨与经营方向、组织发展的历史、已经取得的成绩和对社会的贡献等。这些信息资料只是概括性的介绍，而不涉及具体的细节。

2. 对外宣传册注重潜在的持久的影响，不强调信息传播的时效性。时效性强的信息在宣传上容易“立竿见影”，但也容易“昙花一现”，往往时过境迁即被淡忘，不易持久。而组织机构要“永葆青春”，就不能单靠一时一事的宣传，而必须把宣传作为一项永恒的工作持续不断地做下去。对外宣传册就承担起了这一责任。

3. 对外宣传册图文并茂、印制精美，讲求文化艺术品位。对外宣传册不以新鲜的信息内容引人，而以较高的文化艺术品位取胜。简练隽永的文字，精心设计的画面，以及精致的版式和印刷效果等，往往是人们对这类宣传册的期望，因此，但凡有条件印制对外宣传册的组织机构都应努力在这些方面下工夫。

4. 对外宣传册形式多样，用途广泛。有很正规的大型企业画册，图案精美，制作精良，可以达到出版水平；有规格较小、以轻松活泼见长的小册子，能起到“企业名片”的作用，可以广泛散发。

操作练习

1. 请帮助所在的班级制作一份板报或宣传栏，主题及内容自行选择。

2. 假如蒙牛企业请你帮助制定一本对外宣传册，该宣传册应该包括哪些内容？

实训考核

表 3—4　　信息传播评价评分表

考评人		被考评人	
考评地点			
考评内容	编制内部宣传资料和对外宣传册		
考评标准	内容	分值/分	
	板报的版式灵活多样	20	
	板报的体裁丰富	20	
	板报的文字简洁、通俗、口语化	10	
	内部刊物知识丰富，可读性强	20	
	对外宣传册图文并茂、制作精美	30	
合计		100	

注：考评满分为 100 分，60—70 分为及格，71—80 分为中，81—90 分为良好，91 分以上为优秀。

4 学习情境四 公关调查

职业岗位： 公关调查人员

能力要求：

- 1. 能设计调查方案
- 2. 能执行调查方案的实施工作
- 3. 能用观察法进行调查
- 4. 能用访谈法进行调查
- 5. 能进行各种媒介的文献调查
- 6. 能设计调查问卷
- 7. 能进行问卷的发放与收集
- 8. 能对调查数据进行分析
- 9. 能撰写小型调查报告
- 10. 准备调查和评估所需资料

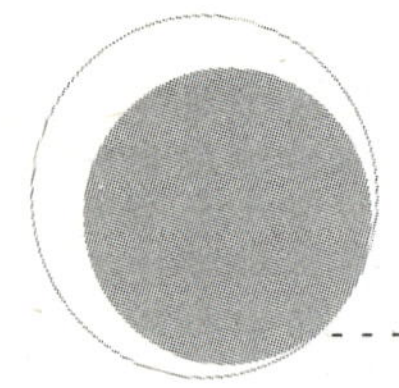

实训任务1 调查活动的组织与实施

职业场景

美特好超市为了了解顾客对其销售的产品种类和超市服务态度的满意程度，在顾客中进行调查，需要制定一个调查方案，并根据调查方案来组织实施调查活动，你能帮助美特好制定一个调查方案吗？一份完整的调查方案应该包括哪些内容？

实训目的

通过调查活动的组织与实施，能够使学生锻炼实践操作技能和动手能力，提高学生的组织能力和协调能力。

训练步骤

第一步：制定调查方案。

调查方案包括以下几项内容：

1. 确定调查目的。

调查的目的，即指调查所要解决的问题。目的不同，则调查的内容也不尽相同。调查目的的设定，一般应根据调查组织者（或委托者）的实际情况和需要，并结合环境的变化而进行综合考虑。

在确定调查目的时，应注意以下两点：

（1）调查目的应集中于调查组织者（或委托者）最需要调查的主要问题上。

（2）尽量避免把调查目的定得过高、过宽，或把一些已经解决的问题也包括进去，以免造成精力的分散。

2. 确定调查对象。

确定调查对象和调查单位，也就是确定向谁去进行调查。调查对象的确定，应根据调查目的来加以考虑，并不是调查对象所涉及的面越宽越好。同时，有些无法进行接触的个人或单位，也不宜随意列入调查对象的范畴之中。

3. 确定调查项目。

确定调查项目，就是要明确向被调查者了解什么问题。例如在某一产品的市场消费情况调查中，消费者的性别、民族、文化程度、年龄、收入、消费动机和态度等，就是调查者必须了解的问题。

调查项目的确定，还需注意这样几点：(1) 调查项目应是调查任务所需，又能取得答案的。(2) 项目的表达式必须明确，使答案具有确定的表达结果。(3) 项目之间应尽量相互联系，相互对照，有某种内在逻辑关系。

4. 制定调查提纲和调查表。

通过对调查项目进行科学的分类和排列，即可构成调查提纲和调查表。一份正式的调查问卷一般包括以下三个组成部分：(1) 前言。主要说明调查的主题、调查的目的、调查的意义，以及向被调查者表示感谢。(2) 正文。即调查问卷的主体部分，一般设计若干问题要求被调查者回答。(3) 被调查者基本情况，包括被调查者的性别、年龄、职业、文化程度等。根据调查需要，应有选择地列出，其目的是便于进行资料分类和具体分析。

5. 确定调查的时间和地点。

调查时间是指调查从开始到结束的时间。确定调查时间，目的是明确规定资料所反映的是调查对象哪一时间段的情况，并对调查工作的开始和结束时间有所规定。

调查地点是指调查者到何处去实施调查。它通常与调查对象相关联，但仍有其特定要求。如对某一对象的调查，既可前往其所在单位或部门，亦可邀请其在另一地点进行。如市场调查中对消费者的随机抽样调查，则对确定这一调查选择在哪几个地点进行显得更为重要，因为不同的地点有可能产生不同的调查结果。

6. 确定调查方式和方法。

在制定调查总体方案中，应事先对取得调查资料的方式和方法有所确定。搜集资料的方式一般有普查、重点调查、典型调查、抽样调查等多种。具体调查方法有访问法、观察法、问卷调查法和实验法等多种。调查采取的方式和方法不是固定和统一的，往往取决于调查对象和调查任务。大中型调查要注意多种方式和方法的立体综合运用。

在对调查方法进行取舍时，要遵循针对性、可行性、节约性和综合性原则。

7. 确定研究分析方法。

即确定对调查所取得的资料将如何进行研究分析，对资料的分类、编号、分析、整理、汇总等一系列工作的开展有一明确规定。

8. 确定调查组织计划。

调查组织计划，是指实施整个调查活动的具体工作计划。主要内容包括调查的组织领导、调查机构设置、人员的选择和培训、调查工作步骤及其善后事务处理等。

调查方案初步确定后，应对这一方案进行必要的评估，首先是考察方案的可行性，其次是对调查方案进行优劣评价。

9. 调查项目的经费预算。

一个调查项目，需要经费的绝不仅仅是问卷设计、问卷发放、报告撰写三项，还有许多细节，稍一疏忽，就会超出预算。因此，在进行预算时，要将可能需要的费用尽可能全面考虑进去，并向客户解释清楚，以免将来出现一些不必要的麻烦而影响调查项目的实际操作。通常一个调查项目中，实施阶段的费用安排仅占总预算的40%，而调查前期的策划和准备阶段所需费用占总预算的20%，后期分析报告阶段的费用安排占总预算的40%。

在进行调查经费预算时，一般需要考虑如下几个方面：

(1) 调查方案设计费与策划费；

(2) 抽样设计费、实施费；

(3) 问卷设计费（包括测试费）；

(4) 问卷印刷、装订费；

(5) 调查实施费用（包括调查人员培训费用、调查员劳务费、采访对象礼品费、督导员劳务费、异地实施差旅费、交通费、误餐费以及其他杂费）；

(6) 数据录入费（包括问卷编码，数据录入、整理）；

(7) 数据统计分析费（包括统计、制表以及必需品花费等）；

(8) 调查报告撰写费；

(9) 资料费、复印费等办公费用；

(10) 管理费、税金等。

第二步：设计调查方法。

常用的调查方法有观察法、访谈法、文献调查法和问卷调查法。本实训场景主要应用观察法来调查。

在正式观察之前，要根据调查的目的制定出观察的提纲。

以下是一个对组织产品在市场销售情况的观察调查提纲：

产品销售观察提纲

观察目的：了解新产品的销售情况

观察地点：某大型商场

观察时间：某月某日

观察内容：

(1) 买包括本产品在内的同类产品的消费者人数。

(2) 买本产品的消费者人数。

(3) 买本产品的消费者的年龄、性别特征。

(4) 消费者对本产品的评价。

学生可参照以上观察提纲写出该新产品的观察调查提纲。

第三步：调查活动的组织与实施（收集调查资料和处理调查结果）。

1. 学生每 5—8 人为一组，以小组为单位作调查；
2. 确定调查对象，制定调查计划和调查提纲；
3. 选择调查场所，进行观察，收集资料；
4. 小组成员分工合作，开展公共关系调查；
5. 统计、汇总调查结果；
6. 以组为单位写出调查报告，注明具体分工。

注意事项

1. 调查内容的讲解与调查计划的制定在课堂上进行。
2. 实地调查在校外进行。
3. 调查过程中每组要安排负责人，并注意安全。
4. 教师要注意在调查过程中的正确引导。

实践知识

公共关系调查是运用科学的方法，有计划、有步骤地去考究组织的公共关系状态，收集必要的资料，综合分析相关因素及其相互关系，以达到掌握组织的情况，解决组织面临的公共关系问题的一种实践活动。

要想成功地开展公共关系工作和活动，一个重要的前提就是公共关系调查。调查是一种听取意见的形式。在进行任何一个公共关系项目之前，均必须收集资料、数据和事实依据。只有做好这一工作，才能有效地开展各种公共关系活动。

一、 公共关系调查的内容

公共关系调查包括以下几方面的内容：

1. 开展公共关系活动条件的调查。

2. 组织形象的调查。

3. 公众意见调查。

4. 组织公共关系传播效果调查。

二、 调查的基本程序

公共关系调查的过程是由四个相关的阶段组成的。这四个阶段是：制定调查方案阶段、设计调查方法阶段、收集调查资料阶段和处理调查结果阶段。

1. 制定调查方案阶段。

公共关系调查的首要阶段是制定调查方案，调查方案是这个调查工作的行动纲领，是保证调查工作成功的关键。

2. 设计调查方法阶段。

根据不同的调查任务和组织的主客观条件，应选择不同的调查方法。公共关系调查常用的调查方法有观察法、访谈法、文献调查法和问卷调查法。这几种调查方法有优点，也有各自的局限性。为了达到调查的目的，每一种方法在实施前都需要精心设计。

3. 收集调查资料阶段。

收集调查资料的阶段，实际上就是调查方案的实施过程，其中心任务是组织调查队伍，遵照总体方案的要求和设计好的调查方法，进行资料和数据的收集。

4. 处理调查结果阶段。

处理调查结果是公共关系调查的最后一步。它包括两项内容：整理调查资料和撰写调查报告。整理调查资料即对调查收集到的资料进行审查、汇总、统计，获得相应的数据。撰写调查报告则是对调查资料的分析和调查结果的描述，并对整个调查的科学性、准确性及局限性给予必要的说明。

调查结果一经处理完成，应及时提供给组织中的有关人员和有关部门。

三、 调查方案的设计

调查方案的设计就是根据调查研究的目的和对象，在进行实际调查之前，对调查工作总任务的各个方面和各阶段进行通盘考虑和安排，提出相应的调查实施方案，制定出合理的工作程序。

调查方案设计起着统筹兼顾、统一协调的作用，能够使调查更有针对性，从而更加系统、更加完整地反映调查对象的整体面貌。

四、 调查方法的设计

常规调查方法有以下四种：

1. 观察法。

(1) 观察法是调查者进入调查现场，用自己的感官及辅助工具，观察和记录被调查对象表现，从而获得第一手资料的调查方法。与其他调查方法比较起来，观察法收集到的资料更直接、更真实、更生动具体，所以往往成为公共关系调查中常用的一种方法。

(2) 观察法的特点：观察法作为调查者有目的、有计划地认识活动的一种方法，与人们日常生活中随意的、无计划的观察活动不同。公共关系调查的观察，是在组织的调查目的和假设的指导下进行的，需制定周密的观察计划，对观察的内容、手段、步骤和范围作出具体的规定。还要对观察员进行培训，以更好完成收集所需要的调查资料的工作。

2. 访谈法。

(1) 访谈法是调查者依据调查提纲与调查对象直接交谈，收集语言资料的方法，是一种口头交流式的调查方法。

(2) 访谈法的主要特点：调查者与被调查者是采用对话、讨论等面对面的交往方式，是双方相互作用、相互影响的过程。在访谈调查过程中，必须注意运用人际交往和谈话的技巧，才能有效地控制访问过程，获得有价值的信息资料。

3. 文献调查法。

(1) 文献调查法是指调查人员通过查阅各种文献，对媒介所传播的有关组织形象或组织发展信息进行调查统计分析的一种间接调查方法。

(2) 文献资料的种类很多，按照文献的载体形式和记录技术，大体可以包括以下几种类型：1) 声像文献。指用文字或数字记录的资料，包括各种公开发行或不公开发行的报刊、书籍、档案、报告、会议文献、统计资料等，是一种最广泛的文献形式。2) 声像文献。指运用录音、录像和摄影技术直接记录声音与图像的文献形式，包括电影、电视、录像、录音、唱片、照片等媒介形式。3) 电子文献。指用电子计算机阅读和查阅的文献，包括磁盘文献和网络文献。

4. 问卷调查法。

(1) 问卷调查法是调查者运用统一设计的问卷，利用书面回答的方式，向被调查者了解情况并收集信息的方法。

(2) 问卷调查法是社会调查中最常用的资料收集方法，常用于较大规模的抽样调查。公共关系人员运用这一方法，对公众态度、社会生活进行准确、具体的测量，并运用社会统计方法进行量化的描述。

操作练习

1. 一所民办学校委托某公共关系公司进行生源调查，该公关公司项目主管们提出了访谈法、问卷调查法、文献调查法等不同的调查方法。作为项目经理，你将采用哪些原则对这些调查方法进行取舍？并请对这些原则进行必要的解释。

2. 平安出租汽车有限公司已经运营一年多了，公司董事会决定全面了解一下公司在社会公众心目中的状况。于是将此事委托给了伊美尔公关顾问公司，经理将这项工作中调查方案的制定任务交给了新来公司工作的小刘。请回答：小刘应从哪些方面入手？

3. 请阅读下列这份调查总体方案的纲要。

××公司市场调查总体方案

（一）调查目的

××移动通信公司正在研制开发一种较为实用的新型手机品种，并拟尽快推向市场。为深入了解消费者的实际需求，保证新产品产销对路，同时也为即将面世的新产品进行宣传，特组织本次市场调查。

（二）调查项目

1. 被调查者的年龄、性别、职业、文化程度、月收入等。

2. 被调查者近期是否打算购买（更换）手机？其动机和想法是什么？

3. 被调查者最注重手机的哪些功能？

4. 被调查者希望新研制的实用型手机具有什么样的品质？

5. 被调查者对公司新推出的实用型手机的心理价位是多少？

6. 被调查者原先是否知道××移动通信公司的原有手机品牌？

（三）调查时间和地点

时间：2007 年 8 月 10 日至 20 日

地点：北京、上海、广州三城市的有关商场

（四）调查分析方法

按所调查的不同项目，分别统计出调查数据，然后汇总整理，并将有关数据制成图表形式。

（五）调查组织工作

本次调查，由××公司公关部和×××市场调研公司共同负责，并由×××市场调研公司具体实施，包括调查人员的组织与培训、调查工作的开展、调查数据的统计、调查报告的撰写等。××公司公关部对全过程实施有效监控。

（六）调查费用结算

人民币 10 万元。

请回答：

（1）这份调查总体方案的基本要素是否完整，还缺少什么？

（2）把这一方案中某些要素按原行文格式予以补充。

（3）原调查方案中第四项内容在实际操作中还应注意什么？

实训考核

表 4—1　　公关调查评价评分表

考评人		被考评人	
考评地点			
考评内容	调查活动的组织与实施		
考评标准	内容	分值/分	
	方案设计可行，格式符合标准	20	
	搜集资料的方法得当，搜集的信息资料详实	20	
	调查报告符合要求	20	
	调查过程中采取的方法及遇到临时问题的应对策略恰当	20	
	调查结果统计的方法及发现的问题	10	
	在实训过程中积极参加各项活动	10	
合计		100	

注：考评满分为 100 分，60—70 分为及格，71—80 分为中，81—90 分为良好，91 分以上为优秀。

实训任务2 访谈调查方式的设计与实施

职业场景

某高校要了解校外实习基地对人才培养规格的要求和用人单位对毕业生的意见反馈，需要通过访谈调查的方法来搜集相关资料，请你帮助设计一份访谈调查的提纲。

实训目的

通过访谈调查的实训，使学生掌握访谈调查法的特点及类型，掌握访谈调查法的技巧，并能够灵活运用访谈调查方法进行资料的搜集工作。

训练步骤

第一步：访谈前的准备。

访谈前的准备工作主要包括以下五方面：

1. 了解调查任务、调查目的以及相关的背景资料。

2. 设计访谈提纲。

在访谈前，要设计访谈提纲。访谈提纲一般包括：调查的目的、要求、时间、地点、对象、调查项目、具体访谈问题。访谈提纲的主要内容是：

(1) 访谈调查目的（为什么谈）。

(2) 访员（谁去谈）。

(3) 访谈对象（与谁谈）。

(4) 访谈时间（何时谈）。

(5) 访谈地点（何地谈）。

(6) 访谈种类（怎么谈）。

(7) 访谈记录方式（怎么记）。

(8) 访谈报告方式（怎么写）。

3. 选择并了解访问对象。要根据调查的内容，选择访谈对象，要有一定的代表性。选择好访问对象后，要在尽可能的情况下了解被访者的基本情况。事先对被访者了解越多，访谈中就越主动。

4. 确定访问的时间和地点，并事先通知被访者。访问时间和地点的选择应以有利访谈顺利为原则。

5. 准备必要的记录用具，如笔、稿纸、调查表格、被访者地址、照相机、录音机、介绍信及证件等。

第二步：进入访问。

1. 进入访问是访问的开端，由自我介绍、表明来意、请求协助等一些内容组成。访问者在最初见到被访者时，首先要进行自我介绍，自我介绍时要落落大方、镇定自信，语言要温和，吐字要清楚。然后应说明调查目的、意义和内容，请求对方合作。此外，还要向对方解释选择他为访问对象的理由，并努力消除对方的疑虑和紧张心理。

2. 在访问开端，可能会出现被访者不合作、拒绝回答问题的情况。对于拒绝回答者，访问者应尽快缩短与被访问者间的距离，与被访问者建立相互理解、尊重、平等的关系与气氛，这是良好访问开始的重要条件。此时常用的方法有：(1) 自然接近法。即在某种共同的过程中接近对方，如在工作、劳动、娱乐中逐步互相了解，然后再说明来意，进行正式访问。(2) 求同接近法。即寻找与被访者共同的爱好或者共同的背景，或共同关心的问题，并以此入手接近被访者。(3) 友好接近法。即从关怀、帮助被访者入手，来联络感情，以缩短双方的心理距离。

3. 在访问中要注意访问过程的控制和访谈技巧的应用。

在访问开始后，访问者要通过有效的手段，掌握、引导访问的过程，以尽可能地达到调查的目的。常用的控制方法有提问控制和非语言控制等方式。

(1) 提问控制是访问者用提问的方式控制调查过程的方法。提问的方式多种多样，或开门见山，或循循善诱，或灵活机动，并合乎时宜地发问、追问，使被调查者能围绕调查的主题充分地发表自己的意见。

提问是访问调查的主要环节和重要手段，访谈的技巧关键是提问的技巧，提问成功与否决定着访问能否顺利进行和调查的效果。提问的方式很多，有开门见山式、投石问路式、顺水推舟式、顺藤摸瓜式、借题发挥式、循循善诱式等。至于采用何种提问方式，取决于三方面的因素：

一是问题本身的性质和特点。一般来说，复杂和敏感的问题，应小心谨慎、委婉迂回地提出；简单、普遍的问题，则可不必顾虑，从正面直接提出即可。

二是调查对象的具体情况。一般来说，对性格孤僻、思想上顾虑大或理解能力较差的人，应耐心诱导、逐步深入地提出问题；对性格开朗、无顾虑或文化程度高、理解能力强的人，则可以开门见山、单刀直入地提出问题。

三是访问者与被访问者之间的关系。一般来说，在访问者与被访问者互不熟悉、尚未建立起信任感的情况下，应耐心、慎重地提问；如果双方已较熟悉，则可直截了当地提问。

作为一种谈话艺术，提问的方式没有一成不变的模式，应在分析上述因素的基础上，根据实际情况选择恰当的提问方式，顺其自然，随机应变，才能收到良好的访谈效果。为此，在提问时，应注意以下几点：第一，了解被访问者的知识程度；第二，了解被访问者的兴趣和禁忌；第三，问话应当简短明了；第四，应尽量使问题具体化，避免抽象化；第五，应始终保持中立态度，尽量避免使用具有感情色彩的词句。

在提问过程中，为了帮助被访问者加深对问题的理解，以取得预期的回答效果，访问者还要善于对问题进行引导和追询。引导和追询是对提问的延伸或补充，是一种对提问的控制方法。

一般来说，在以下两种情况下需要使用引导提问：一种情况是，当访问者需要将正在问的题目转向一个新的题目时，在转换过程中，被访问者可能会由于思路的转向而出现停顿，或因毫无心理准备而产生困惑，这时便需要访问者启发、诱导。另一种情况是，当被访问者答非所问的时候，欲言又止的时候，语塞的时候，漫无边际扯得太远的时候，就应及时加以引导，使访问能够围绕相关问题继续进行下去。

（2）在访谈过程中，还要注意借助非语言的信息，来达到收集资料的目的。非语言信息可以归纳为以下四个方面：

1）被访问者的衣着、打扮。一个人的外部形象，往往是他的职业、教养、经济状况、兴趣爱好等方面的反映。

2）被访问者的姿态与动作。可以通过它们来捕捉对方的思想感情。

3）被访问者的表情。通过观察被访问者脸部器官和肌肉的变化、反映来判断其思维活动。

4）被访问者的周围环境。被访问者生活环境中的各种用具、器物、陈设和气氛，与衣着打扮一样，同样能反映出他的职业、经济状况、教养、兴趣爱好乃至于性格特征等。

通过对以上非语言信息的分析，有助于访问者对谈话方式做出选择并有效地驾驭谈话过程。

第三步：访谈记录。

访问调查的资料是由访问者在访谈中记录下来的，因此，记录是访谈过程中一个重要的环节。

1. 记录分当场记录和事后记录两种。

（1）当场记录，是边访问边记录。为了使访问记录得更好，可以采用两人一起访问的办法，一人专门访问，一人专门记录；也可以使用采访机来记录，但必须征得对方的同意。当场记录可以用速记法，逐字逐句地记录，访问结束后再翻译整理；也可以采用重点记录法，仅记录重要观点和主要事实。当场记录的优点是记录较完整、客观；缺点是影响访问速度，易削弱访问人员的注意力和破坏被访者的情绪。

（2）事后记录，是在访问之后靠回忆进行记录，它可以不破坏访谈的过程，但这种方法有时会根据访问者的记忆和偏好而产生误差。

2. 为了提高记录的可靠性和准确性，在访谈结束前，应将记录的主要内容，特别是容易发生差错的部分如时间、数据等请被访者复核、更正或补充。

3. 访谈注意事项：

(1) 在访问中，调查员要保持中立的态度，不要把自己的意见暗示给被调查者，否则会影响资料的真实性。

(2) 要把握访谈的方向和主题焦点，防止谈话偏离调查主题，以免影响效率。

(3) 使用的语言要简明扼要。

(4) 根据被调查者的特点，灵活掌握问题的提法和口气。

第四步：以组为单位写出访谈调查报告，注明具体分工。调查报告的格式参见本学习情境的实训任务 4 中的相关内容。

注意事项

1. 学生每 5—8 人为一组，以小组为单位做模拟调查。

2. 要求每个学生在调查中进行角色扮演，情景模拟，并注意角色互换。

3. 访谈实训可在教室进行，也可在实训室进行。

4. 实训过程中要注意访谈技巧的应用。

5. 在情景模拟过程中，教师要善于引导学生，并发挥学生的积极性。

6. 实训结束后要对出现的问题进行分析总结。

实践知识

一、 访谈法的定义和特点

1. 访谈调查法是调查者依据调查提纲与调查对象直接交谈，收集语言资料的方法，是一种口头交流式的调查方法。

“访”，是探望、寻求的意思；“问”，是指询查、追究。访问法，就是访问者通过口头交谈的方式向被访问者了解有关社会情况的方法。它是社会调查研究中使用得最为普遍的方法之一。早在两千多年前，我国著名史学家司马迁就曾把通过调查访问曲阜、淮阴收集到的关于孔子、韩信的故事写进辉煌巨著《史记》中；我国家喻户晓的志怪小说《聊斋志异》，也是蒲松龄经过大量的民间访问，用收集到的资料撰写而成的。

2. 访谈作用主要体现在：

(1) 了解被访群体的想法和需求，获得对组织有价值的信息资料；

(2) 建立访问者与被访者双方信任、友好的关系；

(3) 就组织的相关项目向被访者进行宣传，以取得支持，并通过他们在其社交群体中的活动和影响，将此作用放大。

3. 访谈法的主要特点是：调查者与被调查者是采用对话、讨论等面对面的交往方式，是双方相互作用、相互影响的过程。在访谈调查过程中，必须注意运用人际交往和谈话的技巧，才能有效地控制访问过程，获得有价值的信息资料。

4. 由于访谈是一件脑力劳动密集型的工作，需要访谈者具备以下多方面的素质：

(1) 广阔的知识面。

(2) 人际敏感力。

(3) 表达和沟通能力。

(4) 分析和思考能力。

二、 访谈法的类型

1. 根据访问者对访问过程的控制程度，可以分为结构式访问和无结构式访问。

(1) 结构式访问又称为标准化访问，或导向式访问，或控制式访问。要按照事先设计好的、有一定结构的访问问卷进行访问。

(2) 无结构式访问又称非标准化访问。它与结构式访问相反，事先不制定表格、问卷和访问程序，只需要拟出一个粗线条的访问提纲，由访问者给出某些问题，与调查对象自由交谈。

2. 根据访问者与被访问者之间的交流方式，可以分为直接访问和间接访问。

(1) 直接访问，就是访问者和被访问者直接进行面对面的交谈。

(2) 间接访问，就是访问者通过电话或书面问卷等形式对调查对象进行的访问。

3. 根据一次被访问的人数，可以分为个别访问和集体座谈。

(1) 个别访问是以个体作为对象的访问。

(2) 集体座谈，即将许多调查对象集中在一起同时进行访问，也就是通常所说的“开调查会”。

三、 访谈方法和技巧

不管是什么目的的访谈和什么形式的访谈，总有些基本的访谈方法是我们需要遵循的，以体现我们的职业道德和职业水准。

1. 先作自我介绍，声明访谈原则，特别是声明对被访谈人不会带来任何不利影响，并轻松地导入话题，破冰一般在3分钟左右。例如，可以说：您所参加的访谈是完全保密的，尽管我们顾问公司会向高级领导提供总结性的报告，但所有的问题都只总结性地反映所有访谈经理或员工的意见概要，绝不会指名道姓。

2. 要表现出真实、亲切的态度，要想让别人投入，首先得让自己投入。当问问题时，应采取一种询问态度，而不是咄咄逼人的态度，挑战性的问题要谨慎使用。永远记住自己扮演的是一个访谈员的角色，它意味着客观和公正。不要表现出对被访问者的赞成或不赞成——而应表现出好奇心和对被访者的状况的关心。

3. 要避免提诱导性的问题，也要避免提暗示性的问题。例如："你觉得师傅带徒弟制度有必要吗?"或"吸烟有害健康吗?"

4. 避免提大而空的问题，多提具体和有针对性的问题。避免提抽象或模糊的问题，而要提意义明确的问题。当你感到你尚未充分掌握一个主题或活动的意义时，不要怕提出试探性的补充问题。要注意提跟踪性的问题，这样能使问题更加明确、清晰。

5. 期望的表情、适当的停顿是需要的，它能鼓励被访谈者谈及更多更深的内容。不要试图去主宰谈话，应给对方更多的机会去陈述事实和表达意见。

6. 不能带着个人假设去提问题和理解问题，要理解被访人所谈的真正含义。

7. 注意倾听被访人的"言外之音"等潜台词，弄清楚一些看似模糊却很重要的回答。那些没有说出的、只是暗示或是非常委婉地说出的事情可能会很重要，记住那种非言语交流：姿势、手势、眼神——所有这些都能传达信息。

8. 如果你不了解访谈对象所谈的有关其职位上的专业问题，不要装懂。不要怕请对方用外行人易懂的语言将它解释一遍。

9. 不能让访谈成为泛泛之谈。不管访谈时看上去多么轻松、自由，我们都要牢记自己的访谈主题，并巧妙地控制访谈的过程和节奏。一般的访谈时间应该控制在一个半小时左右。

总之，访谈并不就是简单的"谈"，而是有目的的"访"。因此先期破冰工作很重要，有利于消除双方戒备心理，拉近距离，从而更易于获取有价值的东西；同时一定要想办法找到访谈突破口。一般来说，对不熟悉的被访人，单刀直入、直奔主题的方式效果并不好。因此必须找到一个对方感兴趣的切入点，激起其表达欲，使对方进入角色并兴奋起来；还必须有意识控制访谈节奏及主题，不能任由对方天马行空。虽然是"曲径"，最终得"通幽"。这就需要及时有效的引导，还要善于挖掘语言中的深层含义。一方面是顺藤摸瓜，启发对方逐步深入；另一方面要善于思考，结合对方性格特点及文化背景，进行深度挖掘，“拔出萝卜带出泥”。

操作练习

1. 公关部的赵主任对新来的工作人员小李说：“明天请你去拜访消费者协会的王先生，了解一下目前社会对我们公司产品和服务的反馈情况。”为做好本工作，你认为小李应准备哪些方面的问题？

2. 某日用化妆品公司为开发一款新的护肤产品，拟邀请某商业集团下属三家百货商场护肤用品专柜的若干名营业员进行一次访谈调查，以深入了解护肤用品市场的变化和消费者的需要。请帮助拟订一份调查提纲。

3. 林达是某大型企业公关部经理，企业主管需要掌握主要客户对该企业产品的意见，要求林达对几个主要客户进行访谈。在访谈时，林达应采用哪种方法和技巧才能达到访谈的目的？

实训考核

表 4—2　　公关调查评价评分表

考评人		被考评人	
考评地点			
考评内容	访谈调查方式的设计与实施		
考评标准	内容	分值/分	
	在模拟实训中态度认真负责，积极配合	20	
	模拟访谈组织完善	20	
	访谈程序规范、有序	20	
	访谈提纲设计合理、内容全面	20	
	访谈技巧把握灵活、准确	15	
	实训报告符合要求	5	
合计		100	

注：考评满分为 100 分，60—70 分为及格，71—80 分为中，81—90 分为良好，91 分以上为优秀。

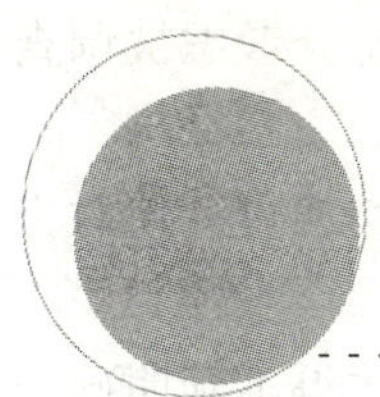

实训任务3 调查问卷的设计

职业场景

小方在某高校附近新开了一家面向学生就餐的餐厅，现在他想就就餐学生对餐厅环境、食品品种和口味、价格等的反馈进行调查，请你帮助设计一份调查问卷。

实训目的

通过调查问卷的设计，使学生能够掌握问卷设计的原则和技巧，并能够根据工作单位的实际要求来设计合格的调查问卷，提高学生的实践操作能力。

训练步骤

第一步：介绍本次实训的内容及模拟的场景。

第二步：介绍问卷的格式。

一份正式的调查问卷一般包括以下三个组成部分：

第一部分：前言。主要说明调查的主题、调查的目的、调查的意义，以及向被调查者表示感谢。

第二部分：正文。这是调查问卷的主体部分，一般设计若干问题要求被调查者回答。

第三部分：被调查者的基本情况。包括被调查者的性别、年龄、职业、文化程度等，根据调查需要，有选择性列出，其目的是便于进行资料分类和具体分析。

第三步：教师介绍调查问卷的设计要求。

在设计调查问卷时，设计者应该注意遵循以下基本要求：

1. 问卷不宜过长，问题不能过多，一般控制在20分钟左右回答完毕。

2. 问题设计要尽可能确保能够得到被调查者的密切合作，充分考虑被调查者的身份背景，不要提出对方不感兴趣的问题。

3. 要有利于使被调查者做出真实的选择，因此答案切忌模棱两可，使对方难以选择。

4. 不能使用专业术语，也不能将两个问题合并为一个，以致得不到明确的答案。

5. 问题的排列顺序要合理，一般先提出概括性的问题，逐步启发被调查者，做到循序渐进。

6. 将比较难回答的问题和涉及被调查者个人隐私的问题放在最后。

7. 提问不能有任何暗示，措辞要恰当。

8. 为了有利于数据统计和处理，调查问卷最好能直接被计算机读入，以节省时间，提高统计的准确性。

第四步：学生每5—8人为一组，以小组为单位进行问卷设计，然后以组为单位编写调查问卷，明确具体分工。

注意事项

1. 在设计问卷的过程中要注意发挥集体的智慧。
2. 每组要有专人负责组织问卷的设计。
3. 设计结束后要分组进行陈述。
4. 教师要就存在的问题进行分析并提出修改意见。
5. 要求每个学生在实训结束后写实训报告。

实践知识

问卷又称调查表或询问表，它是市场调查的一种重要工具，用以记载和反映调查内容和调查项目。

一、 问卷的功能

1. 能正确反映调查目的，具体问题，突出重点，能使被调查者乐意合作，协助达到调查目的。

2. 能正确记录和反映被调查者回答的事实，提供正确的情报。

3. 统一的问卷还便于资料的统计和整理。

问卷的设计是市场调查的重要一环。要得到对你有益的信息，需要提问确切的问题。提问设计要围绕一个问题展开，即：你将如何使用调查结果？这样做可使你避免把时间浪费在无用或不恰当的问题上。要设计一份完美的问卷，不能闭门造车，而应事先做一些访问，拟订一个初稿，经过事前实验性调查，再修改成正式问卷。

二、 问卷设计的原则

问卷设计时应注意如下原则：

1. 问卷上所列问题应该都是必要的，可要可不要的问题不要列入。

2. 所问问题应是客户所了解的。

所问问题不应是被调查者不了解或难以答复的问题。使人感到困惑的问题会让你得到的是“我不知道”的答案。在“是”或“否”的答案后应有一个“为什么”。回答问题所用时间最多不超过半小时。

3. 在询问问题时不要转弯抹角。

如果想知道顾客为什么选择你的店铺买东西，就不要问：“你为什么不去张三的店铺购买?”你这时得到的答案是他们为什么不喜欢张三的店铺，但你想了解的是他们为什么喜欢你的店铺。根据顾客对张三店铺的看法来了解顾客为什么喜欢你的店铺可能会导致错误的推测。

4. 注意询问语句的措辞和语气。

在语句的措辞和语气方面，一般应注意以下几点：

（1）问题要提得清楚、明确、具体。

（2）要明确问题的界限与范围，问句的字义（词义）要清楚，否则容易产生误解，影响调查结果。

（3）避免用引导性问题或带有暗示性的问题。诱导人们按某种方式回答问题使你得到的是你自己提供的答案。

（4）避免提出使人尴尬的问题。

（5）对调查的目的要有真实的说明，不要说假话。

（6）需要理解被调查者所说的一切。利用问卷做面对面访问时，要注意给回答问题的人足够的时间，让他们讲完要讲的话。为了保证答案的准确性，应将答案向调查对象重念一遍。

（7）不要对任何答案做出负面反应。如果答案使你不高兴，不要显露出来。如果被调查者回答从未听说过你的产品，那说明他们一定没听说过。这正是你要做调查的原因。

三、 调查问卷提问的方式

调查问卷提问的方式可以分为以下两种：

1. 封闭式提问。

即在每个问题后面给出若干个选择答案，被调查者只能在这些被选答案中选择自己的答案。

2. 开放式提问。

即允许被调查者用自己的话来回答问题。由于采取这种方式提问会得到各种不同的答案，不利于资料统计分析，因此在调查问卷中不宜过多使用。

操作练习

1. 以下是一家保健品公司有关人员为进行市场调查而草拟的一份调查问卷。

××保健品公司调查问卷

（一）请问您是从何处知道或了解我们公司产品的？

□报纸广告 □电视广告 □街头广告 □新闻报道 □朋友介绍

□商店营业员推荐 □其他（请注明）________________

（二）您是否购买过我们公司的产品？

□经常性购买 □偶尔购买过几次 □从来没有购买过

（三）您购买我们公司产品的用途是什么？

□自己服用 □家人服用 □馈赠亲朋好友

（四）您对我们公司产品的质量是否满意？

□十分满意 □比较满意 □觉得一般 □不太满意 □很不满意

请说明理由________________

（五）您对我们公司产品的包装有何看法？

□很有特色，比较满意 □比较一般，缺乏个性

□过于豪华，没有必要 □其他（请注明）________________

（六）您认为我们公司产品目前的市场零售价格如何？

□价格比较低廉 □价格较为适中 □价格略微偏高 □价格高得离谱

（七）您希望我们公司产品从哪几方面做进一步的改进？

□产品内在质量的稳定 □产品销售和售后服务

□产品包装的设计制作 □产品广告的设计制作

□其他（请注明）____________________

谢谢您的支持与合作。

××保健品公司公共关系部

××××年×月××日

请仔细阅读，并完成以下工作：

（1）分析这份调查问卷的基本要素是否完整，如果不完整，还缺少哪些要素？

（2）把这一问卷中缺少的相应要素按规定的格式予以补充。

2. 小马是刚分配到单位的大学生，正好赶上单位要对职工进行一次满意度调查，领导就把设计调查问卷的任务交给了小马。如果你是小马，你如何设计这份调查问卷？

实训考核

表 4—3　　公关调查评价评分表

考评人		被考评人	
考评地点			
考评内容	调查问卷的设计		
考评标准	内容	分值/分	
	调查问卷格式要规范，具备必备的要素	20	
	调查问卷内容设计合理	20	
	调查问卷问题设计恰当	15	
	调查问卷版式科学、美观	20	
	问题罗列符合逻辑要求	15	
	时间掌握在 15 分钟以内	5	
	在模拟实训中态度认真负责，积极配合	5	
合计		100	

注：考评满分为 100 分，60—70 分为及格，71—80 分为中，81—90 分为良好，91 分以上为优秀。

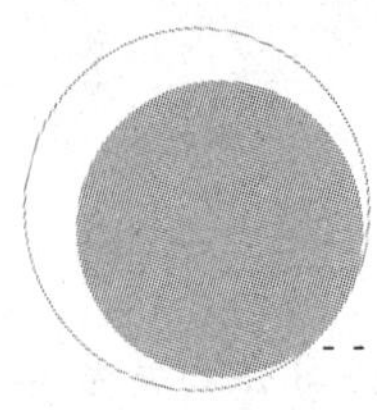

实训任务4 调查报告的编写

职业场景

请根据上一个实训环节设计的某餐厅的调查问卷进行实地调查，并对调查结果进行分析，最后按要求写出调查报告。

实训目的

通过调查报告的写作，使学生掌握调查报告写作的格式和注意事项，提高学生的写作能力和动手操作能力。

训练步骤

第一步：学生每5—8人为一组，先进行调查，收集回资料后再进行分析。其组织过程参照学习情境四实训任务1的相关内容。

第二步：以小组为单位写出调查报告。

1. 调查报告是通过对典型的问题、情况、事件的深入调查，经过分析、综合，从而揭示出其本质或客观规律的书面报告。

2. 一般来说，调查报告的内容大体有：标题、导语、概况介绍、资料统计、理性分析、总结和结论或对策、建议，以及所附的材料等。由此形成的调查报告格式，就包括标题、导语、正文、结尾和落款。这里简要介绍前四项：

（1）标题。调查报告的标题有单标题和双标题两类。所谓单标题，就是一个标题。其中又有公文式标题和文章式标题两种。公文标题为“事由＋文种”构成，如《浙江省农村中学语文教学情况的调查报告》。文章式标题，一种是以调查对象名称为标题，如《××市的校办企业》；一种是标明作者通过调查所得到的观点的标题，如《调整教育政策，增加教育投入》。所谓双标题，就是两个标题，即一个正题、一个副题。如《为了造福子孙后代——××县封山育林调查报告》。

(2) 导语。导语又称引言。它是调查报告的前言，简洁明了地介绍有关调查的情况，或提出全文的引子，为正文写作做好铺垫。常见的导语有：1）简介式导语。对调查的课题、对象、时间、地点、方式、经过等作简明的介绍。2）概括式导语。对调查报告的内容（包括课题、对象、调查内容、调查结果和分析的结论等）作概括的说明。3）交代式导语。即对课题产生的由来做简明的介绍和说明。

(3) 正文。正文是调查报告的主体。它对调查得来的事实和有关材料进行叙述，对所做出的分析、综合进行讨论，对调查研究的结果和结论进行说明。正文的结构有不同的框架。1）根据逻辑关系安排材料的框架有：纵式结构、横式结构、纵横式结构。这三种结构，以纵横式结构常为人们采用。2）按照内容表达的层次组成的框架有："情况—成果—问题—建议"式结构，多用于反映基本情况的调查报告；"成果—具体做法—经验"式结构，多用于介绍经验的调查报告；"问题—原因—意见或建议"式结构，多用于揭露问题的调查报告；"事件过程—事件性质结论—处理意见"式结构，多用于揭示案件是非的调查报告。

(4) 结尾。结尾的内容大多是调查者对问题的看法和建议，这是分析问题和解决问题的必然结果。调查报告的结尾方式主要有补充式、深化式、建议式、激发式等。

第三步：每组派代表说明调查报告的结果，教师进行点评，并要求学生撰写实训小结。

注意事项

1. 调查报告的实训内容要结合本学习情境前面几部分内容来进行。
2. 调查报告写完后要有专人来进行说明。
3. 要注意调查报告的形式和结构。
4. 最后要分析存在的问题。

实践知识

一、 调查报告的写作技巧

要写好调查报告就要掌握调查报告的特点，并按照一定行文格式进行，而且要遵循以下原则：

1. 切记调查的目标，并体现于报告之中。

2. 报告内容应简明扼要，重点突出。

3. 文字应简短中肯，用字避免晦涩，技术性名词要少用。

4. 报告的内容应力求客观。

5. 报告内容应加以组织，使其能给读者在最短的时间内一个全盘的印象。如果能在报告之前列出提纲或目录，便可协助读者了解报告的结构，也可帮助撰写报告者确知所有项目是否都包括在其中，既不致重复，也不致遗漏。

6. 应具有报告的形式与结构。

二、 写作注意事项

调查报告是调查活动成果的体现，调查的成败及调查结果的实际意义都表现在调查报告上。因此，撰写调查报告时，要特别认真细致，以下是几个撰写调查报告时值得引起注意和重视的问题。

1. 要考虑读者的观点、阅历。尽量使报告适合于读者阅读。

2. 切忌面面俱到、事无巨细地进行分析。把收集来的各种资料无论是否反映主题，全都面面俱到，事无巨细地进行分析，会使读者感到杂乱无章，不知所云。一篇调查报告要有它的重点和中心，对情况有了全面了解之后，要经过全面系统地构思，撰写时应有详有略，抓住主题，深入分析。

3. 用自然体例写作，使用普遍词汇，尽量避免使用行话和专业术语。

4. 务必使报告所包括的全部项目都与报告的主旨有关，剔除一切无关资料。

5. 仔细核对全部数据和统计资料，务必使资料准确无误。

6. 充分利用统计图、统计表来说明和显示资料。

7. 按照每一个项目的重要性来决定其篇幅的长短和强调的程度。

8. 务必使报告打印工整匀称，易于阅读。

9. 切忌将分析工作简单化，即资料数据罗列堆砌，只停留在表面，资料就事论事。简单介绍式的分析多，深入细致的分析及观点少；无结论和建议；整个调研报告的系统分析性差，都会使分析报告的价值大打折扣。只有重点突出，才能使人看后得到深刻的印象。

操作练习

1. 小王是刚分配到公关部的大学生，公司刚组织了一次有关企业产品质量的调查，现在公关部经理把撰写调查报告的任务交给小王，请你告诉他调查报告的内容和格式是什么？

2. 新年临近，各大商场都在推出五花八门的打折活动，有“买三百送一百消费券”的，有“买一赠一”的，有“抽奖活动”的，有“折上折”的，有“定时限量抢购”的等。请同学们认真深入地做调查，通过对商家的采访，听取顾客的反馈，结合自己的实际观察，再运用所学知识进行比较，形成一份调查报告。分析哪一商家的做法最有吸引力、最有创意、最有效益？

实训考核

表 4—4　　公关调查评价评分表

<table>
<tr><td>考评人</td><td></td><td>被考评人</td><td></td></tr>
<tr><td>考评地点</td><td colspan="3"></td></tr>
<tr><td>考评内容</td><td colspan="3">调查报告的编写</td></tr>
<tr><td rowspan="6">考评标准</td><td>内容</td><td>分值/分</td><td></td></tr>
<tr><td>在模拟实训中态度认真负责，积极配合</td><td>20</td><td></td></tr>
<tr><td>模拟调查组织完善</td><td>20</td><td></td></tr>
<tr><td>调查报告格式规范，内容全面</td><td>20</td><td></td></tr>
<tr><td>调查报告语言通顺，叙述有条理</td><td>20</td><td></td></tr>
<tr><td>实训报告符合要求</td><td>20</td><td></td></tr>
<tr><td colspan="2">合计</td><td>100</td><td></td></tr>
</table>

注：考评满分为 100 分，60—70 分为及格，71—80 分为中，81—90 分为良好，91 分以上为优秀。

学习情境五 公关策划

公　共　关　系　实　训

职业岗位： 公关策划人员

能力要求：

- 1. 能准备策划所需资料
- 2. 能安排、组织策划会议
- 3. 能制定策划方案
- 4. 能编制行动方案和时间表
- 5. 能组织小型活动的策划工作
- 6. 能编写策划书

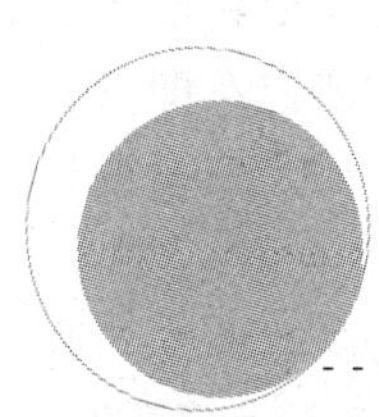

实训任务1 大型公关活动的策划与实施

职业场景

××市要邀请“同一首歌”演出团来演出，请你帮助制定一份策划方案，并模拟组织与实施工作，以便发现问题，修订方案。

实训目的

通过训练，使学生具有公关意识，掌握大型公关活动的策划的相关知识和要点，并能够有效地实施策划的活动，提高学生的公关技能和交际能力。

训练步骤

第一步：介绍本次实训的内容及模拟场景。

第二步：把全班同学按5—8人分成小组，进行大型公关活动的策划，并形成策划文案。

从程序上说，大型公关活动策划，要完全按照公关四步工作法的要求执行：

1. 立项，就是要把活动作为一个项目确定下来。关于这个活动要不要做、为什么做，一定要很清晰。

2. 进行调查和可行性研究。做调查，可参考上一个学习情境，这里不详细阐述，但大型活动策划调查有其特殊性，例如国家关于大型活动方面的政策和法规、公众关注的热点、历史上同类个案的资讯、场地状况和时间的选择性，都是调查的内容。

可行性研究，是一个十分重要的工作步骤。可行性研究范围包括：(1) 大型活动的社会适应性，即社会环境和目标公众的适应性。(2) 财力适应性、效益的可行性。从效益的角度考虑，做这样的活动是否有利于我们宣传方面节省费用？如果投放媒介做广告，比做大型活动更有效，大型活动就不一定做了。(3) 社会物质水平的适应性。大型活动需要动用许多社会物质，许多创意也需要物质的支持，因而需要策划人员把握现代科研成果。(4) 应急能力的适应性研究。即需要哪些应变措施？如户外活动要考虑天气的情况，野外活动考虑更多的是安全设施问题。

3. 提炼主题，进行创意。除了个人创意，要特别强调群体创意的概念。我不赞成个人策划大师的提法，当今的时代已经不像三国时期要有一个诸葛孔明，靠一个人掐指算出什么妙计来，而是靠不同学科的组合群体策划。中山大学曾请笔者给他们的学生讲策划，他们原来安排案例作业要求每个学生一人做一个整体的案例策划书，笔者提议以一个小组的方式进行策划。他们改了三年，效果很好。这不是泯灭个人的创意，集体创意的过程也始终贯穿着个人的创意过程，作为现代策划，需要的是多个学科的综合和集体的智慧，而不是某个大师的杰作。

4. 方案论证。方案不仅要有论证，而且要有科学的论证，方案论证通常使用定位式优选法、轮转式优选法和优点移植法。

第三步：介绍审批手续的办理。

根据《中华人民共和国行政许可法》第二十九条规定，公民、法人或者其他组织从事特定活动，依法需要取得行政许可的，应当向行政机关提出申请，待取得相关部门批准后方可实施。

但我们一般常见的活动，需要报批的主要有文化、公安、消防和环卫四个部门，也有可能需要申报其他的行政机关，但通常可能性比较小，主要以上述四个机关居多。

1. 向地方文化部门的报批。

申请时应提交的文件有：

(1) 演出申请书；

(2) 与演出相关的各类演出合同文本；

(3) 演出节目内容材料；

(4) 营业性文艺表演团体的《演出证》。

2. 向公安部门的报批。

为了保证各项活动的正常进行，维护社会治安秩序和公共安全，保护公民、法人和其他组织的合法权益，公民、法人或其他组织在举行活动之前必须报县级以上公安部门申请批准。申请时须提交以下文件：

(1) 活动方案和说明；

(2) 活动安全保卫工作方案;

(3) 场地管理者出具的同意使用证明;

(4) 申请人身份证明及无违法犯罪记录证明等;

(5) 法律、法规和规章规定须经有关主管部门批准的活动,应当同时提交有关批准文件。

其中活动安全保卫工作方案主要包括以下六项内容:

1) 活动的时间、地点、人数、规模、内容及组织方式;

2) 安全工作人员情况、数量和任务分配、识别标志;

3) 场地建筑和设施的消防、安全情况;

4) 入场票证的管理、查验措施;

5) 场地人员的核定容量;

6) 迅速疏散人员的预备措施。

3. 向环卫部门的报批。

主要是针对户外的一些横幅、竖幅等与市容和环境有关的活动宣传方面的审批。其他的详细规定可到环卫部门咨询。

4. 向消防部门的报批。

消防部门主要针对活动场地的消防设施和措施进行审查,像户外的空飘、气球等方面也属于消防的审查范围。另外在各种活动中的舞台或展位搭建方案包括效果图、平面图、电路图等都要经过主办单位或消防部门的审批。

第四步:介绍联系场地、活动参与主体人员等,并签订相关合同的注意事项。

有些申报手续需要提供场地、人员等相关合同,所以在程序的先后上并不固定,我们可以根据实际情况做出适当调整。为了保证活动的顺利开展,并依法维护各方的正当权益,我们在联系相关事宜时一定要签订合同。

第五步:介绍活动筹备计划的拟订。

凡事预则立,不预则废。活动筹备计划是有效地协调各项工作、推动各项工作顺利进行的最重要的工具,是项目管理活动的首要环节。抓住这个环节,就可以提挈全局。所以活动筹备计划是活动成败的关键性因素之一。

活动筹备计划主要包括以下几项内容:

1. 工作计划。也称实施计划。是为了活动项目最终实现而制定的实施方案,要说明以什么方法组织实施活动,需要做什么样的工作,如何利用各方面资源达到最佳效果等。

2. 人员组织计划。主要表明各子项目中的各项工作由谁来负责,以及相互间关系。在这份计划中,通常都采用框图式构架,各项工作、负责人、具体情况等内容都集中在一起，制作一个人员组织计划表。可以让工作人员对活动安排一目了然。

3. 活动进度计划。根据活动的正式开始时间和筹备工作正式开展的时间，对筹备工作的各项任务列定工作进程计划。通常情况下，列定活动进度计划时会采用框图式构架。

4. 财务预算计划。即对于活动实施过程中的各项费用预算。

5. 文件档案管理计划。因为在每次活动过程中都会产生很多的相关文件和档案，如在活动审批过程中的行政文件和与相关单位签订的合同等。这些文件档案在整个活动过程中的作用非常关键，可以说是活动赖以开展的前提条件。所以对于文件和档案的管理在活动筹备前期就要安排妥当，最好安排专人负责。

6. 应急计划。这方面是很多活动的主办方最容易忽略的地方，一方面是因为活动过程中出现的突发事件不太容易让人把握，应急计划不知该从何入手；另一方面也在于大多数活动组织者对活动的风险管理没有一个清晰的认识，在意识里还没有风险管理的概念。但是大型活动一般都具有筹备时间长、涉及人员多等特点，在这个过程中难以保证每个人都不出问题，每件事情都进展顺利。所以，一份相对严密的应急计划还是不能少的。

第六步：介绍活动的实施阶段。

1. 活动的实施阶段是整个活动过程中最重要的部分，活动的成败就在此。在活动过程中最容易出现以下三个问题：活动前期准备不足造成的现场事务的漏缺；活动现场分工不明确导致管理混乱；对现场突发事件的处理缺乏一定的准备和技巧。

2. 为了避免以上问题，实施过程中要实行“角色管理”。依据参与活动者的不同身份大致可以分为六类“角色”，即：活动组织方、场馆方、演员/主持/选手等、舞台/灯光/音响制作方、嘉宾/观众方和媒体记者方。根据参与活动者的不同身份把现场的管理任务分为若干方面，每一参与角色群体的相关事务为一方面的管理任务，再分别安排专人来负责每一方面的相关事务，最后由项目负责人来统一管理各个方面的负责人，协调和控制整个现场工作。

3. 各种角色的管理人员的职能主要表现在以下五方面：

(1) 监督和控制各种角色参与人员的到场和准备情况。例如舞台灯光音响是否已经安装和调试完毕，为领导嘉宾准备的笔、纸、水、名牌等是否齐备，演员是否到齐，媒体记者是否已安排妥当等。

(2) 负责各角色人员之间的信息沟通。参与活动的各个方面都需要互相配合，各角色管理人员应当及时传达他们之间的信息和各种配合要求。

（3）负责解决各角色群体提出的各种要求和出现的各种问题。

（4）及时向项目负责人报告工作进展情况。

（5）现场出现的其他相关事务。

4. 要采用项目负责人制，它是有利于整个活动策划和实施过程顺利、高效进行的较好管理制度。

经历过活动执行的人一定都很了解，活动的开展现场简直就是一个沸腾的油锅，特别是工作人员都保持着高度的紧张，只有大家都固定地听从一个人的统一安排，互相配合，才能保证各项工作有条不紊的开展。如果每个人都去“指手画脚”，那么场面一定会非常混乱，员工不知道该听谁的，管理者也不知道各项工作的进展如何。某件事情是否有人去处理或者是否安排妥当等问题都会接踵而来。

如此一来，现场就无所谓什么管理和协调了，每个人都去控制现场，现场也就失去了控制。现场一旦失去控制，什么情况都有可能发生。所以为了保证现场工作顺利、高效的展开，现场管理必须只能由一个人统一管理。在这种情况下，如果有些承办方的领导或者某个主管发现现场有些问题需要有人去处理，可以告知项目负责人，在项目负责人的统一调配下，协作负责人处理。

5. 活动结束后的收场工作。

这是每次活动的主办方最容易疏忽的地方，往往活动开始前风风火火，活动进行中紧紧张张，到了活动结束之后大家都有“终于可以松一口气”的懈怠。每到这个时候，从负责人到工作人员都会有种事情终于完结的错觉，有些工作人员甚至会和观众一起一走了之，完全忘了还有收尾工作要做。所以很多主办方事后都会出现丢失物品的现象。

因此，为了保证活动顺利收尾，防止物品丢失，也为我们的辛苦画上一个完美的句号，在活动开始之前一定要把收尾工作安排妥当，分配到人，责任明确。到时就不会出现乱场的情况了。

第七步：介绍大型活动的评估。

1. 活动结束后，必须做一个效果评估与总结。项目总结与评估是指对已经完成的项目的目的、执行进程、效益、作用和影响所进行的系统的、客观的分析；通过项目活动实践的检查总结，确定项目预期目标是否达到，项目是否合理有效，项目的主要效益指标是否实现，从而总结经验教训，并通过及时有效的信息反馈，为未来新项目的决策和提高投资管理水平提出建议，从而达到提高投资效益的目的。

2. 通常，项目总结报告包括以下内容：

(1) 对比计划与实现目标，分析成败原因；
(2) 项目财务总决算，并说明成本偏差的原因；
(3) 评估项目管理的得失，总结重要的成就；
(4) 对未来项目提出建议；
(5) 总结团队表现，对杰出成员的表彰和奖励。

此外，项目总结报告还应包括：
(1) 对项目剩余资产的管理与处置；
(2) 项目结束的后期工作安排（媒体、客服等）；
(3) 档案的整理、存档工作。

第八步：学生进行模拟演练，寻找方案问题，并修订方案。

第九步：教师讲评，学生写实训小结。

注意事项

1. 实训策划文案可以课堂上进行，但模拟演练可放在课余时间进行。
2. 在组织过程中要注意人员的合理分工与相互配合。
3. 实施过程中发现问题后要及时对方案进行修订。

实践知识

一、大型活动的定义和特点

（一）大型活动的定义

公共关系的大型活动策划，较之小型活动的策划要更加复杂。公共关系大型活动是以公关传播为目的，有计划、有步骤组织众多人参与的协调的社会活动。

在大型活动的定义里，我们必须掌握三个概念：

第一，公共关系大型活动以社会传播为目的。

第二，众多人参与的社会活动是大型活动定义的基本条件。要算得上是大型，须有两个基本条件：一是活动社会化，二是活动参加人数量多。

第三，活动是有组织、有计划、有步骤的社会协调行动。

（二）大型活动的特点

1. 鲜明的目的性。
2. 广泛的社会传播性。

3. 严密的操作性。

4. 高投资性。

二、 大型活动策划的原则

策划原则是策划人员在策划过程中用于观察问题、分析问题、解决问题的准则。它可以说是策划的价值观念。一个成功的个案的策划，要遵循以下四原则。

（一）社会性原则

任何公众活动都是存在于社会、受社会因素制约，又反过来影响社会的。作为策划活动的组织机构，无一不受到社会环境的制约。所以，策划首先应遵循的原则就是社会性原则。

（二）科学性原则

科学性包含两重含义：一是策划要符合科学的原则；二是策划时要充分应用现代科学技术的成就。

（三）实效性原则

随着社会商品化的日益发展，讲求实效是在人们的头脑中已逐步形成的一种新观念。对于大型活动而言，讲求实效具有更重要的意义。

（四）创新性与可操作性相结合的原则

如同写文章一样，千篇一律是大型公关活动策划的大忌。只有具备创新才能使公关活动的策划具有生命力。值得注意的是创新性固然重要，但是一个有新意的策划方案，可能会受到诸多因素的制约而难以实施，所以策划必须既要有创新性，又要有可操作性，这样才能成效卓著。

三、 大型活动策划要点

（一）以充分的调查为策划依据

调查在策划中具有重要作用。因为在实际执行过程中，往往会因为“资金短缺”或“时间紧迫”的原因，将调查这样一项极为重要的工作挤掉。事实上策划一项大型的公关活动，假如没有以专门的调查为基础，策划是无从谈起的。调查对大型活动策划有三个重要意义：

1. 调查为策划和策划决策收集各种必需的科学数据；

2. 调查材料是策划的创意灵感的重要源泉；

3. 调查有助于提高策划的成功值。

（二）反复提炼主题

1. 主题，是一项大型活动向公众诉求的中心思想。任何一项公众活动都必须鲜明地确立活动主题，主题是主宰活动的灵魂。

2. 什么是主题？主题是按一定的目标要求，通过活动的各项内容所表达的，并予以传播的活动中心思想。

3. 怎样才能将主题设计好？当然要掌握好主题的设计语言。一个优秀的主题设计应符合下列基本要求：

（1）大型活动的主题应与活动目标相一致。

（2）主题必须富于特色。

（3）主题设计既要适应公众的心理，又要促进公众心理的进步。

（4）主题要易于传播。

（三）实施操作设计

1. 大型活动的实施操作，其复杂程序绝不亚于一项工程的管理，或者说本身就是一项复杂的系统工程。我们纵观大型活动的一般性工作，从人员邀请到现场人员活动组织，从道具的准备、设施制作到场地布置，从拟订新闻稿到召开记者会，从器材的搬运到嘉宾的接待，从程序落实到保安工作，事情纷繁复杂。

2. 大型活动的实施操作还有其特殊性，一是时间高度集中，事件纵横交错。活动一展开所有程序项目一个接一个，不可以有人为停顿的机会。现场工作人员的工作往往像打仗一样，要求在奔跑中工作。二是大型活动实施的机会只有一次，不像生产管理，出了废品可以重做。大型活动的实施绝对没有重来一次的机会，机会只有一次，要么成功，要么失败。面对如此严格的工作要求，在实施操作过程中，稍有疏忽，就可能酿成大错，所以对大型活动的实施的有效管理，光是策划出一个程序方案，已完全不能满足大型活动实施工作的要求，而必须要对整个操作过程的先后顺序、人力安排、物品使用作出周密的安排。这就是实施操作设计。

3. 实施操作设计必须要在活动正式实施前就完成，而且正式付诸实施前要经过再三审核论证，谨防挂一漏万。

4. 大型活动的实施设计要把握好下面五个原则：

（1）各项工作要全面纳入计划管理，不要出现管理死角，真正保证每件事有责任人负责。

（2）各项工作要分门别类划分管理。

（3）做计划的时候，要全面衡量好时间进程与事情进程的协调。

（4）制定现场工作计划时，要注意平衡每个工作人员的劳动负荷。要知道，处于极度忙碌或极度紧张状态下工作人员很难有冷静的头脑和有秩序的工作。同时要注意不要安排一个人在同一时间同时负责两个工作项目，或一个人同一时间负责两个不同空间的工作，如果这样的话，这个人肯定会顾此失彼的。

（5）制定现场工作计划时，项目要安排到最小的单位为止。

5. 大型活动的实施包括：

（1）对本次活动的实施人员进行培训。培训的主要内容是实施工作制度教育和操作方法的学习与研讨，提高活动实施人员的职业道德和实际业务能力。

（2）实施的调查与试验。由于实施方案要在多种实施环境中进行，常常会遇到意想不到的困难，因此有必要对实施方案的妨碍因素进行调查，并可通过局部的试验来认识和了解这些妨碍因素，寻找和设计排除妨碍因素的途径与方法。

（3）拟订应急程序计划。在实施方案过程中，可能会出现意想不到的危机，为做到有备无患，就应当有良好的应急方案以便能及时化解危机。

（4）拟订本次活动具体的传播计划。公关专题活动主要是执行一种信息传播计划，追求良好的传播效果。如果要有效地将信息传播给目标公众，就必须对传播内容、传播形式、传播媒介和传播方式做认真的安排，制定好传播计划。

（四）履行必要的审批工作程序

一个公关专题活动方案正式拟定之后，履行必要的审批工作程序是必要的和必须的。这样的一个工作过程可以看成是一个宏观的可行性研究的环节。原因有以下几方面：

1. 审批过程是行政管理的法定措施。在执政管理体制中，有明确的规定，各种公众活动开展，应该履行一个必要的审批制度，以保证社会的有序管理。至于怎样履行审批的程序，不同规模的活动要求是不一样的。如果是小型的，在机构内部进行的专题活动，只要机构负责人或主管职能部门审批就可以了。大型活动则要向社会的主管部门报批。

2. 审批过程是将策划方案放入全局环境中进行宏观的可行性研究的过程。一个人、一个部门策划的专题活动，未必能够完全掌握全局的环境和全局的需要。

3. 审批过程是政策把关的过程。一个策划者，未必能够完整全面理解行政管理的各项政策法规，为了减少策划的失误，有必要请主管政策的部门把关。

因此，必要的审批程序在实施方案的制订过程中是最重要的。

四、大型活动预算的方法

编制预算是公关从业人员一项基本的管理职能。大型活动预算本身就是策划的一个重要内容，预算不但要求公关人员懂得管理计划，而且要有成本的意识。所以编制大型活动项目的预算有以下几个作用：

第一，核算一个公共关系项目的费用，有利于做到计划开支。

第二，有利于成本控制。

第三，有利于活动完结时的评估工作。

第四，预算表实际上又起到工作计划表的作用，推动了实施工作的有效管理。

（一）编制预算的条件和原则

1. 编制大型活动预算的基本条件：

（1）首先应有一个既定的项目计划，然后才可以根据项目计划的实际需要制定预算开支的计划。

（2）预测和估算可能获得的资源和费用。

（3）对市场的价格行情有充分的调查了解。这里所说的市场价格行情包括市场物料供应的市场价格、劳务的市场价格、含专业人士的劳务价格和制作性项目的市场价格。

2. 预算的基本原则有两条：一是提高预算的准确度；二是预算项目要实事求是，是多少就作出多少预算。

（二）预算项目的组成部分

大型活动纳入预算项目的一般由十个部分组成：

1. 场地费用，包括场地使用权的租赁费。

2. 物资费用，包括活动使用的各种道具、器材、设备、文具、礼品及布置场地物品所需的费用等。

3. 礼仪费用，包括礼仪性项目的开支，如邀请乐队、仪仗队、文艺演出的演员等。

4. 保安费用，包括活动期间保卫工作、安全设施、保健项目等费用支出。

5. 宣传费用，包括用于活动宣传方面的开支，如摄影、录像、广告宣传、宣传品印刷、展示费用等。

6. 项目开支，包括交通运输费、差旅费、办公费等行政性开支或代付费用。

7. 餐饮费，包括活动项目中宴会或餐饮费用。

8. 劳务费，包括公关人员和其他劳务人员的薪水。

9. 不可预算的费用，包括应急费和大型活动中不可预算的开支，一般是以活动费用总额的5%—10%计算。

10. 承办费，假如是委托专业公共关系机构承办的，必须支付承办费，这一费用实际包括了承办机构的管理费和利润。

（三）编制预算书

目前，大型活动项目的预算书的编制一般都按国际惯例，不能够用一些笼统的编制方法，而应该是实实在在一项一项列示清楚，尤其是一些代付酒店的费用、购物的费用，许多主办机构要求直接结账和要将账单直接交还财务销账，所以预算书要十分具体、准确。下例是一张记者招待会的费用预算书（见表5—1），可供参考。

表5—1　费用预算书

序号	项目	规格	数量	单价	金额（元）
1	印制请柬、信封	19cm×11cm	100	15元/套	1 500
2	寄请柬邮资				
3	联络电话费				
4	场地租赁费				
5	录像机、幻灯机、电话机租用费				
6	放映员报酬				
7	自助餐费				
8	酒水费				
9	小费				
10	新闻稿				
11	资料袋印制				
12	印刷资料				
13	照片				
14	纪念品				
15	交通运输费				
16	场地布置费				
17	应急费用				
18	承办费				
合计					

一个有经验的策划人员，会随时关注市场价格的变动，只有这样，才能做出准确的预算。

五、应急程序设计

一个完善的大型活动计划，一定要有应急的程序计划。一般来说，应急的程序计划有下列几项。

（一）保安措施

保安措施包括：（1）在活动期间所有人员特别是首长、嘉宾的保卫工作，包括与会人员的行为秩序，人员和车辆的导流路线。（2）设备安全，如舞台等人员坐立行走设施、高空架设物、用电设备、机械设备，或者像气球一类易燃易爆物品的安全使用措施。每一项都不能掉以轻心，要有一个周详的安全使用计划。

（二）保健措施

假如参加活动人员多，每个人身体条件情况复杂，尤其是有老人或小孩参加的活动，保护措施就要考虑周全，常见的户外活动中不少人被太阳晒久了容易晕倒，所以要求大型活动配备医护人员及用于急救的车辆。保健措施基本都被列入公众活动准备的常见项了。

（三）意外发生时人员疏散计划

策划时对意外事故的发生，要充分预测，并制定出相应的应急措施。较大型的活动，一定要制定一套意外人员疏导计划，以防万一。

（四）防火措施

尤其是有易燃易爆物品时，必须要事先备好防火措施。

（五）户外雨天工作程序

假如是户外活动，预防下雨几乎成了必然的议题。活动之前，当然是通过气象台预测的天气情况，采取相应的措施。但即使是有气象报告也不能掉以轻心，尤其是在天气不稳定的情况下，必须准备好雨天工作程序。

六、成功举办公关活动的关键

从酒会、发布会、接受媒体采访、公司庆典到相关公益活动，任何组织和企业都离不开无处不在的公关活动。有些企业是潜意识或策略性的前导公关，有些则是被动或主动的公关。但是，不管哪种形式的公关活动，都是一种传递信息的实践，通过将信息有效传递给公众或目标群体，改变他们的观点，进而影响他们的行为。而这些信息就代表了企业的个性和理念。那么，影响公关活动成败的关键要素是什么？影响公关活动成败有以下两个关键要素。

（一）概念

概念就是活动的筹划案，决定一个公关活动的感觉，让目标群体感受到这是他们的活动，他们的语言圈。

首先要确定公关活动的目的。公关活动的计划和策划方案，每项活动的筹划都要以支持、推动企业的发展策略为目的。

其次是定义公关活动的目标群体。通常，公关活动是面对某些特定的公众群，市场公关负责人切忌贪心，认为一个公关活动能影响越多人越好。所以，在每一次公关活动中，要把你有限的资源集中在你的目标群体，实现有效公关。因为每项活动的资金费用都是有限的，更重要的是，同样的信息和观点通常易于为某些群体所共享，而不是整个社会所共享。要知道，所有公关活动要实现的是有效的影响，最终在特定群体中共享你的信息，改变他们的观点，进而改变他们的行为——使其对企业认可。即使目标群体是全社会所有人员，你也不可能在一个公关活动中满足所有群体，而是要通过面对不同群体的不同活动达到影响所有群体的目的，最后实现普遍影响。

最后，要确定核心信息。核心信息将贯穿整个公关活动的每个阶段每个角落，从公司内部与各集团各部门沟通，包括既要与管理层沟通，也要做到与销售人员的充分沟通，确保核心信息为他们所接收，然后才能有效对外传递，从邀请到庆典现场设置、程序安排都是核心信息的传递。水滴石穿，可是如果水不持续滴在一个点上，石头能穿吗？

（二）细节性的执行力

细节的执行决定着来宾的心情。我们都看过太多美妙的策划，最后却听到不绝于耳的抱怨，看到一个乱哄哄的现场，投入的资金和努力换不来满意度。为什么？那是因为没有严格到位的细节执行。

细节是一张列不完的菜单，比如客户来了有没有熟悉的、地位相当的公司人员接待引见，比如灯光是不是让某位来客觉得刺眼，演讲台是不是让高个子发言嘉宾觉得看不清讲稿。这些都可能影响他们的心情。如在某大型活动的执行方案中，公关人员确定的是立体多方位的执行，如硬件方面，为活动流程设计、地点和时间选择、现场布置、庆典亮点、高潮的设计等配备了专门人员和方案。软件方面，则包括氛围的预设，相关人员包括从管理层、销售人员角色和任务的分配，目标群体的沟通接待等都在最初设计了详细的执行方案。

另外，还要事先准备活动现场的备用方案，对可能出现的意外做出补救措施，比如准备双份启动仪式的器具，比如发言嘉宾突然来不了怎么办等。这些备用方案，虽然可能一年都用不上一次，但是公关绝对是一只小蚁能决千里之堤的行当，绝不允许你有任何闪失。

操作练习

1. 力士有限责任公司为了推广自己的新产品，与一家百货商场达成协议，拟订在该商场门前广场举办新产品展示会。在活动方案拟订后，由公司的公关部承担本次活动实施的筹备工作。请回答：公关部应从哪些方面入手？

2. 法国白兰地为了打入美国市场，公关策划人员精心构思，以“礼轻情义重，酒少情意浓”为主题，策划了一场别致的公关活动。在美国时任总统艾森豪威尔 67 岁寿辰时，将两桶窖藏 67 年之久的法国白兰地酒运抵白宫，并举行了盛大的庆典，他们发动了几乎所有新闻媒介，使法国白兰地一举打入美国市场。请结合本案例说明公共关系活动主题确定的原则。

3. 某移动通信公司正研制开发一种较为时尚的新型手机品种。为深入了解消费者的实际需求，保证新产品产销对路，公司方面拟委托公共关系机构，在北京地区组织一次样本抽取数在 500 份左右的市场调查。请你为这一调查拟订一份经费预算方案。

4. 某生产洗衣机的电器公司，为配合新一代产品“搓洗王”洗衣机的上市，计划在全市 10 个大商场门前广场举办露天流行音乐会的公关促销活动。为保证活动的顺利进行，应急计划必不可少。请回答：该活动的应急计划应该包括哪些主要内容？

实训考核

表 5—2　　公关策划评价评分表

考评人		被考评人	
考评地点			
考评内容	大型公关活动的策划与实施		
考评标准	内容	分值/分	
	在模拟实训中态度认真负责，积极配合	20	
	模拟组织过程有序、完善	30	
	策划方案格式规范，内容全面，具有可操作性	20	
	策划文案语言通顺、叙述有条理	20	
	实训报告符合要求	10	
合计		100	

注：考评满分为 100 分，60—70 分为及格，71—80 分为中，81—90 分为良好，91 分以上为优秀。

实训任务2 策划会的组织

职业场景

某公司要针对即将到来的“两节（元旦和春节）”举行促销活动，但组织什么样的促销活动，才能收到比较好的效果，需要发挥集体的智慧。因此，该公司决定组织一次策划会来讨论这个问题，如果这个任务交给你来做，你该如何来组织？

实训目的

通过策划会的组织，使学生熟练掌握策划的方法和技巧，提高策划会的效率。

训练步骤

第一步：会前准备工作，要进行的组织准备工作大体上有如下四项：

1. 拟订会议主题。会议的主题，即会议的指导思想。会议的形式、内容、任务、议程、期限、出席人员等，都只有在会议的主题确定下来之后，才可以据此一一加以确定。本次实训的会议主题是确定的，即“两节（元旦和春节）”促销活动的策划。

2. 拟发会议通知。它应包括以下六项：

（1）标题，它重点交待会议名称。

（2）主题与内容，这是对会议宗旨的介绍。

（3）会期，应明确会议的起止时间。

（4）报到的时间与地点，对交通路线，特别要交待清楚。

（5）会议的出席对象，如对象可选派，则应规定具体条件。

（6）会议要求，它指的是与会者材料的准备与生活用品的准备，以及差旅费报销和其他费用问题。

3. 起草会议文件。会议所用的各项文件材料，均应于会前准备完成。其中的主要材料，还应做到与会者人手一份。

需要认真准备的会议文件材料，最主要的当数开幕词、闭幕词和主题报告。

在会议结束阶段，一般的组织准备工作主要有以下三项：

(1) 形成可供传达的会议文件。

(2) 处理有关会议的文件材料。

(3) 为与会者的返程提供方便。

4. 其他准备工作。

(1) 要安排好与会者的招待工作。对于交通、食宿、医疗、保卫等方面的具体工作，应精心、妥当地做好准备。

(2) 要布置好会场。不应使其过大，显得空旷无人；也不可使之过小，弄得拥挤不堪。对必用的音响、照明、空调、投影、摄像设备，事先要认真调试。需用的文具、饮料，亦应预备齐全。

(3) 要安排好座次。排列主席台上的座次，我国目前的惯例是：前排高于后排，中央高于两侧，左座高于右座。凡属重要会议，在主席台上每位就座者身前的桌子上，应先摆放好写有其本人姓名的桌签。排列听众席的座次，目前主要有两种方法，一是按指定区域统一就座，二是自由就座。

(4) 在会议进行阶段，会议的组织准备者的主要工作是进行例行服务工作。在会场之外，应安排专人迎送、引导、陪同与会人员。对与会的年老体弱者，还需进行重点照顾。此外，必要时还应为与会者安排一定的文体娱乐活动。在会场之内，则应当对与会者有求必应，闻过即改，尽可能地满足其一切正当要求。

(5) 精心编写会议简报，举行会期较长的大中型会议，依例应编写会议简报。认真做好会议记录。凡重要会议，不论是全体大会，还是分组讨论，都要进行必要的会议记录。会议记录，是由专人负责记录会议内容的一种书面材料。包括会议名称、时间、地点、人员、主持者等内容应记录在内。

第二步：会议的组织。

1. 会议组织者对于会议，无不希望有良好的秩序。小型会议特别是企业内部会议秩序基本不用控制，但大型会议，秩序的控制就显得很重要。大型会议可以采用代表证或者入场券方式控制，如果需要保密，代表证可以特制，代表证上印制代表的数码身份照片，会场入口设立保安来维护为好。

2. 茶歇对于一般的大型会议而言可能不需要，中、小型会议，特别是公司或者组织高层会议，会间茶歇是很重要的。茶歇的定义就是为会间休息兼气氛调节而设置的小型简易茶话会，当然提供的饮品可能不限于中国茶，点心也不限于是中国点心。通常茶歇的准备包括点心要求、饮品要求、摆饰要求、服务及茶歇开放时间要求等，一般不同时段可以更换不同的饮品、点心组合。大致上茶歇的分类是中式与西式。中式的饮品包括矿泉水、开水、绿茶、花茶、红茶、奶茶、果茶、罐装饮料、微量酒精饮料，点心一般是各类糕点、饼干、袋装食品、时令水果、花式果盘等。西式茶歇饮品一般包括各式咖啡、矿泉水、低度酒精饮料、罐装饮料、红茶、果茶、牛奶、果汁等，点心有蛋糕、各类甜品、糕点、水果、花式果盘，有的还有中式糕点。

3. 摄影摄像安排：根据会议的级别和要求，需要安排专业的摄影摄像人员对会议进行全程拍摄，拍摄以后还需要考虑是否将资料制作成光盘分发给各个与会代表。

4. 主持人的主持技巧。会议主持人在主持中要注意以下事项：

（1）会议主持人务必做到的事项：

会议主持人要严格遵守会议的开始时间，不迁就迟到者；会议主持人要在会议开头就议题的要点做一番简洁的说明；会议主持人要把议题的进行顺序与时间的分配预先告知与会者；要引导大家在规定时间内做出结论；必须延长会议时间时，要取得大家的同意并明确延长的时间；要把整理出来的结论交由全体人员表决确认；要把决议付诸实行的程序整理成文，加以确认。

（2）会议进行中会议主持人须密切注意的几个问题。

发言内容是否偏离了议题？发言者的观点是否出于个人的利害？全体人员是否都在专心聆听发言？发言者是否过于集中于少部分人？是否有从头到尾都没有发过言的人？某个人的发言是否过于冗长？发言的内容是否正在朝着得出清晰明确的结论推进？

（3）会议主持人开会十大禁忌。

1）发言时不可长篇大论，滔滔不绝（一般应以 3 分钟为限）。2）不可从头到尾沉默到底。3）不要谈到抽象论或观念论。4）不可对发言人吹毛求疵。5）不要漫无边际，离题万里。6）一般不打断他人的发言。7）不可不懂装懂，胡乱发言。8）不引用不确切的资料。9）不谈些期待性预测。10）不要中途离席。

5. 一般而言，与会人员在出席会议时应当严格遵守的会议纪律，主要有以下四项内容：（1）规范着装；（2）严守时间；（3）维护秩序；（4）专心听讲。

第三步：对会议上讨论的策划结果形成策划文案。此项工作可由公关人员或秘书来做。每小组最后要完成策划文案的写作任务。

第四步：教师分析存在的问题并进行总结讲评，学生撰写实训小结。

注意事项

1. 实训可在教室进行，也可在实训室进行。
2. 注意策划工作的步骤，并发挥每个人的积极性。
3. 策划会议的组织要符合会议的程序，并有良好的效果。

实践知识

一、 组织策划会的议程及注意事项

现代策划活动，策划会是一种重要形式，所以，许多专家、学者都在精心研究会议的效率。日本人在这方面是颇有心得的，他们列出了一张会议成本清单：

会议成本＝2A×B×C

式中：2——与会者经常中断工作的损失；

A——全体员工工资的三倍；

B——出席人数；

C——会议时间。

这一张清单告诉人们：会议成本是昂贵的，必须注意会议的效率。大型活动策划会需研究的问题一般比较大，而且系统性强，更要求具有效率性。

（一）会前准备

会议的准备工作是会议成功的最关键因素。会议要确立好会议的目标及议题，尤其是议题必须清晰。作为会议的组织者要印发议程，拟订好出席人选，提前发出会议通知。策划会议一般 5—7 人为宜，组织者要为与会者提供应有的参考资料。与会者要认真阅读有关资料，并认真思考，带着意见与会。会场布置以圆桌会议形式为好，方桌也可以。场内设置板书工具。恰当选择好会议直观材料。必要时设置齐备幻灯、投影、录像等设备。会前的准备是会议成功的基础。

（二）会议氛围

策划会议应力求营造活跃、平等的气氛。活跃的气氛有利于活跃思维和脑力激荡；平等的气氛有利于与会成员发散性思维。必要时可以设置会议饮品，营造轻松气氛。会议气氛的形成，一方面是会议室布置时刻意营造的，另一方面是主持人用主持会议的技巧营造的。

（三）主持技巧

主持人是策划会成功的一个关键因素，主持人应是策划项目的领头人。主持人在开会时要简洁明了地告知会议目的及要解决的问题，阐明会议的原则，保持活泼的气氛。他一定要时时把握会议的进展，尤其要把握会议的主题，保证会议议题不会走偏，并能够及时鼓励、引导与会者发言，及时捕捉一些好的构想，及时引导与会者相互借用议题激发新的构想。主持人要安排好专人记录，各种构想由记录员予以编号，写在白板上，让与会者可以一目了然已提及过的构想。记录员会后要整理好各人的构想，既作档案，又作进一步策划之用。会议结束时，主持人应该有一个小结，确认会议最后的研究结果。

（四）会议规则

1. 会议效率不但取决于主持者，还取决于与会者，因此，与会者要遵循一定规则：

（1）准备好与会用的记录卡片或记录纸，以便及时将构想记录下来，散会后交与记录员。

（2）想到的构想立即就要提出来，即使那个主意本身没有什么价值，但有时它可以启发他人提出有价值的构想。

（3）发言要简明，一般只提出主要的构想，无须论证，切忌古今中外论证一番。

（4）各人独自自由畅想，不要私下交谈，否则会降低会议效率。

（5）不要评议别人的构想。

（6）发言要一个接一个，不要冷场，最好形成按顺时针排列发言的习惯，形成压力。轮到的发言人实在没有构想，可暂时跳过，轮完一圈再继续一圈，如此反复，直至问题有一定的结论。

（7）会议一般分为两个阶段：第一阶段为发散性思维阶段，与会者自由畅想，发表意见；第二阶段以一个基本认定的构想为前提，可以相对集中一些构想再请与会者广泛发表意见。

2. 对最后的提案，要有一个评价的过程，一方面是尽可能完善既定的提案，另一方面尽可能运用系统的、科学的分析方法进行严密的评价。基本的评价方法是：

（1）以社会制约因素去审核，排除法律上、道德上不允许的提议；

（2）对其中表达的概念再三论证；

（3）效果评价；

（4）可行性评价；

（5）以一定的逻辑概念审视整个构想的排序。

二、 群体组合策划模式

现代社会的发展，谋略和策略的需求急剧增加，现代科学知识密集地发展，迫使社会分工越来越细，资讯传播也越来越迅速。所以，现代策划已经发展到多学科会同合作、完成的阶段。现代策划已经从经验决策转向科学决策，从单一劳动转向各方人力共同完成。现代社会是一个知识密集的时代，任何一个人都难以驾驭所有的知识，而只有单方面或若干方面的知识是难以胜任一些大型策划的。比如要进行一项产品投资策略的策划活动，进行市场调查则需要专业的调查人士；进行产品组合策略，需要工程技术人员和工业设计师、平面设计人员一同工作；市场推广的时候需要营销人员和公关、广告人员协同作业。这是一项综合性的活动计划，需要多学科的人员一齐参与，其成功值才能够保证。所以说，群体策划是现代策划的一个重要特征。

群体策划是一种人才组合的集体策划的形式。具体形式为组成一个专门策划小组，由策划小组共同完成策划的任务。策划小组的最佳形式是由多学科的成员组成，而且应该有经验丰富的前线工作者参与，这样，有利于知识、信息的互补，有利于思维激荡。

策划小组的工作步骤可以归纳为 5 句话 20 个字：分头调研，共享信息，独立思考，小组讨论，专人提炼。在五个步骤中策划小组的成员首先是分头收集、整理、研究基本的调查资料。然后将个人收集、整理、研究的初步成果向策划小组成员互相通报，形成第一次信息冲撞效应。各人又再次独立构思至一定程度，由项目召集人召开策划小组讨论会。这个策划小组会是脑力激荡的过程，互相启发，十分有利于创造性意见的产生。有时一次会议未必产生结果，就须重复前面的程序，再择日召开会议，直至有一个基本的结论为止。最后由指定的专人将策划小组研究的成果整理在案，或者由不同的个人撰写不同的方案，形成多个方案。这是运用群体智慧执行的策划方式。最大优点是知识互补和产生冲击思维的力量。

在这种组合中，并未削弱个人智慧的作用。第一、三、五环节都是充分发挥个人智慧的作用；第二、四环节则是个人智慧与群体智慧的结合体。而更能体现个人智慧的则是策划小组的召集人，他同时是策划项目的带头人。策划小组的成员，要有较高的素质，尤其是要具有专业知识，熟悉及了解情况，有逻辑概括能力、策划能力、较好的表达能力和创新意识。

操作练习

1. 王先生出席公司的营销传播策略头脑风暴会，他刚发言，就被主持人打断了，并受到批评。你认为主持人这样做合适吗？为什么？

2. 某企业要召开一次新产品开发策划会议，这项工作由企业公关部来承担，如果你是公关部的负责人，你如何来组织这次策划会，并保证会议的效率？

实训考核

表 5—3　　公关策划评价评分表

考评人		被考评人	
考评地点			
考评内容	策划会的组织		
考评标准	内容	分值/分	
	在模拟实训中态度认真负责，积极配合	20	
	策划会会议组织完善，效率高	30	
	策划结果有创意，可操作性强	20	
	策划文案语言通顺、叙述有条理	20	
	实训报告符合要求	10	
合计		100	

注：考评满分为 100 分，60—70 分为及格，71—80 分为中，81—90 分为良好，91 分以上为优秀。

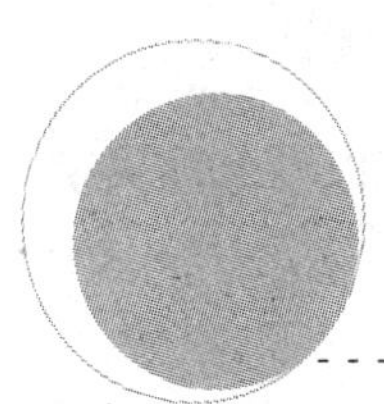

实训任务3 策划书的撰写

职业场景

假如你是某企业的公关经理，企业生产一种适用于老年人的营养补品，母亲节到了，你将开展什么样的公关活动去提高企业声誉、促进产品销售？请写出策划书。

实训目的

通过训练，使学生具有公关意识，掌握公关活动的策划书的写作要求和格式，提高学生的公关技能和交际能力。

训练步骤

第一步：了解策划书内容、格式和写作注意事项。

第二步：介绍本次实训的模拟场景。说明该策划书的主要内容：

1. 序言/前言。
2. 市场分析/市场背景。
3. 产品/服务优劣势分析。
4. 市场战略/推广策略/广告或促销策略。
5. 广告或促销文案。
6. 媒体投放分析/计划。
7. 费用预算。
8. 前景预测/效果评估。

好的策划书不一定严格按某种格式，策划的主旨是：帮助客户解决问题。只要解决了客户的问题，就是好的策划书。

第三步：学生分组进行策划书的讨论和编写，每组 5—8 人。

在写作过程中要注意：

1. 一定要有主题，即使是促销活动，也要有主题。

2. 要注明活动名称、时间、地点、主办方、承办方、协办方以及参加人员，以及活动的机构设置及责任分工。

3. 要有策划目标。

4. 要有策划内容的详细说明：这是说明策划内容的正文部分。表现方式要简单明了，使评审的人一看一听就很容易明白。不要单单用文字表示，可适当地加入一些图表。

5. 要有策划实施时的步骤说明以及计划书（时间、人员、费用、操作等计划表），对策划的实施操作步骤、程序都应做成计划。这些实施程序、时间表（从准备执行到成果的综合整理以至反思的时间安排）等各项计划都要附在计划书里。至于费用计划、人员计划、作业计划、对外委托部分，也都要编制成计划书。活动流程安排流畅、明确以及可行。可以附带对活动流程的说明。

6. 要有经费预算及解决方案。

7. 策划的期待效果、预测效果，尽可能依据足以信赖的根据来提出。

8. 对策划实施应注意事项：策划书是以实施为前提而编制的，有许多要特别注意的事项，对这些要做成备忘，并且很有技巧地把它们整理出来附在策划书上。

9. 如有第二、第三备选方案时，列出其概要。在对策划进行审查时，一定会有种种的意见出现，所以事先准备替代方案是明智的。如果策划不止一个（其实这是更加科学的态度和做法），在策划书中也应一并说明，使成功的概率大为提高。

第四步：根据公关策划方案评价标准检查策划书。主要从以下几方面进行检查：

1. 形式结构方面。

（1）内容框架是否全面恰当。

（2）附件的情况怎样。

2. 分析方面。

（1）分析是否基于全面准确的信息（包括调查得到的资料信息）而不是拍脑袋想当然。

（2）分析是否客观准确。

（3）分析是否清晰。

（4）分析是否周到深入，比如正反两面、优势劣势、竞争情况、上级下级、短期长远等方方面面。

3. 策略方面。

（1）主题、定位是否明晰准确。

（2）策略措施是否得当。

（3）方案选择是否能尽量好地满足公众或相关方面的需求。

（4）方案是否尽量协调好各方利益。

（5）策略选择是否理据充足（上中下三策）。

（6）构思是否有创意。

4. 程序方面。

（1）操作次序是否得当。

（2）操作环节是否全面。

(3) 主要安排是否周到细致。

(4) 主攻方向、主攻对象是否找准，主攻方式是否与之相符。

(5) 重点难点是否解决。

(6) 计划安排是否精细。

(7) 人力、物力、财力和时间的安排是否合理，以达到最优化效果。

5. 预测、监控和效果方面。

(1) 预备资金与应用资金的比例是否恰当?

(2) 预测、监控体系（如保证措施）如何?

(3) 可执行度如何（时间地点条件，天时地利人和；政治尺度、技术尺度、经济尺度、伦理尺度)?

(4) 整个方案的亮点在哪里?

(5) 是否考虑到可能出现的问题及对策，或是否有应变机制，包括对可能的失败的补救应变措施。

第五步：每组采用多媒体展示自己的公关活动策划书，并接受答辩。

第六步：教师进行问题分析及讲评，学生撰写实训小结。

注意事项

1. 策划书要求严格按照格式和内容来撰写。

2. 答辩组成员由各小组选出代表组成。

3. 要把所有资料最后整理归档，并详细记录每个人在实训中表现。

实践知识

一、 公关策划书的内容

公关策划方案当无定式，策划者一般根据实际的需要和自己的文笔风格来撰写。但无论方案形式、内容有着如何的差别，理应包容的基本要素都不可或缺。一份完整的策划方案应当具备 5W、2H、1E：What（什么）——策划的目的、内容；Who（谁）——策划组织者、策划者、策划所涉及的公众；Where（何处）——策划实施地点；When（何时）——策划实施时机；Why（为什么）——策划的缘由；How（如何）——策划的方法和实施形式；How much（多少）——策划的预算；Effect（效果）——策划结果的预测。上述八个要素即是一份完整的公共关系策划方案应当具备的基本骨架。针对不同组织不同内容与形式的公共关系策划方案，应当围绕这八个要素，根据自己的需要去进行丰富完善和组合搭配，公关策划方案的创意与个性风格，就存在于对要素的丰富完善和组合搭配的差异之中。

二、 公关策划书的格式

公关策划方案的基本格式，大致包括下列五项。

（一）封面

策划方案的封面不必如书籍装帧那样去考虑其设计的精美，但文字书写及排列应大小协调、布局合理，纸张只要略比正文厚些即可。封面内容一般包括：（1）题目。题目必须具体清楚，让人一目了然。（2）策划者单位或个人名称。方案如系群体或组织完成，可署名“某某公共关系公司”、“某某专家策划团”或“某公司公共关系部”，对其中起主要作用的个人也可在单位名称之后署名，如“总策划某某某”、“策划总监某某”等。方案如系个人完成则直接署名“策划人某某某”。（3）策划文案完成日期。写明年月日甚至具体时间。（4）编号。比如根据策划方案顺序编号、根据方案的重要性或保密程度编号或根据方案管理的分类编号等。（5）在需要的情况下，可考虑在封面上简洁地加上说明文字或内容提要。（6）如策划方案尚属草稿或初稿，还应在标题下括号注明，写上“草案”、“讨论稿”、“征求意见稿”等字样。如果前有“草稿”，决策拍板后的策划方案就应注明“修订稿”、“实施稿”、“执行稿”等字样。

（二）序文

并非所有策划方案都需加序，除非方案内容较多较复杂，才有必要以简洁的文字作为一个引导或提举。

（三）目录

目录是标题的细化和明确化，要做到让读者通过看标题和目录后，便知整个方案的概貌。

（四）正文

正文即是对前述八个要素的表述和演绎。其主要内容有七项：（1）活动背景分析；（2）活动主题；（3）活动宗旨与目标；（4）基本活动程序；（5）传播与沟通方案；（6）经费概算；（7）效果预测。

正文的写作需要周到，但应以纲目式为好，不必过分详尽地去加以描述渲染，也不要给人以头绪繁多杂乱或干涩枯燥的感觉。

（五）附件

重要的附件通常有：(1) 活动筹备工作日程推进表。(2) 有关人员职责分配表。(3) 经费开支明细预算表。(4) 活动所需物品一览表。(5) 场地使用安排表。(6) 相关资料。主要是提供决策者参考的辅助性材料，例如完整的或专项的调查报告、新闻文稿范本、演讲词草稿、相关法规文件、平面广告设计草图、电视片脚本、纪念品设计图等。但不一定每份方案都需要。(7) 注意事项。即将策划方案实施过程中应当注意的事项作重点集中的提示。比如完成活动需事前促成的其他条件，活动实施指挥者应当拥有的临时特殊权限，需决策者出面对各部门的协调，遇到特殊情况时的应变措施等。

三、 策划书写作注意事项

1. 策划书的写作格式要严格按照策划书格式来写。
2. 策划书的写作需要每个细节都考虑到，要写得相当详细。
3. 要重视策划书的经费预算和人员安排。
4. 策划书中意义和可行性需要考虑得相当成熟，才能够使策划得以实施。

操作练习

1. 小张是新到公关部工作的，经理问他策划书应该怎么写，小张回答得非常正确。你知道他是如何回答的吗？

2. 元旦快到了，请你为你所在的班级策划一次联欢晚会，并按要求写出策划书。

3. “爱国者”新推出一种新产品“MP5”，请你帮忙写一份促销策划书。

4. 某音响公司拟借中华人民共和国建国 60 周年的时机，策划一个公关大型活动，旨在传播该公司形象和产品形象，有关要求如下：

目标：(1) 提高公司在音响界的知名度；(2) 推出 A 型新产品。

经费：拟投入费用 100 万元。

活动范围：某中心城市。

请按上述条件撰写一篇简略的大型公关活动策划书。

实训考核

表 5—4　　公关策划评价评分表

考评人		被考评人	
考评地点			
考评内容	策划书的撰写		
考评标准	内容	分值/分	
	在模拟实训中态度认真负责，积极配合	20	
	策划方案项目齐全、结构清晰，具有可操作性	30	
	策划方案新颖具有创意	20	
	策划文案语言通顺、叙述有条理	20	
	实训报告符合要求	10	
合计		100	

注：考评满分为 100 分，60—70 分为及格，71—80 分为中，81—90 分为良好，91 分以上为优秀。

学习情境六

6 公关专题活动的组织

公　共　关　系　实　训

职业岗位：公关活动实施人员

能力要求：

- 1. 能联络活动现场
- 2. 能布置活动场地
- 3. 能使用投影仪、幻灯机、照相机和摄像机
- 4. 能制定具体的行动方案
- 5. 能按要求执行活动方案
- 6. 能对中型公关专题活动进行管理
- 7. 能编制活动预算
- 8. 能对中型活动进行现场监控

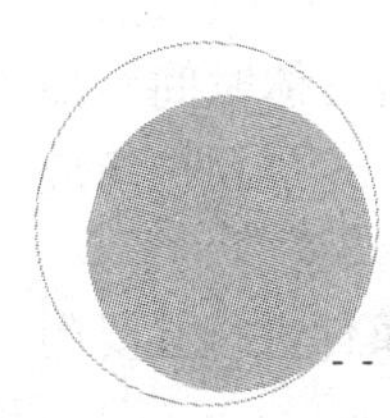

实训任务1 展览会的组织

职业场景

2008年11月28日—30日，在深圳会展中心举行国家“中国深圳国际果蔬展览会”。假设你公司将承担组织任务，请模拟组织该次展览会。

实训目的

通过展览会的模拟实训，使学生能够增强感性认识，熟练掌握展览会组织的注意事项，提高学生的动手能力和组织能力。

训练步骤

第一步：介绍本次实训的内容及模拟场景，并准备相应的实训用具，包括：准备展览会的物品；邀请领导、嘉宾的请柬；新闻记者的记者牌；展览资料、展板；音响、摄像、话筒、纪念品；布置展览会环境所需物品以及宣传资料。

第二步：模拟进行展览会的组织。

一般的展览会，既可以由参展单位自行组织，也可以由社会上的专门机构出面张罗。不论组织者由谁来担任，都必须认真作好具体的工作，力求使展览会取得完美的效果。

根据惯例，展览会的组织者需要重点进行的具体工作，主要包括参展单位的确定、展览内容的宣传、展示位置的分配、安全保卫的事项、辅助服务的项日等。

1. 参展单位的确定。

一旦决定举办展览会，由什么单位来参加的问题，通常都是非常重要的。在具体考虑参展单位的时候，必须注意要“两厢情愿”，不得勉强。按照商务礼仪的要求，主办单位事先应以适当的方式，向拟参展的单位发出正式的邀请或召集。

邀请或召集参展单位的主要方式为：刊登广告、寄发邀请函、召开新闻发布会等。不管采用其中哪一种方式，均须同时将展览会的宗旨、展出的主要题目、参展单位的范围与条件、举办展览会的时间与地点、报名参展的具体时间与地点、咨询有关问题的联络方法、主办单位拟提供的辅助服务项目、参展单位所应负担的基本费用等，一并如实地告知参展单位，以便对方据此定夺。

对于报名参展的单位，主办单位应根据展览会的主题与具体条件进行必要的审核。切勿良莠不分，来者不拒。

当参展单位的正式名单确定之后，主办单位应及时地以专函进行通知，以便被批准的参展单位尽早有所准备。

2. 展览内容的宣传。

为了引起社会各界对展览会的重视，并且尽量地扩大其影响，主办单位有必要对其进行大力宣传。宣传的重点，应当是展览的内容，即展览会的展示陈列之物。因为只有它，才能真正地吸引各界人士的注意和兴趣。

对展览会，尤其是对展览内容所进行的宣传，主要可以采用下述几种方式：(1) 举办新闻发布会；(2) 邀请新闻界人士到场进行参观采访；(3) 发表有关展览会的新闻稿；(4) 公开刊发广告；(5) 张贴有关展览会的宣传画；(6) 在展览会现场散发宣传性材料和纪念品；(7) 在举办地悬挂彩旗、彩带或横幅；(8) 利用升空的彩色气球和飞艇进行宣传。以上八种方式，可以只择其一，亦可多种同时并用。在具体进行选择时，一定要量力行事，并且要严守法纪，注意安全。

为了搞好宣传工作，在举办大型展览会时，主办单位应专门成立进行对外宣传的组织机构。其正式名称，可以叫新闻组，也可以叫宣传办公室。

3. 展示位置的分配。

对展览会的组织者来讲，展览现场的规划与布置，通常是其重要职责之一。在布置展览现场时，基本的要求是：展示陈列的各种展品要围绕既定的主题，进行互为衬托的合理组合与搭配。要在整体上显得井然有序、浑然一体。

所有参展单位都希望自己能够在展览会上拥有理想的位置。展品在展览会上进行展示陈列的具体位置，称作展位。所谓理想的展位，除了收费合理之外，应当面积适当，客流较多，处于展览会上的较为醒目之处，设施齐备，采光、水电的供给良好。

在一般情况下，展览会的组织者要尽一切办法充分满足参展单位关于展位的合理要求。假如参展单位较多，并且对于较为理想的展位竞争较为激烈的话，则展览会的组织者可依照展览会的惯例，采用下列方法之一对展位进行合理的分配。

(1) 对展位进行竞拍。由组织者根据展位的不同制定不同的收费标准，然后组织一场拍卖会，由参展者在会上自由进行角逐，由出价高者拥有自己中意的展位。

(2) 对展位进行投标。即由参展单位依照组织者所公告的招标标准和具体条件，自行报价，并据此填具标单，而由组织者按照“就高不就低”的常规，将展位分配给报价高者。

(3) 对展位进行抽签。即将展位编号，然后将号码写在纸签上，由参展单位的代表在公证人员的监督原则下每人各取一个，以此来确定其各自的具体展位。

(4) 按“先来后到”原则分配。所谓按照“先来后到”原则进行分配，即以参展单位正式报名的先后为序，谁先报名，谁便有权优先选择自己所看中的展位。

不管采用上述何种方法，组织者均须事先将其广而告之，以便参展单位早作准备，尽量选到称心如意的展位。

4. 安全保卫的事项。无论展览会举办地的社会治安环境如何，组织者对于有关的安全保卫事项均应认真对待，以免由于事前考虑不周而麻烦丛生。

(1) 在举办展览会前，必须依法履行常规的报批手续。此外，组织者还须主动将展览会的举办详情向当地公安部门进行通报，求得其理解、支持与配合。

(2) 举办规模较大的展览会时，最好从合法的保卫公司聘请一定数量的保安人员，将展览会的保安工作全权交予对方负责。

(3) 为了预防天灾人祸等不测事件的发生，应向声誉良好的保险公司进行数额合理的投保，以便利用社会的力量为自己分忧。

(4) 在展览会入口处或展览会的门券上，应将参观的具体注意事项正式成文列出，使观众心中有数，以减少纠葛。

(5) 展览会组织单位的工作人员，均应自觉树立良好的防损、防盗、防火、防水等安全意识，为展览会的平安进行竭尽一己之力。

(6) 按照常规，有关安全保卫的事项，必要时最好由有关各方正式签订合约或协议，并且经过公证。这样一来，万一出了事情，大家就好“亲兄弟，明算账”了。

5. 辅助的服务项目。主办单位作为展览会的组织者，有义务为参展单位提供一切必要的辅助性服务项目。否则，不单会影响自己的声誉，而且还会授人以柄。

由展览会的组织者为参展单位提供的各项辅助性服务项目，最好有言在先，并且对有关费用的支付进行详尽的说明。

具体而言，为参展单位提供的辅助性服务项目，通常主要包括下述各项：(1) 展品的运输与安装；(2) 车、船、机票的订购；(3) 与海关、商检、防疫部门的协调；(4) 跨国参展时有关证件、证明的办理；(5) 电话、传真、电脑、复印机等现代化的通讯联络设备；(6) 举行洽谈会、发布会等商务会议或休息时所使用的适当场所；(7) 餐饮以及有关展览时使用的零配件的提供；(8) 供参展单位选用的礼仪、讲解、推销人员等。

第三步：展览会的参加。

参展单位在正式参加展览会时，必须要求自己的全部派出人员齐心协力、同心同德，为大获全胜而努力奋斗。在整体形象、待人礼貌、解说技巧等三个主要方面，参展单位尤其要予以特别的重视。

1. 要努力维护整体形象。

在参与展览时，参展单位的整体形象直接映入观众的眼里，因而对自己参展的成败影响极大。参展单位的整体形象，主要由展示物的形象与工作人员的形象两个部分构成。对于二者要给予同等的重视，不可偏废其一。

(1) 展示物的形象，主要由展品的外观、展品的质量、展品的陈列、展位的布置、发放的资料等构成。用以进行展览的展品，外观上要力求完美无缺，质量上要优中选秀，陈列上要既整齐美观又讲究主次，布置上要兼顾主题的突出与观众的注意力，而用以在展览会上向观众直接散发的有关资料，则要印刷精美、图文并茂、资讯丰富，并且注有参展单位的主要联络方法，如公关部门与销售部门的电话、电报、电传、传真号码以及电子邮箱的地址等。

(2) 工作人员的形象，主要是指在展览会上直接代表参展单位露面的人员的穿着打扮问题。在一般情况下，要求在展位上工作的人员应当统一着装。最佳的选择，是身穿本单位的制服，或者是穿深色的西装、套裙。在大型的展览会上，参展单位若安排专人迎送宾客时，最好请其身穿色彩鲜艳的单色旗袍，并胸披写有参展单位或其主打展品名称的大红色绶带。为了说明各自的身份，全体工作人员皆应在左胸佩戴标明本人单位、职务、姓名的胸卡，惟有礼仪小姐可以例外。按照惯例，工作人员不应佩戴首饰，但男士应当剃须，女士则最好化淡妆。

2. 要时时注意待人礼貌。

在展览会上，不管是宣传型展览会还是销售型展览会，参展单位的工作人员都必须真正地意识到观众是自己的上帝，为其热情而竭诚地服务是自己的本职。为此，全体工作人员都要将礼貌待人放在心坎上，并且落实在行动上。

(1) 展览一旦正式开始，全体参展单位的工作人员即应各就各位，站立迎宾。不允许迟到、早退、无故脱岗、东游西逛，更不允许在观众到来时坐、卧不起或怠慢对方。

(2) 当观众走近自己的展位时，不管对方是否向自己打招呼，工作人员都要面含微笑，主动地向对方说："你好！欢迎光临！"随后，还应面向对方，稍许欠身，伸出右手，掌心向上，指尖直对展台，并告知对方："请您参观。"

（3）当观众在本单位的展位上进行参观时，工作人员可随行其后，以便对方向自己进行咨询；也可以请其自便，不加干扰。假如观众较多，尤其是在接待组团而来的观众时，工作人员亦可在左前方引导对方进行参观。对于观众所提出的问题，工作人员要认真作出回答。不允许置之不理，或以不礼貌的言行对待对方。

（4）当观众离去时，工作人员应当真诚地向对方欠身施礼，并道以"谢谢光临"或是"再见"。

（5）在任何情况下，工作人员均不得对观众恶语相加或讥讽嘲弄。对于极个别不守展览会规则而乱摸乱动、乱拿展品的观众，仍须以礼相劝，必要时可请保安人员协助，但不许可对对方擅自动粗，进行打骂、扣留或者非法搜身。

3. 善于运用解说技巧。

解说技巧，此处主要是指参展单位的工作人员在向观众介绍或说明展品时，所应当掌握的基本方法和技能。具体而论，在宣传性展览会与销售性展览会上，其解说技巧既有共性可循，又有各自的不同之处。

（1）在宣传性展览会与销售性展览会上，解说技巧的共性在于：要善于因人而异，使解说具有针对性；要突出自己展品的特色；在实事求是的前提下，要注意扬长避短，强调"人无我有"之处；在必要时，可邀请观众亲自动手操作，或由工作人员进行现场示范；还可安排观众观看与展品相关的影视片，并向其提供说明材料与单位名片。通常，说明材料与单位名片应常备于展台上，由观众自取。

（2）宣传型展览会与销售型展览会的解说技巧，又有一些不同之处。

在宣传型展览会上，解说的重点应当放在推广参展单位的形象上。要善于使解说围绕着参展单位与公众的双向沟通而进行，时时刻刻都应大力宣传本单位的成就和理念，以便使公众对参展单位给予认可。

（3）在销售型展览会上，解说的重点则必须放在主要展品的介绍与推销上。按照国外的常规说法，解说时一定要注意"FABE"并重，其中，"F"指展品特征，"A"指展品优点，"B"指客户利益，"E"则指可资证据。要求工作人员在销售性展览会上向观众进行解说之时，注意"FABE"并重，就是要求其解说应当以客户利益为重，要在提供有利证据的前提下，着重强调自己所介绍、推销的展品的主要特征与主要优点，以争取使客户觉得言之有理，乐于接受。但是，争抢、尾随观众兜售展品，弄虚作假，或是强行向观众推介展品，则不可取。

第四步：教师进行讲评，指出实训过程中存在的问题以及改进意见。学生撰写实训报告。

注意事项

1. 要提前布置，分组进行。
2. 要注意在实训过程中的礼仪要求。
3. 训练中要注意互相配合。
4. 教师要进行分析和讲评。
5. 学生要写实训报告。

实践知识

展览会是一种具有一定规模和相对固定的举办日期，以展示组织形象或产品为主要形式，以促成参展商和贸易观众之间的交流洽谈为最终目的的中介性活动。企业参加展览会主要是出于以下三种需要：

1. 市场的需要。
2. 营销的需要。
3. 宣传的需要。

一、展览会的特点

1. 展览会是一种十分直观、形象和生活的传播方式。

一个展览会通常同时使用多种媒介进行交叉混合传播，包括以下三种媒介：

(1) 文字注解、印刷宣传材料、介绍材料等的文字媒介；

(2) 讲解、交谈和现场广播等的声音媒介；

(3) 照片、幻灯机和录像等的图像媒介。

由于展览会采取的复合性传播方式综合了多种传播媒介的优点，展览会通常会达到令人满意的沟通效果。

2. 展览会可以为某一组织或企业提供与公众直接进行双向沟通的机会。

展览会一般以展出实物为主，并以专人讲演和示范产品的使用方法等形式进行现场示范表演。利用这种形象记忆法能起到强化效果的作用。展览会作为起到这种作用的媒介，可以使观众对公司和其产品留下较深刻的印象。

3. 展览会是一种复合性的传播方式。

一般都要安排专人在展览会上回答参观者的问题，并同参观者就其感兴趣的问题进行深入讨论。企业或组织在让公众了解自身的同时，也在即时地了解公众对自身形象、展品等的意见反映，可根据从公众中反馈的信息进一步改进各项工作。这种直接双向沟通针对性很强，能对个别公众或某一特殊情况进行交流，从而收到较好效果。

4. 展览会是一种高度集中和高效率的沟通方式。

一个展览会可以集中许多行业的不同展品，也可以集中同一行业中多种品牌的同类展品，这就为参观者提供了更多的机会，并节省了大量时间和费用，方便了参观者。许多参展者也正是通过展览会而建立起了自己的良好形象，打开了展品销路。

5. 展览会是一种综合性的大型活动，往往能成为新闻媒介追踪的对象，成为新闻报道的题材。

新闻媒介对展览会及展品的传播，会对公众产生很大的影响，参展单位可以利用展览会的机会广为传播企业形象和组织信息，扩大影响，并可以利用与新闻记者广泛接触的机会，搞好与新闻界的关系。

二、 展览会的类型

1. 从展览的性质区分，有贸易展览会和宣传展览会。

2. 从展览的商品种类区分，有单一商品展览会和混合商品展览会。

3. 从展览的规模区分，有大型的综合展览会、小型展览会、微型展览。

4. 从展览举办场地区分，有室内展览会和露天展览会。

三、 展览会的组织

举办展览会要精心组织，做好以下四方面细致全面的工作：

1. 明确展览会的主题。

每一次、每种类型的展览会都应有明确的主题和目的。只有主题明确，才能提纲挈领，对所有展品进行有机的排列组合，充分展示展品的风采。否则主题不明，眉毛胡子一把抓，很难把展品、各类资料有机地结合起来，杂乱无章，势必影响展览效果。

2. 搞好展览整体设计。

任何一项展览都是一项系统工程，要求必须有一个详细的整体设计。包括：展览场地、标语口号、展览徽志、参展单位及项目、辅助设备、相关服务部门的设置和人员安排、信息的发布和与新闻界的联络、对工作人员的培训等，都需要全面设计，周密安排。否则，在某一个环节上安排不当都会影响整个展览的效果。

3. 成立对外新闻发布机构。

成立对外新闻发布的专门机构，负责与新闻界进行密切的联系，展览过程中往往会发生许多有新闻价值的东西，这就需要有关人员以敏锐的观察力去挖掘、去分析并写成各种新闻稿件发表，以扩大影响，同时，要组成专门的机构，专门负责新闻发布的计划，如确定发布内容、发布时机、发布形式等，这样效果会更好些。

4. 进行展览的效果测定。

展览的效果一般体现在观众对展品的反映、对组织形象的认识以及对整个展览会从内容到形式的总体看法等方面。为了检验展览会的效果，检验举办各类展览活动的目的是否达到，必须对展览效果进行检测。测定的方法很多，如：设立观众留言簿、召开座谈会听取反映、检验公众对展品的留意程度等。

为了保证展览会的效果，在举办展览会时应注意以下问题：

（1）制定展览会的主题和目的。

（2）确定参展单位、参展项目和展览会的类型。

（3）明确参观者类型。

（4）选择展览地点。

（5）培训工作人员。

（6）成立专门对外发布新闻的机构。

（7）准备展览会的辅助设备和相关服务。

（8）准备展览会所需的各种辅助宣传材料。

（9）制定展览会经费预算。

（10）布置展厅时，要在入口处设置咨询台和签到处，并贴出展览会平面图，作为参观者的指南。

（11）设计制作展览会徽志，备好展览会纪念品。

（12）注意采用展览技巧，使展览会办得生动活泼，新颖别致。

四、 展览会的礼仪

展览会的工作人员应当具备良好的素质，明确办展览的目的和主题，了解和掌握展览的知识和技能，具备与展览产品有关的专业素质，还要懂得礼仪，从各自不同的角度影响公众，使公众满意。

1. 主持人礼仪。

主持人是一个展览会的操控者，应该表现出决定性人物的权威性。在着装上，要穿西服套装、系领带，拿一个真皮公文包，显示出气派的样子，由此使公众也对其主持的展览会和产品产生信赖感。主持人的形象就是组织实力的一种体现。与宾客握手时，主持人应先伸出手去，等宾客先放手后再放手。

2. 讲解员礼仪。

讲解员应热情礼貌地称呼公众，讲解流畅，不用生僻字，让公众听懂。介绍的内容要实事求是，不弄虚作假，不愚弄听众。语调清晰流畅，声音洪亮悦耳，语速适中。解说完毕，应对听众表示谢意。讲解员着装要整洁大方，打扮自然得体，不要怪异和过于新奇而喧宾夺主。举止庄重，动作大方。

3. 接待员礼仪。

接待员站着迎接参观者时，双脚略开，与肩同宽，双手自然下垂或在身后交叉，这种站姿不仅大方而且有力。站立时切勿双脚不停地移动，表现出内心的不安稳、不耐烦，也不要一脚交叉于另一只脚前，因为这是不友善的表示。接待人员不可随心所欲地趴在展台上或跷着“二郎腿”，嚼着口香糖，充当守摊者。随时与参观者保持目光交流，目光要坚定，不可游移不定，也不可眼看别处，以表示你的坦然和自信。

操作练习

在班级里组织一场个人收藏品展览会，从活动的策划、人员的安排、展览的进行等方面进行全过程的练习。

实训考核

表 6—1　　公关专题活动评价评分表

考评人		被考评人	
考评地点			
考评内容	展览会的组织		
考评标准	内　　容	分值/分	
	准备工作充分有序	10	
	展览会的组织完善，效率高	30	
	接待过程中回答简练，机智、幽默、真实，讲究方法	20	
	礼仪形象规范	10	
	在模拟实训中态度认真负责，积极配合	20	
	实训报告符合要求	10	
合　　计		100	

注：考评满分为 100 分，60—70 分为及格，71—80 分为中，81—90 分为良好，91 分以上为优秀。

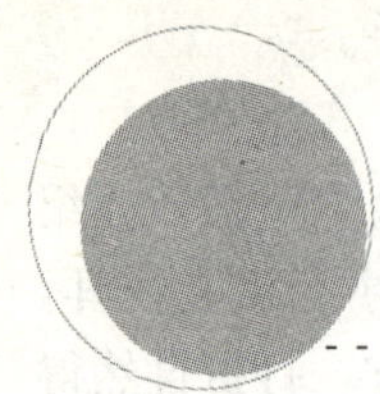

实训任务2 各类会议的组织

职业场景

某校为了深入了解企业对市场营销专业学生的能力要求，拟邀请企业的领导与管理人员来参加人才培养模式研讨会，假如让你来组织这次研讨会，你将如何成功有效地进行组织活动？

实训目的

通过会议组织的实训，使学生能够掌握会议组织的程序及注意事项，并能够积极与其他组织者配合共同搞好会议组织工作，对会议实施有效指挥和控制，培养会务服务的能力。

实训目的

第一步：会议的准备工作。如会场的布置、会议签到簿、会议上的材料以及会议期间所需要的物品，如笔、墨、纸张等。

第二步：会议的安排。参见相关知识的会议分工。

第三步：组织会议。

1. 模拟演示做好会议开始前的签到、引导就座等服务工作。
2. 模拟演示会间奉送茶水。
3. 模拟演示会议期间分发文件。
4. 模拟演示会议记录。
5. 模拟演示正确处理会间找公司老总和会议代表的来电。
6. 针对会议出现下列情况，模拟演示协助会议召集人控制会议进程：

(1) 与会者偏离议题；

(2) 与会者沉默，没有气氛。

第四步：教师进行点评，学生撰写实训报告。

注意事项

1. 实训可在教室进行，也可在会议室进行。实训应具有一定数量的办公设备（含一部电话机）。

2. 实训拟分组进行，每小组6—8人。小组中的每个成员均需扮演一次公关人员，负责会务服务，其余学生轮流扮演总经理及会议代表。

3. 不参加模拟训练的学生组成裁判团。

4. 一定要注意不同会议的区别。

5. 要进行合理分工，保证会议的效果。

实践知识

会议的组织是一个相对烦琐的工作，特别是大型会议的组织，更加不易。事无巨细，一件小事做得不好，也可能引起参会者的不满和各种连锁反应，因此，需要会议组织者在会前做好充分的准备，考虑周全，使会议得以顺利、圆满地进行。

在有关工作中常常要举办一些会议，会议的形式有例行工作会议、专题性会议、联席性会议、布置工作和总结性会议，还有各种座谈会。会议的时间根据内容有长有短，会议的组织工作也有繁有简。对于那些内容重要、会期较长、会务又繁杂的会议，公关人员要特别注意办好。

一、 会议的程序

1. 根据会议的内容，确定好会议的程序，准备好会议的各种文件材料。如大会报告的起草、修改和定稿。如果有大会发言，还要准备好发言材料。

2. 根据会议的规模，确定会议的地址，安排好主会场和分组讨论的地点。住宿会议，还应事先分配安排好房间，落实食堂就餐问题。

3. 根据会议时间安排，做好会议通知。要及早制作会议通知，通知的内容要明确、具体。其中包括报到日期、地点，会议期限和日程，需带的票证和物品等。

4. 布置好会场。大会会场应布置得庄严、隆重；会标要醒目、准确；会场的扩音设备、桌椅、水壶、水杯都要一一落实。还要根据情况安排好会议主席台的设置和座位。

5. 会议开始后，要及时掌握会议的动态，对会议的进展情况进行搜集整理，还要安排好会间的记录。

6. 在会议结束之前，联系好人员返回的车次（与交通部门联系车票、机票），并争取将房费、伙食费等尽早结算清楚。

7. 会议结束后，要对会议用的各类文件材料做善后工作。需发简报或文件的应从速拟发。各类记录、发言稿及原始材料要立案存档。

8. 为使会议开得生动活泼、减轻与会者疲劳，在日程安排上要注意合理安排，并适当安排一些娱乐体育活动。

二、 大型会议的分工

1. 会议总负责人职责，即解决出现的重大问题，了解会议的进展，对会议进行总负责。

2. 秘书、宣传组职责：

（1）负责制定会议议程（包括发言人、会议主持人、会议议程、时间安排等）；

（2）准备领导讲稿；

（3）编制会议手册、准备会议材料和宣传标语；

（4）制作会议台签、桌签、横幅，布置会议室、座位，测试话筒、音响，拍摄照片，准备茶水、饮料、签到表、会议反馈表等；

（5）负责对媒体的新闻发布、宣传、会标设计、广告制作等。

3. 会务组职责：

（1）发送会议通知及回执统计，即确认参会人员有没有接到通知，参不参加会议。对那些兼任多个职务的特殊人员，一定要核实到人，确定是不是本人参加，以便正确摆放席卡。在会议召开前一两天，再次确认，以便安排食宿及接送。

（2）迎送（包括接站、送站、举欢迎牌等，应备有一份参会人员航班/车次信息表）；

（3）发送详细的会议安排：在参会人员签到后，应发送有详细时间、会议地点、乘车地点，两个紧急联络电话和联络人的会议安排，让对方有所准备；

（4）安排食宿（包括房间的预订、具体入住房间安排、确定菜单细目和规格等）；

（5）安排车辆（包括车辆的调配和准备备用车辆、具体车辆接送人员名单、接送时间表等）；

(6) 安排参观、出席文艺演出等活动。

(7) 翻译的安排：在有重要外宾参加的会议中，如对方没有翻译随从，主办方应安排翻译陪同人员。

4. 安全保卫组职责：

(1) 在有高层领导人或重要外宾参加的会议活动中，应重视安全保卫工作和卫生工作。

(2) 保证会场秩序和车辆的有序停放。

(3) 制定出突发情况应急预案，并加以彩排。

以上所有小组各选出一名组长，并将每项工作分工具体落实到人，责任落实到人，保证会议的顺利召开。

三、 召开座谈会

在公关工作中，或为了调查情况，或为了征求意见，或为了探讨问题等，常常要召开座谈会。座谈会采取面对面交谈，还可以讨论，是一种很好的会议形式。开好座谈会应注意以下内容：

1. 开座谈会之前要深入考虑开座谈会的目的，准备好座谈会上提问、调查或讨论内容的纲目。

2. 根据座谈会的内容、性质与需要物色和选定参加座谈会的人员名单。参加座谈会人数的多少，要根据座谈会的内容考虑到效果而定。为深入探讨一些问题而开的座谈会，人数可少些；征求意见、调查情况和纪念性座谈会，人数可多一些。

3. 要做好座谈会通知工作。通知最好用书面形式。拟订通知要明确座谈会的议题、时间地点和召开单位，并填好出席者姓名。姓名要核对清楚，不要出现差错，拟好的通知要及时送到参加会议人员手中。

4. 为使座谈会开得有效果，根据座谈会的内容，如探讨性和纪念性座谈会，可以事先考虑安排一些人重点发言，并在发言上做一些重点分工。

5. 座谈会主持人应善于把握会议，引导会议，创造一个亲切和谐的气氛，调动与会者积极的思考与发言，使座谈会能较深入地进行。

6. 应做好座谈会的记录，并根据需要在会后整理成文，或将信息发给有关部门。

7. 座谈会应视不同内容与情况，准备茶水或茶点、水果等。

四、 参观游览

组织客人参观游览，是公关人员经常性的任务之一。在组织参观游览活动中，应注意以下几点：

1. 项目的选定。根据来访者的目的、来访性质、兴趣意愿和当地的实际条件，选择有针对性的、客人感兴趣的、季节性允许的项目。当不能满足客人的指定项目时，应做出适当的解释。

2. 安排布置。应就先看什么、后看什么、预计持续时间、有无介绍等做出详细计划，向接待单位通知清楚，并告知全体接待人员。

3. 陪同。外宾参观时，一般由身份相当的人员陪同，接待单位也要有一定人员出面，并根据情况安排解说员、导游人员。内宾参观应根据需要派员陪同，提供方便。

4. 介绍情况。参观科研及工农业项目等，一般是边看边介绍，既让客人实地观看又能对项目有更深的了解。介绍的情况要符合实际，数字材料要确切，可事先发给书面材料，保密部分不应介绍。陪同解说人员要做好准备，估计到客人可能提出的各种问题。

5. 摄影。通常可以参观的地方都允许摄影，不准摄影的场所应树立标志，并向来宾做出解释。

6. 食宿交通。组织参观游览要考虑用餐的时间、地点。如果是郊游，应准备食品、饮料、餐具等，需要休息或住宿的要预订好房间。注意车辆检查和交通安全。参观游览的出发时间、集合地点、车辆标志等应告知全体参加游览的人员。

操作练习

1. 小马是某企业公关部的经理助理，他将在一次企业召开的商务洽谈中承担参观人员的接待工作，请问他至少应该做哪些准备工作？

2. 隆鼎商贸有限公司为了答谢新老顾客对公司的厚爱，决定在公司会议室举办一次座谈会。会议室配有电脑投影仪和摄像机，为更全面地记录会议情况，并保证会议在任何情况下都能顺利进行，在设备方面还应准备些什么？

实训考核

表 6—2　　公关专题活动评价评分表

考评人		被考评人	
考评地点			
考评内容	各类会议的组织		

续前表

考评标准	内容	分值/分	
	准备工作充分有序	20	
	会议组织过程规范	30	
	讲究礼仪	20	
	实训中成员之间配合密切	15	
	实训报告符合要求	15	
合计		100	

注：考评满分为 100 分，60—70 分为及格，71—80 分为中，81—90 分为良好，91 分以上为优秀。

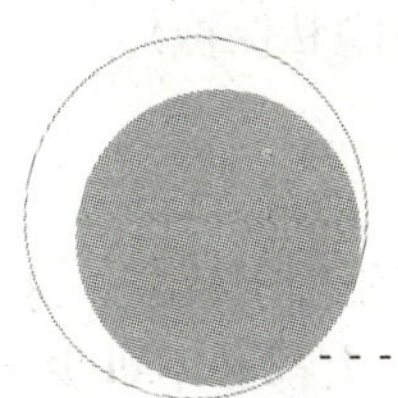

实训任务3 赞助活动的策划与实施

职业场景

某电子公司为了提升企业形象，决定在“同一首歌”演出团来到本市表演之时进行赞助，但是赞助企业太多，并且有许多企业都比自己的企业实力强，名气大。如果公司想增加赞助金额，又在财力方面捉襟见肘，你能帮助该公司提出何种解决问题的办法？

实训目的

通过实训，使学生掌握赞助的类型及赞助活动的实施，并能够从树立组织形象的角度帮助组织成功地策划和实施赞助活动。

训练步骤

第一步：首先介绍本次模拟实训的内容，并说明本次赞助属于文化活动赞助。

第二步：制定赞助计划。学生分组进行，每组5—8人。

赞助计划主要包括以下十项内容：

1. 活动是否符合公司的赞助原则和范围。

2. 活动能否加强公司的形象。

3. 活动能否与公司某一个产品相关联。

4. 冠名权的问题。

5. 展露/宣传的机会点：海报、广告、公告、展示板等。

6. 赞助的金额是否在公司的预算之内。

7. 长期的效果如何。

8. 活动能否促进业务的增长。

9. 能否获得有关参与者的资料库（包括邮件地址等，但注意隐私保护）。

10. 有无足够的时间去策划和实施赞助方案。

第三步：赞助活动的实施。

赞助活动实施之际，往往需要举行一次聚会，将有关的事宜公告于社会。这种以赞助为主题的赞助会，在赞助活动中，尤其是大型赞助中，大都必不可少。赞助会一般由受赞助者操办，也可由赞助者操办。赞助会的操办过程分以下三个内容：

1. 场地的布置。

赞助会的举行地点，一般可选择受赞助者所在单位的会议厅，也可租用社会上的会议厅。会议厅要大小适宜，干净整洁。会议厅内，灯光亮度适宜。在主席台的正上方，悬挂一条大红横幅，上面应以金色或黑色的楷书书写着“某某单位赞助某某项目大会”，或者“某某赞助仪式”的字样。赞助会会场的布置不可过度豪华张扬，略加装饰即可。

2. 人员的选择。

参加赞助会的人员既要有充分的代表性，又不必在数量上过多。除了赞助单位、受赞助者双方的主要负责人及员工代表之外，赞助会应当重点邀请政府代表、社区代表、群众代表以及新闻界人士参加。所有参加赞助会的人士，与会时都要身着正装，注意仪表，个人动作举止规范，以与赞助会庄严神圣的整体风格相协调。

3. 会议的议程。

赞助会的会议议程应该周密、紧凑，全部会议时间不应超过一小时。其议程是：

第一，宣布会议开始。赞助会的主持人，一般应由受赞助单位的负责人或公关人员担任。在宣布正式开会之前，主持人应恭请全体与会者各就各位，保持肃静，并且邀请贵宾到主席台上就座。

第二，奏国歌。奏国歌前，全体与会者须一致起立。在奏国歌之后，还可奏本单位标志性歌曲。

第三，赞助单位正式实施赞助。赞助单位代表首先出场，口头上宣布其赞助的具体方式或具体数额。随后，受赞助单位的代表上场。双方热情握手。接下来，由赞助单位代表正式将标有一定金额的巨型支票或实物清单双手捧交给受赞助单位代表。必要时礼仪小姐要为双方提供帮助。在以上过程中，全体与会者应热烈鼓掌。

第四，双方代表分别发言。先由赞助单位代表发言，其发言内容，重在阐述赞助的目的与动机。与此同时，还可将本单位的简况略做介绍。然后由受赞助单位代表发言，集中表达对赞助单位的感谢。

第五，来宾代表发言。根据惯例可以邀请政府有关部门的负责人讲话。其讲话主要肯定赞助单位的义举，呼吁全社会积极倡导这种互助友爱的美德。该项议程，有时也可略去。至此赞助会结束。

会后，双方主要代表及会议的主要来宾应合影留念。此后，宾主双方稍事晤谈，来宾即应告辞。

第四步：教师进行分析与讲评，学生撰写实训小结。

注意事项

1. 模拟赞助活动要主题明确。
2. 要按照规范的程序和要求来进行模拟。
3. 角色模拟要提前进行准备，保证效果。
4. 教师在学生练习过程中要仔细观察，发现问题。

实践知识

赞助是指组织对某一社会事业、事件无偿地给予捐赠和资助，从而扩大组织的知名度与美誉度，树立美好形象的活动。赞助会是某项赞助举行时采用的具体形式。

一、赞助的作用

赞助对组织的发展具有特殊而重要的作用。具体表现为以下三点：

1. 提高组织知名度。

赞助可以使组织的名字伴随所赞助的事件一起传播。如奥运会是举世瞩目的体坛盛会，收看的公众覆盖面非常广，遍布全世界，这样的赞助活动对组织知名度的提高是可想而知的。

2. 提高组织的美誉度。

由于赞助活动所赞助的往往是社会大众所关注的、想支持的事业，因此赞助可以树立一个组织关心公益事业的良好形象，改变营利性组织“惟利是图”的商人形象。

3. 履行组织的社会责任。

救灾扶贫，支持公益事业，对社会每个成员来说，人人有份，赞助活动正体现了组织在建设精神文明、履行社会责任和义务方面的积极态度。

二、赞助的类型

赞助活动的类型很多，常见的赞助类型有以下几种：

1. 赞助体育事业。

赞助体育事业主要包括为体育馆捐资和赞助大型体育比赛，其中以后者居多，因为体育比赛是当今的社会热点之一，对其进行赞助，往往可使本单位名利双收，一举两得。

2. 赞助文化活动。

主要指赞助电影、电视节目的制作，赞助广播节目、报刊开辟专栏，赞助文艺表演，赞助知识竞赛、艺术节、文化节等大型文化活动。这种赞助活动，不仅有助于社会主义文化事业的发展，有助于全民族文化素质的提高，也有助于培养组织和公众的良好情感，提高知名度。

3. 赞助教育事业。

教育的发展是关系到国家千秋大业的大事。赞助教育事业，既有利于教育事业的发展，也会使组织从中受益。赞助教育的方式，主要有赞助设立奖学金，赞助学校教学、科研经费、仪器设备、基本建设经费，赞助社会办学等。

4. 赞助社会福利事业。

这主要指为贫困地区、残疾人、孤寡老人和荣誉军人等提供帮助活动。这类赞助体现了组织高尚的道德品质，也是组织向社会表明其承担社会义务和责任的方式。

不管赞助对象是谁，赞助单位向单位和个人提供的赞助物主要有四类：

(1) 金钱：赞助单位以现金或支票的形式，向受赞助者提供赞助；

（2）实物：赞助单位或个人以一种或数种具有实用性的物资的形式，向受赞助者所提供的赞助；

（3）义卖：赞助单位或个人将自己所拥有的某件物品进行拍卖，或是划定某段时间将本单位或个人的商品向社会出售，然后将全部所得，以现金的形式，再向受赞助者提供赞助；

（4）义工：赞助单位或个人派出一定数量的员工，前往受赞助者所在单位或其他场所，进行义务劳动和有偿劳动，然后以劳务的形式或以劳动所得来提供赞助。

三、 开展赞助活动的程序

1. 调查研究，确定对象。企业的赞助活动可以自选对象，也可以按被赞助者的请求来确定。但无论赞助谁，赞助形式如何，都应做好深入细致的调查研究。特别需要指出的是，企业的赞助活动，必须是社会公众最乐于支持的事业和最需要支持的事业。另外，调查研究应该以经济和社会效益的同步增长为依据，重点分析投资成本与效益的比例，量力而行，保证企业与社会共同受益。

2. 制定计划，落到实处。企业的赞助活动应是有计划的公共关系的一部分。在调查研究的基础上，赞助计划应具体详尽。

3. 完成计划，争取效益。在制定计划的基础上，企业应派出专门的公共关系人员，去实施赞助方案。在实施过程中，公共关系人员要充分利用有效的公共关系技巧，创造出企业内外的“人和”气氛，尽可能扩大赞助活动的社会影响。

4. 评价效果，以利再战。对每一次公共关系活动的效果，都应该作出客观的评价。这样可使今后的活动搞得更好。

四、 赞助活动的注意事项

企业搞好赞助活动应注意以下事项：

1. 企业的赞助活动，应以企业和企业所面对的社会环境为出发点，制定出切实可行的公共关系政策、方针和策略，切忌盲目。

2. 企业应将公共关系政策公之于众，应保持与被赞助者和需要赞助的活动组织者之间的联系，用财政预算的应捐款项，及时帮助需要赞助者。另外，企业应将赞助计划列入企业为其生存和发展创造环境的长期计划，分清所需赞助事业的轻重、缓急，逐步实施。

3. 企业的公共关系部应随时把握社会赞助的供求状况，做到灵活掌握赞助款项。

4. 企业对赞助活动的科学管理，必使其善举“广”行，由此创造出的良好的社会效益，必然会使企业得到社会的广泛支持。

操作练习

清凉一夏饮品股份有限公司一直热衷于社会公益事业。公司董事会决议赞助2008年北京举办的奥运会，请结合本次活动说明社会赞助的程序和注意事项。

实训考核

表6—3　　公关专题活动评价评分表

考评人		被考评人	
考评地点			
考评内容	赞助活动的策划与实施		
考评标准	内容	分值/分	
	在模拟实训中态度认真负责，积极配合	20	
	赞助活动组织井然有序，程序规范科学	30	
	赞助活动中礼仪规范	20	
	赞助计划科学合理，内容全面，可操作性强	20	
	实训报告符合要求	10	
合计		100	

注：考评满分为100分，60—70分为及格，71—80分为中，81—90分为良好，91分以上为优秀。

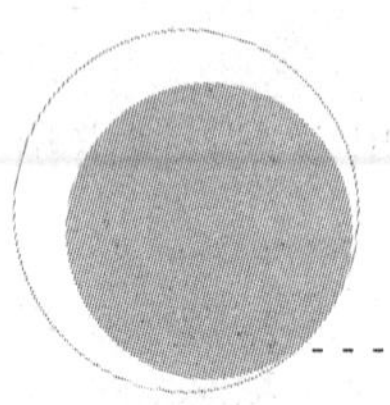

实训任务4 庆典活动的组织与实施

职业场景

你所在的学校要组织××周年校庆活动，请你为其策划活动主题，并承担庆典活动的组织实施工作。

实训目的

通过实训，使学生能够掌握各种庆典活动的类型及注意事项，并能够熟练地组织和协调各种类型的庆典活动，锻炼学生的实践操作能力。

训练步骤

第一步：校庆典礼的准备。了解庆典活动准备的一般程序。

1. 典礼前的宣传工作。

举行典礼的目的是通过这一活动来向社会宣传自身的形象、塑造自身的形象，并使社会对其商业价值、产品以及服务等广为了解。因此，对校庆典礼的宣传就成为达到这一目的的必要前提。

（1）典礼宣传媒介。可以通过媒体广告、促销活动、邀请嘉宾等方式进行。

（2）宣传内容。包括典礼举行的日期、典礼举行的地点等。宣传要搞得轰轰烈烈，烘托出热烈、隆重、喜庆的气氛，给合作伙伴、上级领导、全体员工等留下深刻的印象，从而提高学校的知名度。

（3）邀请媒体记者参加。邀请媒体记者在典礼举行之时到场进行采访、报道，以便对学校进行进一步的正面宣传。

2. 准备典礼的开幕词。

典礼前，要对典礼的开幕词进行草拟。开幕词的内容有以下三方面：

（1）对来宾表示感谢。

（2）介绍学校的办学宗旨和取得的成绩。

（3）学校以后的发展规划和安排等。

由本单位的主要负责人致开幕词，目的是宣布典礼的开始、介绍学校的情况和感谢来宾的光临。开幕词的语言要突出庆典的“庆”。

3. 拟写典礼议程。

典礼的议程就是庆典上项目的程序。典礼议程主要有下列内容：

（1）主持人宣布典礼开始。

（2）全体起立，奏乐。

(3) 宣读重要嘉宾名单。

(4) 领导致贺词，来宾致贺词。

由上级领导和来宾代表致贺词，由谁来致词要事先定好，以免当众推来推去。

对外来的贺电、贺信，不必一一宣读，但对其署名的单位或个人应予以公布。

(5) 学校领导致辞。

主要内容是向来宾及祝贺单位表示感谢，并简要介绍学校的基本情况和今后的发展趋势。

4. 发放请柬邀请来宾。

典礼影响的大小，往往取决于来宾身份的高低与其数量的多少。在力所能及的条件下，要力争多邀请一些来宾参加校庆典礼。地方领导、上级主管部门与地方职能管理部门的领导、合作单位与同行单位的领导、社会团体的负责人、社会贤达、媒体人员，都是邀请时应予优先考虑的重点。为慎重起见，用以邀请来宾的请柬应认真书写，并应装入精美的信封，由专人提前送达对方手中，以使对方早作安排。发放请柬的时间要提前一周，便于被邀请者及早安排和准备。

5. 场地布置。

场地可以是正门外的广场，也可以是正门内的大厅。按照惯例，举行典礼时，宾主一律站立，一般不布置主席台或坐椅。为显示隆重，可在来宾尤其是贵宾站立处铺设红地毯，并在场地四周悬挂横幅、标语、气球、彩带、宫灯。此外，还应当在醒目位置摆放来宾赠送的花篮、牌匾。来宾的签到簿、本单位的宣传材料、待客的饮料等，亦须提前备好。对于音响、照明设备，以及典礼举行时所需使用的用具、设备，必须事先认真进行检查、调试，以防在使用时出现差错。

6. 准备物品。

典礼中需要准备的物品主要有两项：

(1) 场地用物品。场地用物品主要包括：场地四周悬挂横幅标语、气球、彩带、宫灯，来宾的签到簿、本单位的宣传材料、待客的饮料，音响、照明设备等。

(2) 馈赠礼品。向来宾赠送的礼品，首先，要具有宣传性，在礼品及其外包装上应印上校徽、办学宗旨（口号）等。其次，要具有一定的纪念意义，使礼品接受者感到光荣和自豪，从而对其珍惜。最后，赠送的礼品要独特、与众不同，具有本单位的鲜明特色，使人一目了然，或令人过目不忘。

7. 安排接待。

典礼确定举行时，就应成立对此事全权负责的筹备组。筹备组成员通常应当由各方面的有关人士组成，他们应当是能办事、会办事、办实事的人。接待小组的具体工作主要是：来宾的迎送、来宾的引导、来宾的陪同和来宾的招待。

第二步：模拟典礼的流程。学生分组模拟庆典活动，每组 5—8 人；在模拟过程中要按照规范的程序和要求来进行。

典礼的程序与典礼的议程不同之处在于，典礼的程序是包括准备工作、接待、迎送在内的整个工作过程，而典礼的议程仅指宾客到现场后典礼正式开始后的一系列议事程序。

典礼的流程主要包括以下几项：

1. 迎宾。宾客到来前，要安排好负责人和迎宾人员在规定的位置上恭候来宾的光临。负责人和迎宾人员都应该有整洁的仪容仪表、统一着装，精神抖擞、热情饱满。来宾到来时，应微笑、亲切相迎，按照事先安排的规则有礼貌地引导来宾入场、安排座次，并给予一定的规范服务。

2. 典礼开始。当大部分宾客入座、典礼时间开始时，由主持人宣布庆典正式开始，全体起立，奏国歌。

3. 致开幕词。

4. 致贺词。

5. 参观。

第三步：教师进行分析与讲评，学生撰写实训小结。

注意事项

1. 庆典活动的实训首先要进行策划，在此基础上进行模拟实训。

2. 可提前准备，避免课堂上浪费时间。

3. 教师要注意过程引导，调动学生的积极性。

4. 教师要精心组织，保证课堂实训的效果。

实践知识

庆典活动，是指组织在其内部发生值得庆祝的重要事件时，或围绕重要节日而举行的庆祝活动，组织一般将其视为一种制度和礼仪。它可以是一种专题活动，也可以是大型公关活动的一项程序。庆典活动往往给公众留下对企业或组织的“第一印象”。现代组织的管理者应想尽办法利用庆典、利用合情合理的活动，让人们自觉自愿地接受企业或组织。显然，这是与现代公共关系为建立信誉而扩大知名度、提高美誉度的思路相吻合的。

一、 庆典活动的类型

庆典活动在形式上，一般有开幕庆典、闭幕庆典、周年庆典、特别庆典和节庆活动五种形式：

1. 开幕庆典，即开幕式，指第一次与公众见面的、展现组织新风貌的各种庆典活动。

2. 闭幕庆典是组织重要活动的闭幕式或者活动结束时的庆祝仪式。

3. 周年庆典是指组织在发展过程中的各种内容的周年纪念活动。

4. 特别庆典是指组织为了提高知名度和声誉，利用某些具有特殊纪念意义的事件或者为了某种特定目的而策划的庆典活动。

5. 节庆活动是指组织在社会公众重要节日时举行或参与的共庆活动，这里的重要节日可以是传统的节日，还可以是改革开放后源自西方的节日。

二、 庆典活动的组织

1. 庆祝也好，典礼也好，都应有充分的准备，因天时、地利、人和等条件而开展。现代社会组织可利用的庆祝机会愈来愈多，组织的决策者们应适时地选择一些对组织和社会都有利的重要事件或重大节日，来开展活动。在充分准备的情况下，一般每年搞 2 — 3 次就够了。活动要搞一次成功一次。

2. 组织的庆典活动，代表着组织的形象。它体现着一个组织及其领导者的组织能力、社交水平和文化素质，往往会成为社会公众取舍、亲疏的标准。因而，组织在进行这类活动过程中，一定要注意下面几个问题：

(1) 要有计划。

(2) 要选择好时机。

（3）科学性与艺术性相结合。

（4）要制造新闻。

（5）要注意总结。

3. 要把庆典活动办得圆满成功不是那么容易的，尤其是大型的庆典活动，牵涉面广，且具体而复杂，公共关系人员一定要精心策划，周密实施。具体地说，要办好一次庆典活动，应认真做好以下工作：

第一，精心选择对象，发出邀请，确定来宾。庆典活动应邀请与组织有关的政府领导、行政上级、知名人士、社区公众代表、同行组织代表、组织内部员工和新闻记者等前来参加。

第二，合理安排庆典活动的程序。庆典活动的程序，一般由以下几方面组成：安排专门主持人宣布活动开始，介绍重要来宾，由组织的领导和重要来宾致辞或讲话；有些活动，需要有剪彩和参观的安排；安排交流的机会（如座谈，宴请，或安排喜庆、余兴的节目，席间进行交流）；重要来宾留言、题字（该项活动，也可安排在活动开始前）。

第三，安排接待工作。庆典活动开始前，应做好一切接待准备工作。接待和服务人员要安排好，活动开始前所有有关人员应各就各位。重要来宾的接待，应由组织的首脑亲自完成。要安排专门的接待室或会议室，以便在正式活动开始前，让来宾休息或与组织的领导交谈。入场、签到、剪彩、留言等活动，都要有专人指示和领位。

第四，物质准备和后勤、保安等工作。庆典活动的现场，需要有音响设备、音像设备、文具、电源等。需要剪彩的，要有彩绸带。鞭炮、锣鼓等在特殊场合，也要有所准备。宣传品、条幅和赠与来宾的礼品，也应事前准备好。赠送的礼品要与活动有关或带有企业标志。另外，为活动助兴，可以安排一些短小精彩的文艺节目，这些节目可以组织内部人员表演，也可以邀请有关文艺团队或人员表演，节目要力争有特色。

总之，要做到准备认真充分，接待热情有礼，典礼热烈有序，就会使庆典活动取得成功。

操作练习

1. 小李刚分配到公关部工作，就碰上组织要进行庆典活动。公关部经理问他庆典活动的类型有哪些，但他不知道。你能告诉他吗？

2. 某商场要进行十周年庆典活动。如果商场经理把庆典活动的组织工作交给你，你该如何做呢？

实训考核

表 6—4　　公关专题活动评价评分表

考评人		被考评人	
考评地点			
考评内容	庆典活动的组织与实施		
考评标准	内容	分值/分	
	在模拟实训中态度认真负责，积极配合	20	
	庆典活动准备工作充分	30	
	庆典活动组织完善，效率高	30	
	庆典活动中礼仪规范	10	
	实训报告符合要求	10	
合计		100	

注：考评满分为 100 分，60—70 分为及格，71—80 分为中，81—90 分为良好，91 分以上为优秀。

7

学习情境七

危机公关

职业岗位：公关部经理

能力要求：

- 1. 能制定危机管理计划
- 2. 能协调危机中相关方面的关系
- 3. 能及时处理危机事件
- 4. 能主持危机管理计划的实施
- 5. 能监控危机事件信息传播
- 6. 能起草危机管理预警方案
- 7. 能承担危机传播管理工作

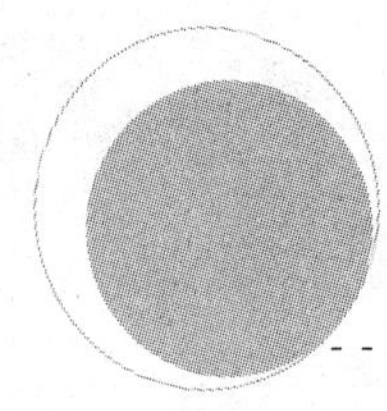

实训任务1 危机管理计划的制定

职业场景

肯德基由于“苏丹红”事件面临危机，现在虽然危机已经解决，但公司决定制定一份危机管理计划，以备危机时能够从容应对，请你帮助制定一份危机管理计划。

实训目的

通过实训，了解制定危机管理计划的重要性，掌握危机管理计划的内容，并能够有效地组织危机管理计划的制定和审定。

训练步骤

第一步：介绍本次实训的模拟场景。将学生按每组 5—8 人分组。

第二步：制定危机管理计划的组织。

主持制定危机管理计划的工作，主要体现为组织工作。危机管理计划的组织工作主要包括以下九方面：

1. 确认危机管理小组的领导人、负责人、专业成员和相应的骨干力量。

2. 聘请危机管理专家或行家培训危机管理小组全体成员，强化危机管理意识，统一认识。

3. 根据小组成员的工作经历、经验或特长进行分工，明确责任。

4. 危机管理小组负责人或领导人委派小组成员开展调查，分析预测可能出现的危机，并写出分析报告；如果需要，同时还可以请危机管理小组以外的人开展危机调查和预测。

5. 检查、审核分析报告，或对比两份分析报告。

6. 召开危机管理小组成员和专家会议，反复论证、分析危机处理的程序和对策。

7. 达成基本一致的意见后，将危机管理计划形成书面计划。

8. 将书面计划初稿印发给危机管理小组成员，两次阅读和修改。

9. 形成正式的危机管理计划，以企业或社会组织文件的形式印发执行。

第三步：编写危机管理计划书。

一份完整的危机管理计划书应包括以下三个部分：

1. 序曲部分。

(1) 封面：包括计划名称、生效日期及文件版本号。

(2) 总裁令：由公司最高管理者致言，并签署发布，确保该文件的权威。

(3) 文件发放层次和范围：明确规定文件发放层次和范围，确保需要阅读或使用本计划的人员能够正确知悉本计划的内容。同时文件接收人应签署姓名和日期，以表明对本计划的认可。

(4) 关于制定、实施本计划的相关管理制度：包括保密制度，制定、维护和更新计划的方案，计划审计和批准程序以及启动本方案的时机和条件。

2. 正文部分。正文部分通常包括十二个方面的内容：

(1) 危机管理的目标和任务：主要是对建立危机管理体系的意义、在企业中的地位和要达成的目标进行描述。

(2) 危机管理的核心价值观和企业形象定位：这是企业进行危机管理的纲领。

(3) 危机管理的沟通原则：危机管理的核心是有效的危机沟通，是保持对信息流通的控制权。危机管理的沟通原则包括内部和外部沟通原则，为危机管理的沟通定下基调。

危机管理的沟通原则具体包括以下内容：员工沟通原则、对受害者的沟通原则、对公众的沟通原则、媒体沟通原则、对政府的沟通原则、对股东和债权人的沟通原则、对供应商和经销商的沟通原则、对竞争对手的沟通原则等。

(4) 建立危机管理小组：确定首席危机官或危机管理经理；确定危机管理小组的组成人员，并对各成员的权利和职责进行描述和界定；确定培训和演习方案；如果在危机发生后，危机管理小组成员因故不能履行职责时，确定人员替补方案及计划变通方案；确定外部专家组成员。

(5) 危机管理的财物资源准备：危机管理计划的预算，包括危机管理小组的日常运转费用，危机管理设备的购买、维护和储备的费用以及危机管理计划实施的费用；财物资源的管理，即由谁管理，通过何种途径获得，如何使用等；财物资源的应急措施，即当企业所储备的资源用完后，应如何获取相应资源；财物资源的维护制度，如定期检查、修理或更换制度；财物资源的使用制度，即由谁使用、如何使用等。

（6）法律和金融上的准备：即紧急状态下在法律和金融方面的求助程序。

（7）危机的识别与分析。识别危机，即对企业的薄弱环节及内外部危机诱因进行列举。分析危机，即对危机发生的概率、严重性进行分析和评估。

（8）危机的预控措施：包括预控的政策、检查和督促。

（9）危机的发现、预警和报告程序。包括以下几方面内容：建立危机预警体系的程序；由谁建立、改进和维护危机预警体系；如何界定危机信息；危机信息汇报的原则和程序；危机预警后的反应措施。

（10）危机的应变指挥程序：界定不同的危机应变的方式和危机管理人员的应变职责。包括以下几方面内容：启动危机管理程序；确定危机应对方案，即如何减少损失和消除负面影响；危机管理小组成员工作的原则和程序；信息汇报制度；决策制度；人、财、物的调度制度；内部和外部沟通制度和程序；求助程序，即向哪些机构或组织寻求帮助。

（11）恢复和发展计划。包括以下几方面内容：恢复和发展的原则；危机带来哪些长期影响，如何消除影响，如何恢复正常的组织运营程序和经营活动，危机管理小组成员在危机后的工作安排；回答员工关心的问题，统一员工思想；解除外部公众和媒体的疑问；稳定债权人、股东、供应商和经销商队伍，争取他们的支持；积极与政府部门配合；赢得竞争对手的尊重。

（12）危机管理的评估：即危机结束后，对危机管理的评估程序。包括文件存档、评估损失、检讨危机管理行为。

3. 附录部分。

美国危机管理专家罗伯特·希斯把附录部分称为 PACE 清单。P 指 Preparation，即准备；A 指 Action，行动；C 指 Contact，联络；E 指 Equipment，装备。附录部分分四个内容：流程图、应用性表单、内部联络表、外部联络表。

（1）流程图：危机管理各流程的图表。

（2）应用性表单：整个危机管理程序中所涉及的环节中必须应用的表单。如危机记录和监控表单、危机汇报表单等。

（3）内部联络表：危机管理人员的姓名、职位、联系方式及职责。

（4）外部联络表：在危机应对过程中，外部相关组织（如政府、行业协会、银行、保险公司、供应商、经销商等）的联络方式。

第四步：审定危机管理计划。

1. 审定危机管理计划的原则。

要做好危机管理计划的审定工作，需要遵循以下原则：

（1）务实。

（2）仔细。

（3）可行。

（4）全面。

2. 审定危机管理计划的工作要点。

如何审定危机管理计划？以下是审定危机管理计划的工作要点：

（1）选定审定危机管理计划的主持人。

（2）召开危机管理计划审定会议。

（3）查阅企业或组织的经营战略计划，确认高层领导是否真正具备危机管理意识。

一般来说，企业或组织高层领导人较强的危机意识主要体现在以下几方面：

1）把危机管理放在企业经营管理的决策层上来考虑。

2）有远见，未雨绸缪，事先制定危机应急计划，确定和培训处理危机的专职或兼职人员。

3）面临危机镇定自若，临危不惧，亲自指挥，并充分发挥公关人员的作用。

4）平时注意保持与新闻界联系，危机时特别重视与新闻媒介沟通。

5）始终把顾客利益、公众利益、企业信誉、企业良好形象放在第一位，不因局部的眼前的利益而患得患失。

（4）从务实的角度来检验危机管理的流程。

（5）务必一再检查所有的细节。

第五步：学生互评计划，并提出修改意见。修改稿交老师，老师选出几份进行点评。

第六步：学生撰写实训报告。

注意事项

1. 编写计划时可以互相讨论。

2. 学生互评时要言之有理。

3. 教师要对存在问题进行分析并提出改进意见。

实践知识

一、 制定危机管理计划的作用

1. 危机管理计划是特定企业或社会组织为了预防危机的发生或在危机发生时尽可能减少损失而制定的较为全面具体的关于危机事件预防、处理和控制的书面计划。它是制定危机管理手册、开展危机管理教育的基本依据。

2. 制定危机管理计划的目的：

（1）预防危机发生。

（2）减少危机发生。

（3）使抢救工作忙而有序。

（4）维护声誉，抓住机遇。

二、 危机管理计划的类型

要制定符合企业或社会组织实际的危机管理计划，需要了解危机管理计划的类型，以便确定要制定什么样的计划。

依据内容或工作的侧重点来看，危机管理计划分为危机应急计划和危机传播计划。

1. 危机应急计划，是指企业或社会组织在全面分析预测的基础上，针对出现概率较大的危机事件而制定的有关工作程序、措施方法、应对策略等的书面计划。危机应急计划的侧重点在于，具体危机出现后如何施救处理。

2. 危机传播计划，是指针对企业或社会组织出现声誉受损、形象受挫以及伤亡事故等制定的旨在维护声誉、消除误解、告知大众的书面计划。危机传播计划的侧重点是危机事故发生后的新闻传播、信息控制。

三、 制定危机管理计划的原则

危机管理计划是危机处理的纲领性文件。它是危机管理工作的全面反映。

制定危机管理计划的原则主要有以下十方面：

1. 危机管理计划必须是具体的、可操作的，不应该有任何含糊之辞。

2. 危机管理计划必须保持系统性、全面性和连续性，应明确所涉及组织及人员的权利和责任，对人员进行有效配置，做到事事有人管，人人有事做，从而使企业全体成员在危机来临时都能够迅速找到自己的位置，发挥主观能动性。如果危机管理计划体系混乱，杂乱无章，相关人员就会反应迟钝、迷茫无助或混乱不堪。

3. 危机管理计划必须保证其灵活性、通用性和前瞻性。由于企业所处的环境瞬息万变，加之危机发生时的情形充满未知，因此危机管理计划不能过于僵化和教条，不要把重点放在细节上，不要把精力放在描述特定的危机事件，从而确保企业在遭遇没有预知的紧急状况下，能够在遵循总体原则的前提下，采取针对性的策略和方法。

4. 危机管理计划的制定应该是全员参与的，应该是决策者、管理者及执行者精诚合作的结晶。没有决策者的重视，或者执行者的积极响应，危机管理计划只会成为漂亮的摆设。因此应促使危机管理计划的实施者对计划了如指掌，从而在思想上、认识上有机地统一起来，完美地将危机管理计划付诸实施。

5. 危机管理计划的制定应建立在对信息的系统收集和系统传播与共享的基础上。负责制定和实施危机管理的人员应充分了解企业内部及外部的信息，并及时充分地沟通。同时应和相关利害关系各方（如政府部门、行业协会以及紧急服务部门等）加强联系。企业如果没有系统地收集制定危机管理计划的信息，就会在制定危机管理计划时顾此失彼，漏洞百出。

6. 对细节给予最认真的关注。细节成就完美。任何一个细节的疏忽都可能导致灾难性的后果。任何人都必须从根本上认识到，他的一举一动都事关公司的声誉和未来。

7. 应有标准的报告流程和清晰的业务流程，从而确保信息及时充分地沟通以及危机反应计划能迅速有效地实施。

8. 应有轻重缓急、主次优劣的区分。首先对危机管理的目标应有优先序列，同时对系列的危机也应先急后缓，先重后轻。

9. 必须有危机管理的预算。危机管理预算和营销预算同等重要。制定危机管理计划必须根据自身的人力、物力、财力资源为基础，而不能以危机事件的种类为依据，否则危机管理计划只会成为水中月、镜中花，没有任何现实意义。

10. 为保证计划的有效性，应定期对计划进行检查及更新。最好的危机管理计划是能够解决问题的计划。制定好危机管理计划后，并不是万事大吉，束之高阁，而是应定期组织外部专家及内部责任人员进行核查和更新，否则就可能发生用过时的军用地图去制定作战方案的悲剧。

四、 制定危机管理计划的主要步骤

1. 预测可能发生的危机。

2. 建立公共关系危机管理小组。如何建立公共关系危机管理小组，并使它发挥正常的作用呢？主要应考虑如下三方面：

（1）规模和编制。

（2）成员结构。

（3）明确任务。

3. 确定危机发生时共同遵守的准则。

4. 明确工作步骤和责任要求。

5. 准备对策与预演。

6. 监督执行情况。

操作练习

1. 某企业的公关部经理突然外出处理紧急事情。主持制定危机管理计划的任务被企业领导委托给从事公关工作还不到一年的小章。小章思考了半天也不知道如何是好。请你告诉他怎样才能主持好制定危机管理计划的工作。

2. 某商场是一家国有老企业，由于缺乏服务意识，近年来公共关系纠纷频繁，甚至还出现过重大危机事件，导致组织的各种社会关系严重失衡，经营管理等正常的活动也受到影响。为了走出不利境地，商场负责人下决心要重整企业形象，首先对公关部的人员进行了优化，公关部对公关工作做了重新规划，还第一次制定出了危机管理计划，但请来的公关专家审阅后却认为不够完善。请你说明一个完整的危机管理计划的主要内容和项目有哪些？

3. 请阅读下面的危机管理办法，并根据此办法回答后面的两个问题。

危机管理办法

（一）总则

为有效管理突发事件，树立、维护公司形象，特制定本办法。

（二）危机事件界定

危机事件包括：

1. 重大工伤事故；

2. 天灾人祸或不可抗力事件（失火、水灾、地震、职业病）；

3. 突发性企业危机（兼并、收购、破产）；

4. 公司产品或信誉危机；

5. 其他重大事件（环保、罢工）。

（三）组织保障

1. 公司日常或事后成立一个应对危机的基本委员会，由安保、工程、人事、公关、行政部门经理组成。委员会经常性交换信息、资料，保持应付突发事件的准备状态。

2. 以安保人员为主，组织救援队，进行经常性的针对不同事故的演习，保持应付突发事件的就绪状态。

（四）危机管理对策

1. 危机管理原则

（1）迅速反应，积极回应；

（2）坦诚相待，化害为益。

2. 公关对策措施

（1）搜集全部事件情况，汇集事实依据。

（2）确定对外宣传基调，通过发言人传播出去。只从一个渠道、用一个声音传递一种信息，做到始终如一、口径统一。

（3）积极与新闻界沟通，为记者提供报道信息；并随着事态发展，不断供给后续信息，以避免信息封锁情况下，记者寻找其他新闻来源。

（4）尽快坦诚发表不利消息的真相，以诚意减少、消灭谣言和猜疑。

（5）把危机发生的始末记录在案，留作证据。对危机管理计划定期或随时进行更新改进。

3. 公关危机处置注意事项

（1）不要多个声音对外发布消息；

（2）通告接待人员、接线员对付来访、来电询问的办法，并转告委员会；

（3）不要做非正式声明或表态；

（4）不要大事化小、小事化了或沉默回避问题；

（5）不要在内部做无谓的争论，把责任推来推去，应以解决危机为主要目标；

（6）始终鼓励公司员工士气。

（五）附则

本办法由公关部负责解释、补充，经总经理批准颁布。

请回答：

1. 说说这个计划在格式和内容方面的优点和缺点。

2. 你怎样主持审定这个计划？

实训考核

表 7—1　　危机公关评价评分表

考评人		被考评人	
考评地点			
考评内容	危机管理计划的制定		
考评标准	内容	分值/分	
	在模拟实训中态度认真负责，积极配合	20	
	计划制定符合要求，内容全面规范	30	
	评判其他人计划时态度认真	20	
	危机管理计划书语言通顺、叙述有条理	20	
	实训报告符合要求	10	
合计		100	

注：考评满分为 100 分，60—70 分为及格，71—80 分为中，81—90 分为良好，91 分以上为优秀。

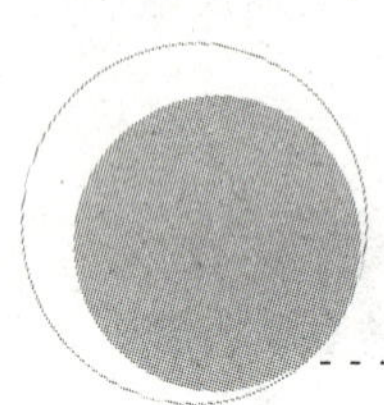

实训任务2 危机对策与技巧

职业场景

有人投诉本公司产品含有危害人体健康的物质，并威胁说如果不给予解决将要曝光给媒体。如果你是公关部的经理，如何来应对这场危机？

实训目的

通过实训，使学生能够应对各种危机，并灵活运用各种技巧，化解危机，协调矛盾。通过实训，提高学生的随机应变能力及分析问题、解决问题的能力。

训练步骤

第一步：在教师的指导下分组，拟订活动方案并选好自己扮演的角色；力求通过模拟实训，以当场表演的形式掌握危机公关程序与技巧。

第二步：全班同学分两组，轮流扮演组织和公众；可以先分组讨论如何进行模拟。

第三步：电话铃响，有人投诉本公司产品含有危害人体健康的物质，并说已报告给媒体。担任“组织”角色的学生要能够灵活应对。

第四步：组织成立危机管理小组，制定危机对策，采取措施，控制事态发展。

第五步：对危机进行调查（包括事件产生的原因、涉及的公众对象、对企业的形象影响等），提出危机公关管理方案。

第六步：落实危机公关工作步骤，全面开展危机公关工作。

危机传播的原则和策略有以下十四个方面：

1. 危机传播的第一原则：当危机发生时，将公众的利益置于首位。

2. 危机传播的第二原则：当危机发生时，局部利益要服从全局的利益。

3. 危机传播的第三原则：当危机发生时，组织应立即成为第一消息来源，掌握对外发布信息的主动权。

4. 确定信息传播的公众对象。

5. 确定危机传播的媒介及其联系人。

6. 拟订统一的传播内容和传播口径。

7. 准备一份应急新闻稿，留出空白，以便危机发生时可直接填写具体数据并及时发出。

8. 准备好组织的背景材料，并不断根据最新情况进行补充。

9. 公关机构的第一负责人或高级公关顾问须参加危机管理小组，并担任首席发言人。

10. 设立危机新闻中心，作为新闻发布会和媒介索取材料的场所。

11. 在危机期间为新闻记者准备好所需的通讯设备。

12. 建立 24 小时热线电话，以训练有素的人员来回答新闻媒介和外部公众的询问。

13. 确保在危机期间电话总机人员知道谁可能会打来电话，应接通至何部门。

14. 及时分析公众的反应，跟踪舆论动态，保证组织的信息渠道畅通。

第七步：制定危机解决后的重塑形象工作计划。

第八步：教师进行实训点评，学生撰写实训报告。

注意事项

1. 精心准备，妥善安排，特别是对角色扮演学生要提前预演，避免怯场。

2. 注意课堂纪律掌控，确保情景模拟逼真。

3. 由学生组成评审团，评定分析情景模拟过程，让学生得到另一种身份角色锻炼，注意扩大参与学生的队伍。

4. 角色扮演采取轮流扮演制力争让每个学生都有机会得到锻炼。

实践知识

一、 危机管理过程的沟通协调

任何企业或社会组织都生活在一个不断变化的环境当中。企业或社会组织适应不断变化的环境就是在不断地调整和调适方方面面的关系。从这种意义上讲，企业或社会组织开展危机管理，其实质就是与自己面临的各种公众进行沟通协调。专业的公共关系人员以及危机管理小组成员必须具备娴熟的沟通协调技巧，在危机管理过程中积极地建立联系、不断地传递信息、善于协调关系，并根据反馈的信息调整管理策略。

危机管理工作分为危机来临前、危机处理中和危机后期三个阶段。在不同的阶段，沟通协调工作的要点不同，技巧有别。

（一）危机来临前

1. 注重平时。危机来临之前的沟通协调工作要遵循注重平时的原则。目的是为危机发生后的沟通协调作准备。国外危机管理专家指出，在危机时，你要与各种政府部门和顾客打交道。如果你不认识政府有关部门中的任何人，或者你从来也没有与顾客组织进行过交谈的话，你就会遇到困难了。你必须与那些将来在危机时需要进行沟通的关键集团、组织、政府部门事先建立沟通网络或桥梁。

2. 为“战时”做好相应准备。比如，对方的单位地址、电话、传真、电子邮件地址，重要人物的家庭住址等要准备好。要进一步确认在特殊情况下与谁联络。

3. 切忌仅仅与个别人联系。平时的沟通协调要以组织为重点，切忌只与个别人保持联系。多数情况下，发生危机的组织希望得到组织的帮助而不仅仅是个人的帮助。通常，组织的力量大于个人的力量。

（二）危机处理过程中

国外危机管理专家曾总结出五项适用于各种危机的沟通原则。这些原则适合我国企业或社会组织开展危机处理以及沟通协调工作。危机中沟通的五项原则及包含的有关技巧如下所述：

1. 控制事态。危机发生时，必须尽早在物资上和舆论上控制住问题的进一步扩展。物资上控制通常是头等重要的事情。

2. 开诚布公。要做到坦率、忠实。要告诉人们事实真相。

3. 勇于承担责任。在危机处理过程中要勇于承担责任，不要企图回避问题、推卸责任或者闪烁其词。

4. 表示同情与关心。要利用简短而有效的、持积极态度的声明来对受害人表示出真诚的关心和同情。

5. 采取积极行动。公司对发生危机应作出的反应是采取一系列积极的补救行动。

我国公关专家游昌乔先生也总结出危机处理的五项原则，称为5S原则。

第一，承担责任原则（Shoulder the Matter）。

第二，真诚沟通原则（Sincerity）。

第三，速度第一原则（Speed）。

第四，系统运行原则（System）。

第五，权威证实原则（Standard）。

（三）危机后期

1. 当把采取的一系列行动告诉公众之后，人们关注的往往是效果怎么样。因此，在危机后期，要注意以下几点：

（1）迅速通过适当的方式和渠道传递关于采取行动之后的效果的信息，尤其是好的效果。

（2）通过具体的行动，继续表示对受害人及其亲属的关心、同情、安慰、帮助。

（3）危机管理小组成员总结、交流对危机的处理情况。

（4）与专业人员、专家交流，评估危机处理的得失。

（5）搜集所有反馈信息，为调整协调和沟通措施提供依据。

2. 作为公关专业人员，在危机的沟通协调工作中，应该尽可能借助现代化的通讯工具来达到自己的目的。为此，危机管理小组的成员或公共关系专业人员，应当随时带着一些必要的配备。这些配备包括：召开记者执行会时穿着的西装、移动电话、同事的通讯录、新闻媒介记者的名单、手提电脑、录音机、录放像机、空白磁带等。

二、危机对策与基本技巧

不同的危机有不同的危机处理对象。公关危机处理没有固定的模式。这里所谓的对策，从某种意义上来说，仍然是一种原则性的提示和一种理论上的思路。

(一) 组织内部的对策

1. 迅速成立处理危机事件的专门机构。假如企业已成立危机管理小组，可在该小组的基础上增加部分人员。如果事先没有设置与危机管理小组相似的专门机构，需要立即成立。这个专门小组的领导应由企业负责人担任。公关部的成员必须参加这一机构，并会同各有关职能部门的人员组成一个有权威性、有效率的工作班子。

2. 了解情况，进行诊断。成立的专门机构应迅速而准确地把握事态的发展，判明情况。确定危机事件的类型、特点，确认有关的公众对象。

3. 制定处理危机事件的基本原则、方针、具体的程序与对策。

4. 急速告知需提供援助的部门，共同参加急救。

5. 将制定的处理危机事件的基本原则、方针、程序和对策，通告全体职工，以统一口径，统一思想认识，协同行动。

6. 向传媒人士、社区意见领袖等公布危机事件的真相，表示企业对该事件的态度并通报将要采取的措施。

7. 危机事件若造成伤亡，一方面应立即进行救护工作或进行善后处理，另一方面应立即通知受害者家属，并尽可能提供一切条件，满足其家属的探视等要求。

8. 如果是由不合格产品引起的危机事件，应不惜代价立即收回不合格产品，或立即组织检修队伍，对不合格产品逐个检验，并通知有关部门立即停止出售这类产品。

9. 调查引发危机事件的原因，并对处理工作进行评估。

10. 奖励处理危机事件的有功人士，处罚事件的责任者，并通告有关各方。

(二) 应对受害者的对策

1. 认真了解受害者情况后，诚恳地向他们及其亲属道歉，并实事求是地承担相应的责任。

2. 耐心而冷静地听取受害者的意见，包括他们要求赔偿损失的意见。

3. 了解、确认有关赔偿损失的文件规定，制定处理原则。

4. 避免与受害者及其家属发生争辩与纠纷。即使受害者有一定责任，也不要在现场追究。

5. 企业应避免出现为自己辩护的言辞。

6. 向受害者及其家属公布补偿方法与标准，并尽快实施。

7. 应由专人负责与受害者及其亲属慎之又慎地接触。

8. 给予受害者安慰与同情，并尽可能提供其所需的服务，尽最大努力做好善后处理工作。

9. 在处理危机事件的过程中，如果没有特殊情况，不可随便更换负责处理工作的人员。

（三）应对新闻界的对策

1. 如何向新闻界公布危机事故，公布时如何措辞，采用什么样形式公布，有关信息怎样有计划地披露等，组织内应事先达成共识，统一口径。

2. 成立临时记者接待机构，专人负责发布消息，集中处理与事件有关的新闻采访，向记者提供权威的资料。

3. 为了避免报道失实，向记者提供的资料应尽可能采用书面的形式。介绍危机事件的资料应简明扼要，避免使用技术术语或难懂的词汇。

4. 主动向新闻界提供真实、准确的消息，公开表明企业的立场和态度，以减少新闻界的猜测，帮助新闻界做出正确的报道。

5. 必须谨慎传播。在事情未完全明了之前，不要通过媒体对事故的原因、损失以及其他方面的任何可能性进行推测性的报道，不轻易地表示赞成或反对的态度。

6. 对新闻界表示出合作、主动和自信的态度，不可采取隐瞒、搪塞、对抗的态度。对确实不便发表的消息，亦不要简单地表示“无可奉告”，而应说明理由，求得记者的同情和理解。

7. 不要一边向记者发表敏感言论，一边又强调不要记录。

8. 注意以公众的立场和观点来通过媒体进行报道，不断向公众提供他们所关心的消息，如补偿方法、善后措施等。

9. 除新闻报道外，可在刊登有关事件消息的报刊上发表歉意广告，向公众说明事实真相，并向公众表示道歉及承担责任的态度。

10. 当记者发表了不符合事实真相的报道时，应尽快向该报刊提出更正要求，并指明失实的地方。向该刊物提供全部与事实有关的资料，派重要发言人接受采访，表明立场，要求公平处理。特别应注意避免产生敌意。

（四）应对上级领导部门的对策

1. 危机事件发生后，应以最快的速度向企业的直属上级部门实事求是地报告，争取他们的援助、支持与关注。

2. 在危机事件的处理过程中，应定期汇报事态发展的状况，求得上级领导部门的指导。

3. 危机事件处理完毕后，应向上级领导部门详细地报告处理的经过、解决方法、事件发生的原因等情况，并提出今后的预防计划和措施。

（五）应对有业务往来单位的对策

1. 危机事件发生后，应尽快如实地向有业务往来的单位传达事故发生的消息，并表明企业对该事件的坦诚态度。

2. 以书面的形式通报正在或将要采取的各种对策和措施。

3. 如有必要，可派人直接到各个单位去面对面地沟通、解释。

4. 在事故处理的过程中，定期向各界公众传达处理经过。

5. 事故处理完毕，应用书面的形式表示歉意，并向对组织理解和援助的单位表示诚挚的谢意。

（六）应对消费者的对策

1. 迅速查明和判断消费者的类型、特征、数量、分布等。

2. 通过不同的传播渠道向消费者发布说明事故梗概的书面材料。

3. 听取受到不同程度影响的消费者对事故处理的意见和愿望。

4. 通过不同的渠道公布事故的经过、处理方法和今后的预防措施。

（七）应对消费者团体的对策

1. 所有的对策、措施，都应以尊重消费者权益为前提。

2. 热情地接待消费者团体的代表，回答他们的询问、质询。

3. 不隐瞒事故的真相。

4. 及时与消费者团体中的领导以及意见领袖进行沟通、磋商。

5. 通过新闻媒介向外界公布与消费者团体达成的一致意见或处理办法。

（八）应对社区居民的对策

1. 社区是企业生存和发展的基地，如果危机事件给社区居民带来了损失，企业应组织人员专门向他们致歉。

2. 根据危机事件的性质，也可派人到每一户家中分别道歉。

3. 通过全国性的大报和有影响的地方报刊发谢罪广告。明确而鲜明地表示企业敢于承担社会责任、知错必改的态度。

4. 必要时，应向社区居民赔偿经济损失或提供其他补偿。

除上述关系对象外，还应根据具体情况，分别对事件有关的交通部门、公安部门、市政部门、友邻单位等采取适当的传播对策，通报情况，回答咨询，巡回解释，调动各方面的力量，协助企业尽快渡过危机，使企业形象的损害控制在最低限度。

操作练习

1. 某商业企业近年来公关危机出现的几率明显增加，为了保证公关系统的良好运营，总经理专门外聘了公关专家对企业公关人员进行系列培训，在培训课上，专家着重强调了危机管理过程中的沟通协调要点和技巧，你作为学员，听了以后认为应掌握哪些内容？

2. 国内一家很有名的企业生产出一种新型的玻璃钢燃气灶，投放市场后受到消费者的欢迎，销售业绩不错。可是，由于多种因素的综合作用，出现了几起燃气灶表层的玻璃钢发生爆炸的情况，有的家庭主妇还受了轻伤。为此，这几家人在到当地的消费者协会去投诉的同时，直接找到厂家，提出种种要求。如果得不到满意的答复和处理，他们还将向新闻界投诉。请你根据该企业面临的危机，为解决这一事件找到合适的办法与对策。

实训考核

表 7—2　　危机公关评价评分表

考评人		被考评人	
考评地点			
考评内容	危机对策与技巧		
考评标准	内容	分值/分	
	在模拟实训中态度认真负责，积极配合	20	
	应对及时，能迅速制定危机对策，采取措施，控制事态发展	30	
	态度诚恳，以社会利益为重	20	
	公众满意，信任度再次回升	10	
	处理灵活，有主见、有创意	10	
	实训报告符合要求	10	
合计		100	

注：考评满分为 100 分，60—70 分为及格，71—80 分为中，81—90 分为良好，91 分以上为优秀。

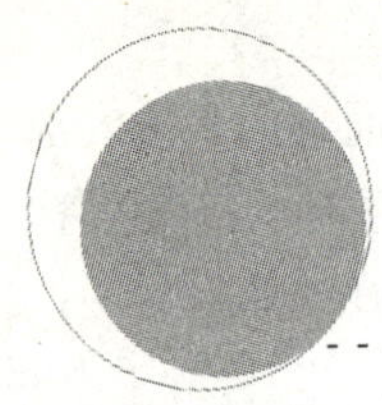

实训任务3 危机处理中的新闻发布

职业场景

一家大型生产性企业突发重大生产事故，该企业公关部的小林被公关部经理指派去接待蜂拥而至的记者们，面对记者们铺天盖地的询问，小林反复强调“在调查没有完成之前，我们不做任何评论”或“无可奉告”，结果引起了记者们的强烈不满。你认为小林的回答合适吗？危机期间到底该如何回答来自媒介的询问？

实训目的

通过实训，使学生掌握在危机处理中如何进行新闻发布的技巧，并能够有效地组织危机中的新闻发布会。

训练步骤

第一步：介绍本次实训的内容及模拟场景。

第二步：新闻发布会的组织。

1. 准备新闻发言稿。
2. 准备记者问题范围，要求回答简练、机智、幽默、真实、讲究方法。
3. 邀请新闻发布领导、嘉宾。
4. 邀请新闻记者，发记者证。
5. 准备展览资料，展板。
6. 准备音响、摄像设备、话筒、纪念品。
7. 布置环境。

第三步：新闻发布会的程序。

1. 主持人宣布开始，致欢迎辞。

2. 新闻发布。

3. 答记者问。

4. 参观及合影。

第四步：危机期间答复各类询问的要点。

危机发生后，许多媒介会关注，受害人或受害人的亲属会询问许多有关的问题。公关部门和危机管理小组成员必须掌握被问询的技巧。

在危机事件中，询问来自方方面面，我们要根据不同情况区别对待：

1. 回答来自受害人亲属的询问。

(1) 接电话一定要有礼貌，言辞要准确。

(2) 切勿出于好意，随便与询问者探讨有关情况。危机期间所有的沟通交流必须通过企业或组织的正式途径。

(3) 打给企业或组织的电话都应该转由公关人员或危机处理小组成员接听处理。

(4) 当现有人员无法承受过大的电话问询压力时，或询问的电话在危机处理小组尚未到位就打了进来，必须告诉对方稍过些时候打来，以便有关人员就位。

(5) 接电话一定要注意礼貌和策略，以免引起任何猜测。

(6) 回答过程中，一定要表示对受害人员及其亲属的同情、安慰和关心。如果一时无法向他们提供确切的信息，也要让他们感到没有被“欺骗”。当信息缺乏的时候，受害人亲属们焦虑不安，进而导致他们向政府有关部门反映或与媒介接触，容易造成企业或组织对受害者不负责任的印象。

2. 回答来自媒介的询问。

危机刚刚发生时，企业或组织还来不及召开新闻发布会，记者们出于职业的敏感或为了抢头条新闻，往往要通过打电话来询问，有的记者甚至会迅速地直接到现场进行采访。为此，在回答记者们的询问时，要注意以下几点：

(1) 要以诚恳的态度和语言请他们支持、配合企业或组织的工作。

(2) 感谢他们对危机事件的关注和关心。无论从哪个角度看，他们的工作都是在促进企业或组织的进步和发展。

(3) 向记者们提供真实的新闻信息。如果不能提供完整的，一定要告诉他们在什么时间、什么地点如何取得最新的信息，或告知他们什么时间再来。

(4) 不要向他们提一些不合理的要求。

(5) 平时应准备一份应急新闻稿，留出空白，以便危机发生时可直接填充并发给记者们。

(6) 恳请新闻媒介的记者朋友务必从危机处理新闻中心获取有关信息。

(7) 切忌说“无可奉告”之类的话。这只会表明企业或组织想隐瞒什么，并刺激人们胡乱猜测。

(8) 把他们的问询记录下来，以便针对一些问题提供有准备的有效的答复。

3. 回答其他公众询问。

除记者、受害人亲属的询问外，还有许多来自其他方面的询问。为此，我们应该注意以下几点：

(1) 迅速区别询问电话是事务性的还是非事务性的，并转到合适的部门进行处理。

(2) 对于无明显利害关系的询问，比如表示一下对公众的同情等，应该非常礼貌地接待并表示谢意，同时做好相应记录。

(3) 对于政府、警察、环境保护机构、能源部门等的询问，应请企业或组织高层领导应答。组织的高层领导要用简短的语言来介绍危机处理的进展和控制情况。

接听电话是危机期间一项最基础和最重要的工作。即使应急计划发挥作用的几天后，企业或组织仍然会接到许多不同的问询。因此，必须培训较多的电话接听人员，以替换连续工作疲惫不堪的人员。电话总机室的工作人员也是受培训的对象。

第五步：新闻发布之后的善后工作。

绝大多数记者是与人为善的。但由于信息来源或误听等原因，容易造成报道与事实不一致的现象。在这种情况下，组织应及时指出并要求更正。

可以就危机处理过程中的一些积极因素或结果，通过创造新闻由头等办法，再次吸引新闻媒介来报道，也可以邀请他们到事故现场参观后进行客观报道。

危机基本结束之后的新闻报道，主要应该给公众形成这样一个印象：即企业或社会组织采取的一系列行为是对社会负责任的。以增强公众对企业或组织的信任。

为此，企业或社会组织要做好危机后的善后工作。危机后的善后工作主要包括以下六方面内容：

1. 恢复声誉和形象。如可制作道歉信。为表示企业的态度，以企业或企业领导的名义写道歉信，送交受害各方。道歉信的内容应包括：企业重建的现状、危机发生原因的调查报告、防止危机再发生的具体对策和落实情况等。

2. 继续关注、关心、安慰受害人及其亲属。在这一过程中，进一步表明企业或组织重建的决心和信心，并期望对方的支持、帮助。

3. 重新开始宣传广告。危机期间要停止播出广告，当进入危机善后工作阶段，需要重新刊登广告。目的在于将重拾雄风的决心和期待援助的愿望确实无误地传达给有关公众。

4. 在不同场合继续强化、教育员工，树立“预防就是一切”的危机管理意识。

5. 开展重建市场的工作。有时，危机会破坏市场组织、销售渠道等，重建和恢复市场的工作就显得非常必要。

6. 适当开展一些公益或社区活动，支持地方经济和社会建设，树立新的良好的形象，建立更高的声誉，补偿给社会造成的损失如环境损失等。强化企业或组织在公众心目中的社会责任，造福一方，以获得公众持久的支持和认可，以协调各方面的关系。

第六步：教师进行讲评，学生撰写实训报告。

注意事项

1. 要提前布置，让学生早做准备。
2. 要注意在实训过程中引导学生，充分调动学生的积极性。
3. 角色演练完，教师首先要赞美学生，并请他们谈体会。
4. 在实训中教师要做些笔记，便于最后总结点评。

实践知识

一、 危机期间新闻发布的侧重点与理由

危机出现之后召开新闻发布会，无论其召开的程序还是组织形式，与通常意义上所讲的新闻发布会没有多大的区别。在这里再次提及新闻发布会，是因为它还有些特别之处，表现为借助媒介和应对媒介。

借助媒介是指企业或社会组织通过发布与危机有关的信息，尽量减少损失，及早控制事件向不利的方向发展，稳定受害人员及其亲属的情绪。应对媒介是指企业或社会组织接受媒介的来访、提问等。应对媒介的目的是统一信息口径，善待新闻界代表，防止不利于企业危机处理的报道。

与没有危机情况下的新闻发布会相比，危机处理过程的新闻发布会侧重于媒介关系的协调沟通以及信息的主动控制。

为什么要在危机期间召开新闻发布会？国外危机管理专家认为理由主要有以下几方面：

1. 记者可能已经聚集在事故现场或公司总部的外面，要求获得更多的信息或进行采访。

2. 举行新闻发布会为公司提供了一个很好的机会，以对几个小时以来所发生的事故作出评述，并使媒介真正了解发生了什么事故以及公司正在采取何种弥补损失的措施。

3. 可以使组织有一个舞台来面对面地为其事故的发生表示关注及遗憾，而不仅仅是通过电话或报纸。

4. 可以使电视台和电台进行现场拍摄或录音，以便于新闻报道。

5. 举行新闻发布会重要的一点是它可以帮助组织把握主动权并直接控制有关事故的信息。

二、 新闻发布的准备工作

危机发生后，一旦确定新闻发布会的时间，就要尽早通知出去，以减少电话询问的压力。同时要迅速做好有关的准备工作。尽管危机期间大家非常忙，但要成功地召开新闻发布会，还需要认真地准备。

新闻发布的准备工作主要包括以下八方面：

1. 确定会议开多长时间。在危机期间，新闻发布会一般应在30分钟以上，45分钟以内。如果少于30分钟，会令会议的价值受损并招致媒介的不满。

2. 准备好消息准确的新闻稿。

3. 准备好与危机有关的背景资料。如果来不及准备危机的背景资料，企业的总体介绍、历史发展等资料也可以提供给新闻记者。

4. 准备好会议中需要展示并介绍的图片、模型、表格等。

5. 准备好回答记者有可能提出的问题的答案。危机事故如果有人员伤亡，记者们经常提到的问题主要有：企业以往的安全记录和措施如何？事故发生在什么时候？有多少人受伤或死亡？如何安置受害人亲属？事故的原因是什么？现在还有没有更大的危险存在？企业或组织是如何疏导事故现场人员的？企业的经营范围包括哪些方面？企业或组织的领导是否已经来亲自指挥处理事故？需要不需要向有关部门或个人公开道歉？事故对当地政府或环境有什么影响？

6. 准备好记者发送信息所必需的传真机、电话、电脑终端、复印机、打印机、电源等设备。

7. 为连续作报道的记者准备好基本的工作条件，如饮用水等。

8. 其他相应的准备工作，比如熟悉媒介通常的工作时间，便于新闻发布会之后的信息传递。

三、 新闻发布会中的基本技巧

在新闻发布会开始、进行和结束的过程中，有些基本技巧需要牢记：

1. 要介绍到会的主要宾客及其在危机处理中的作用。

2. 在会场中安排一些图片、模型以及其他工具。

3. 详细、准确地解释发生了什么事情，情形如何，已做了哪些工作，得到了哪些组织的配合。应告诉记者：如果企业或组织有不正当的行为，经确认后将尽快公布，并采取积极的纠正措施。

4. 一定要对所发生的危机表示遗憾和关心，对受害人及其亲属表示同情和安慰，语气要诚恳。

5. 控制会场秩序，让记者一个一个地提问。

6. 回答问题应尽可能让记者满意。发言人可以请同事做补充发言。也可以请组织的公关顾问帮助发言人回答一些疑难问题。

7. 当会议结束时，要使用“请提最后一个问题”。

8. 一旦会议结束，应该从另一个出口迅速离开会场，避免记者在走廊上追逐并继续追问。

9. 如果还要召开新闻发布会，请明确告诉记者们下次信息发布的具体时间。

10. 向记者介绍危机新闻中心 24 小时开通以及获取最新信息的方式、电话号码等。

11. 牢记下列八个“不要”：

(1) 不要推测危机的结果，特别是伤亡的人员及数量。

(2) 不要使用行话，避免别人听不懂。

(3) 不要推卸责任，对责任的界定属于法院或仲裁机构。

(4) 不要发布不准确的消息。

(5) 不要要求记者一定刊登什么或不刊登什么。

(6) 不要抱怨企业领导或同事以前如何如何等。

(7) 不要指责临阵退却的同事，因为会有更重要的工作需要去做。

(8) 如果企业或组织没有什么可以隐瞒的，不要轻易采取低姿态。

四、 危机期间的新闻发言人

危机期间，新闻发言人是企业或组织确认的信息发布员，是企业的正式代表。由于经常要面对摄像机镜头，所以应衣着整齐，精神焕发，冷静稳重，表达得当。除此之外，还要遵守一些基本的原则。

关于危机期间新闻发言人的资格和要求，国外危机管理专家曾提出以下原则，很值得我们借鉴：

1. 必须受过专业训练。

2. 尽可能向媒体提供充分的信息。即使不是很了解重大事故的始末，发言人也可以向记者提供有用的背景资料。这有助于获得记者的好感。

3. 应尽早确定和媒介相处的策略，并通知所有的企业或组织高层领导。

4. 面对媒体，企业或社会组织应当尽量争取各种可能的帮助，以处理好各种问题和多方面关系。

5. 应及早掌握整个情况。只有这样，才能设定时间表，以便一一答复记者的提问。

6. 充分运用事先准备的资料。面对电视记者的时候，应灵活运用地图、照片、表格等辅助资料说明事件发生的情形。

7. 遵守对媒体作过的所有承诺。如如果答应在 30 分钟以内提供给记者某个资料，那就应当全力办到。

8. 获得信息后应尽快告诉媒体，即使是片段的信息也好。

9. 掌握各种传递信息的方式。

五、 危机公关时应对媒体的方法

“成也媒体败也媒体”，媒体有时成了危机爆发的途径，但有时候它却又是消除危机的重要武器。因此，不得不说媒体是一把典型的双刃剑，利用得好，可以击退危机的侵袭；利用得不好，则会伤害自身，使自己陷入更为严重的危机之中。

1. 媒体在报道企业事件时有以下三个特点：

(1) 媒体作为危机事件的报道者是以第三方的角度来看待问题的，所以媒体没有义务按照企业的理解和希望去确定报道的角度或重点。

(2) 媒体可能因为报道中不准确的语言描述而背离了企业所想表达的内容，因此，给企业留下了危机的隐患。

(3) 媒体报道的及时性。也正是由于媒体报道的及时性，需要第一时间把报道发出去，所以，造成媒体对报道的事实缺乏足够的时间调查，从而为报道的失真埋下了隐患。

因此，企业对待媒体必须要有正确的心态，不可让媒体产生任何埋怨情绪，更不可把自己推到媒体的对立面，而是应该积极地、主动地与媒体沟通，得到媒体的最大理解和支持，从而最大限度地解决和弥补危机所带来的损失。

2. 媒体如此重要，那危机公关时我们应该怎样应对媒体呢？

(1) 主动与记者沟通承认错误，不要试图隐瞒事实，更不要伤害记者的尊严。记者一向被人们称为是“无冕之王”。可见，其职能不可小看，他们直接操控着媒体的言论，引导着公众目光的焦点。记者的天职就是报道，如果对他们回避甚至有敌意，那势必会激发记者猎奇尝鲜的渴望之心，于是带来的便是无孔不入的报道和偏离事实真相的猜测，而企业则更是陷入泥潭而不可自拔。

(2) 企业所有对外宣传应保持同一口径。

(3) 时刻把消费者放在首位，要谦逊和蔼地对待记者的采访。

(4) 第一时间迅速出击，提供大量完整的信息和专业见证资料，积极主动与媒体沟通、配合。

操作练习

1. 由于甲公司的产品出现质量问题，引起消费者投诉。公司决定召开一个新闻发布会，安排小王做危机新闻发布会的前期工作。请你告诉小王他该做哪些工作。

2. 有一家企业储存的化学原料发生爆炸，还没有来得及召开新闻发布会，电话和各种询问就不断涌来，其中许多电话是记者打来的。假如你是企业的电话接听人员，你该怎样回答他们的问题？应注意哪些事项？

3. 一家经营食品的公司因为产品变质而出现中毒事件引发了危机。该公司采取了许多办法和措施来挽救公司面临的危机局面，取得初步成效。这时，公司领导宣布，危机已经基本结束，要求抓紧时间组织生产，夺回经济损失。请问，公司领导的行为是否正确？善后工作要点有哪些？

4. 某公司在处理危机事件期间，挑选了一位新闻发言人。这位新闻发言人是一位工科硕士研究生。在举行新闻发布会时，他尽最大的努力向新闻媒体提供了充分的信息。他确定了与新闻媒介相处的策略，但为了保密，只限于他一人掌握。他依仗自己丰富的数理化知识和能言善辩的口才，没有更多地了解事件发生的情况，就在媒介面前口若悬河，侃侃而谈，在激动的时候，甚至忘了对媒体作过的承诺。你认为这位新闻发言人是否合格？作为危机期间的新闻发言人应具备什么资格和要求？

实训考核

表 7—3　危机公关评价评分表

考评人		被考评人	
考评地点			
考评内容	危机处理中的新闻发布		
考评标准	内　　容	分值/分	
	在模拟实训中态度认真负责，积极配合	20	
	新闻发布会组织完善，效率高	30	
	回答各种询问针对性强	20	
	答记者问机智灵活，效果显著	20	
	实训报告符合要求	10	
合　　计		100	

注：考评满分为 100 分，60—70 分为及格，71—80 分为中，81—90 分为良好，91 分以上为优秀。

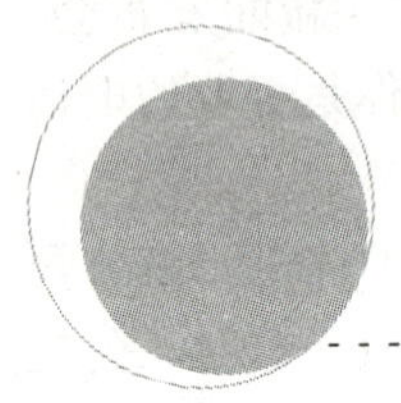

实训任务4 危机管理方案的制定与演习

职业场景

某饭店发现近年来餐饮业竞争越来越激烈，因此，为了应对环境的变化，避免出现危机时手忙脚乱，惊慌失措，使公司能够顺利地步入正轨，公司决定制定一套危机管理方案，并进行演习。请你帮助该公司制定一套危机管理方案。

实训目的

通过实训，要求学生认识预防危机的重要性，能够通过实战演习，发现危机管理方案中的问题并予以修正完善。要求学生能够掌握演习的基本流程并独立地组织一场危机处理演习活动。

训练步骤

第一步：首先由教师介绍危机管理方案制定的原则和内容。

第二步：由教师设定模拟场景，学生分组来制定方案。

1. 危机预测：即哪些情况容易发生危机？

（1）对公众安全和广泛利益具有重要影响的事件。

（2）最常发生的意外事件、突发事件、敏感事件。

（3）组织的脆弱环节、薄弱环节和易受攻击的环节。

（4）不可重复的关键环节。

2. 危机的分级。

（1）一般事件——非常规情形需要引起立即关注。

（2）紧急事件——对常规情形造成破坏，引起人员伤亡或财产损失。

（3）危机事件——当上述事件变得无法控制，且在大范围内对企业产生负面影响。

3. 制定危机应变方案。

（1）在组织内进行危机教育，树立危机意识，对危机保持正确、积极的态度。

（2）在组织内部长期灌输公众意识，促使组织的行为尽量与公众的期望保持一致。

（3）平时要注意通过一系列对社会体现负责和善意的行为来建立组织的信誉。

（4）建立有效的社会信息反馈机制，监测社会环境的变化，对潜在的危机作出分析和预测，并随时准备把握危机中的机遇。

（5）组建一个跨部门的危机管理小组，该小组必须有权调动组织的人、财、物资源来应付危机和处理危机，同时具有发布信息的权威性。

（6）分析研究各种与组织有关的潜在的危机形态，界定有关的危机类型。

（7）制定预防危机的方针、对策，并落实到组织的制度和运行机制中，尽可能避免危机的发生。

（8）为处理每一种潜在的危机制定具体的战略和战术。

（9）确定可能受到危机影响的公众。

（10）为最大限度减少危机对组织声誉的破坏性影响，建立有效的传播沟通渠道。

（11）组建危机评估和危机控制的专家小组。

（12）由专家和行政人员共同制定危机应急计划。

（13）写出具体的危机处理书面方案。

（14）根据方案反复进行试验性演习。

（15）事先培训处理危机的专业人员。

4. 主要危机的分类及其基本对策。

（1）舆论危机。舆论危机是指社会公众对组织的负面态度和负面意见的公开流传和表达。舆论危机分两种类型：人际舆论危机和大众舆论危机。

1）人际舆论危机是人们以口传的形式，在社会公众中形成的负面舆论。谣言就是一种比较典型的人际舆论危机。

人际舆论危机基本对策：

● 主动沟通，切勿保持沉默。

● 以事实（数据真相）说话。

● 借助第三者，增强事实的客观性和公正性。

2）大众舆论危机是指由新闻媒体传播而形成的大范围/大规模的负面舆论。

大众舆论危机的基本对策：

● 主动与媒体联系；

● 与媒体合作，主动沟通、说明；

● 对不实报道进行解释，请求更正；

● 及时解决问题/纠纷，并将结果告知媒体，争取主动，重塑形象。

（2）恶性竞争。

恶性竞争分两种类型：竞争对手制造事端和竞争对手散布谣言。

1）竞争对手制造事端的危机应对策略：

● 迅速上报，注意自我克制，不与闹事者发生冲突，以防事态扩大，误中圈套；

● 危机管理工作小组赶赴现场处理，有效控制事态，迅速查明事件真相；

● 尽快与当地政府部门和公安机构取得联系，吁请介入，明辨是非，维持正常秩序，博得舆论同情和支持；

● 联络主要媒体，打招呼，寻求支持；

● 必要时追究对方法律责任；

● 慰问、表彰员工，弘扬正气，激励士气。

2）竞争对手散布谣言的应对策略：

● 发现谣言，迅速报告；

● 加强监控，查明源头和可能扩散范围，及时通报情况，提高戒备；

● 若涉及面有限，可不直接回击，但组织应正面报道，释疑解惑；

● 若涉及面广泛，可通过第三方背书方式，加以正式声明，以正视听，影响社会舆论；

● 若能查明谣言原始制造者，可依法追究其责任。

第三步：各小组互评方案，并提出修改意见，反馈给对方；修改后的方案，交回老师，由教师审阅后，挑选出优秀的方案进行模拟演习；要求分组进行角色扮演，不仅要根据方案来演，而且在演习中要能够灵活机动。

第四步：危机管理预警方案的演习。参见相关知识的演习步骤。

第五步：学生撰写实训报告。

注意事项

1. 方案的制定与模拟演习可分两次进行。
2. 演习前要进行精心的准备。课下角色分配好后要进行练习。
3. 演习过程中要逼真、自然，并且不偏离主题。
4. 教师可以把演习过程录下来，和学生一块进行分析。

实践知识

危机管理的重点在于预防，了解预防危机的重要性，制定危机管理方案并进行相应的演习，对任何一个组织都是必要的。

一、 预防危机的必要性

1. 在现代复杂多变的环境中，学会预防危机，避免危机出现，才能使企业或组织的声誉不受影响或少受影响。当代企业或组织需要预防危机。预防是解决危机最好的方法。

2. 国外危机管理专家曾对《幸福》杂志排名前500名的大公司的董事长和总经理就企业危机开展调查，其调查统计结果表明：

（1）80%的被调查者同意：现代企业界面临的危机，就像死亡一样不可避免。

（2）在寄回问卷的公司中，74%认为曾接受过严重危机的挑战。

（3）被调查者几乎百分之百地同意，他们公司容易发生危机无外乎以下10种原因：1）生产性意外；2）环境问题；3）劳资争议及罢工；4）产品质量；

5）股东信心丧失；6）具有敌意的兼并或股票市场上大股东的购买；7）谣言或向大众传媒泄露组织内的秘密；8）政府方面的限制；9）恐怖破坏活动；10）组织内人员的贪污腐化。

（4）57%的被调查者表示，过去一年在组织内潜伏的危机最近有爆发的可能；38%的被调查者表示，过去一年在组织内潜伏的危机已经爆发了。他们所讲的这些已经爆发的危机中：1）72%日益严重；2）72%日益受到大众传媒的密切注意；3）32%受到政府的关注；4）55%影响公司的正常运转；5）52%的公司利益和利润受到损失。另外，调查还表明70%的受调查者当危机发生时已任现职，其中14%的人认为危机损及了他们个人的名誉。

（5）调查显示，危机困扰的时间，平均历时8年，没有应变计划的公司，要比有应变计划的公司长2.5倍。危机后遗症的波及时间，平均为8周，没有应变计划的公司，同样比有应变计划的公司长2.5倍。

从这一调查可以看出：第一，几乎所有的组织都有可能遭遇危机；第二，对危机作了预防的公司遭受的损失相对要少些。因此，预防危机是十分必要的。

3. 危机管理的目标是最大限度地减少危机对社会和组织的伤害，帮助组织控制危机的局面，尽最大能力保护组织的声誉。

4. 危机管理的任务包括处理事故、控制事态、协调关系、重塑形象。

二、 危机管理预警方案

危机管理的关键在于预防，在于捕捉先机。危机管理预警方案就是危机预防的书面体现。如何撰写危机管理预警方案呢？可以参考以下步骤：

1. 搜集危机信息。可以从不同的方面搜集危机信息。比如，从消费者窗口、市场营销部门、财务部门、生产部门和人事部门等方面收集显性的和隐性的危机信息。通常，企业或组织应该建立舆论监测或反馈系统来捕捉危机信息。

2. 建立专家小组。专家小组和危机管理小组的成员可以是交叉的，也可以是不交叉的。搜集的信息应提交给各位专家成员。

3. 分析评价危机信息。专家小组和危机管理小组成员将显性的、隐性的信息集中起来，进行评价。危机会由于企业种类、状况、规模、发展程度的不同而各异，因此要从本单位实际出发，将危机信息分类、事理估计危机发生的概率，制定对策。

4. 针对每种潜在危机制定策略。要设想最坏的可能，为每种潜在危机制定策略。比如，人员怎样召集，何人就何事做什么工作，谁向谁传达什么样的指令。又如，谁负责处理企业停工问题，谁负责产品处理，谁负责对外沟通等。类似这些问题必须明确、具体、清晰。

5. 危机管理预警方案的内容和格式。危机管理预警方案是对危机预防、分析、对策等全面内容的表述。其主要内容就是危机管理计划的具体化。

6. 对检查作出规定。由于工作非常繁忙，企业领导和危机管理小组成员容易忽视或忘记对预警方案执行情况的检查。因此，在危机管理预警方案中，还应该确定对危机防范情况定期检查的若干规定。比如，什么时候检查，哪些人主持检查，检查什么，用什么方式检查，等等。

三、 危机管理预警方案的演习

我们每个人对消防队的工作多多少少有些了解，消防队员为了达到最短的时间作出反应，经常要举行演习。它们通过演习来提高自己的反应速度、强化自己的行为。危机管理与消防队员的工作相类似，需要演习危机管理预警方案。危机管理预警方案的演习的作用有以下四点：

首先，通过演习来强化危机意识。

其次，通过演习来检验准备工作。

再次，通过演习检查企业或组织在真正面临危机时的协调程度。

最后，通过演习完善和修正危机管理方案。

总之，对危机管理预警方案的演习是为了检验危机管理预警方案的可行性程度，修正不足。危机管理预警方案的演习主要分以下三个步骤：

1. 演习的组织。

成功的演习需要作认真的准备。演习之前的准备工作主要包括以下六方面：

（1）思想准备。

（2）指挥机构。

（3）设计步骤。

（4）制定检查表格。

（5）演习评定小组。

（6）落实相关物资。

2. 执行演练。

通常，准备工作就绪就可以进行演习了。

但是并不是一定要等各部门完全准备好了再演习，也不是准备好了就一定马上演习。在演习的具体时间上，应该由指挥小组确定。演练的具体执行时间应该是机密。因为真正的危机来临是不会事先被确切预知的。

执行演练的过程，就是把蓝图变成现实的过程，如同建筑师依据设计师设计的图纸施工建楼一样。

在执行过程中，危机指挥机构要设计一些“图纸”上原本没有的意外情况，以检查演习人员随机应变的能力。比如，演习中新闻发布会上可以提一些事先没有准备的问题；可以在救急一件事的同时，连续出现其他的意外，令危机参与人员防不胜防，检查他们连续救急的能力。或者，在大家都认为危机演习已经结束之际，马上又出现危机。

3. 总结演习。

演习结束后，要尽快地进行总结。这时大家还清楚地记得所发生的事情和采取的行动。

需要进行总结的人员或机构主要有：直接参与危机演习人员、作为观察人的专家、评定小组、指挥机构、企业或组织高层领导等。

对于做得好的，一定要奖励；对于存在问题的，一定要指出存在的具体问题及解决措施、办法。切忌笼统的表扬和笼统的批评，笼统的表扬和笼统的批评不能解决实际问题。

将总结通过企业或组织的内部通讯印发，组织员工认真学习、讨论。还可组织大家就方案和方案演习中存在的问题提出建设性的建议。做到危机管理预警方案制定和演习大家参与，集思广益。

危机管理预警方案演习应考虑的重点问题包括以下八方面：

(1) 企业是否有实施危机管理预警方案内容的资金和人力？

(2) 所遭遇的危险情况是否真正影响企业的最终目的？

(3) 所鉴别出的潜在危机其真实性如何？

(4) 企业现有的行为是否能够阻止危机的产生？

(5) 所制定的预防方针和政策是否经得住公众的考验？

(6) 企业是否具备行动所需的资源？

(7) 是否有采取行动的决心？

(8) 不采取行动的结果将会怎样？

4. 修正方案。

通过对演习作全面的总结，修正不足的、不符合实际的以及程序不优化的地方。

修正方案时应重点考虑以下五方面：

(1) 定期检查应急设备的情况。

(2) 是否需要培养新成员？因为种种原因，参与危机处理紧急救援的工作人员会更换，因而需要对新成员进行培训。那么是自己培训还是请公关公司帮助训练？

(3) 更新背景材料内容的周期。在紧急事件中需要向媒介提供的背景材料需要经常更新。

(4) 是否需要修改应急媒介反应工作程序？在某些情况下，传播技术的变化会影响信息的传播。

(5) 是否需要修改所设计的应急反应联系的方式？等等。

修正之后的方案，需要更新内容印刷，下发执行。

操作练习

1. 一家公司决定在已经制定的危机管理计划的基础上，开展一次演习活动，以强化全公司人员的危机预防意识。小刘被指定负责演习的整个组织工作。他该怎样组织演习？

2. 某家电公司把曾发生了严重产品质量问题并被权威媒介“曝光”的日子定为“厂耻日”，每年搞一次“危机事件”纪念活动，之后还不定期地开展危机管理预警方案的演习，以提高企业的危机意识和危机应对能力。近期，该公司又决定开展一次大规模的危机演习，负责演习组织工作的公关部工作人员为此应该做哪些准备？

实训考核

表 7—4　　危机公关评价评分表

考评人		被考评人	
考评地点			
考评内容	危机管理方案的制定与演习		
考评标准	内容	分值/分	
	在模拟实训中态度认真负责，积极配合	20	
	模拟演习组织完善，效率高	30	
	对相关知识掌握准确	20	
	实训过程中能够灵活运用各种方法与技巧	20	
	实训报告符合要求	10	
合计		100	

注：考评满分为 100 分，60—70 分为及格，71—80 分为中，81—90 分为良好，91 分以上为优秀。

8 学习情境八
公关评估

公　共　关　系　实　训

职业岗位： 公关评估员

能力要求：

- 1. 能撰写评估项目方案
- 2. 能执行评估方案的实施工作
- 3. 能撰写小型评估报告
- 4. 能结合组织的目标，对公关工作的中、长期效果进行评估
- 5. 能从公关活动的效果出发，鉴别日常公关工作的薄弱环节

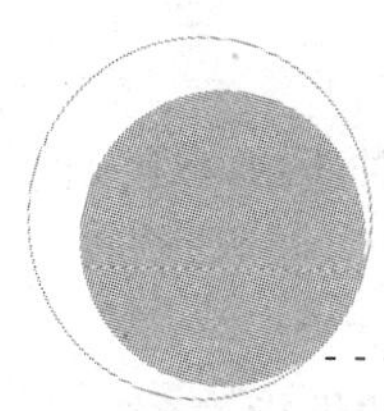

实训任务1 公关评估方案的制定

职业场景

选择你所在城市的一家大型超市进行调查，了解其公关活动基本情况，确定公关评估的内容与标准，并制定一份切实可行的公关评估方案。

实训目的

通过实训，掌握制定公关评估方案的程序及标准，并能够根据具体的案例制定切实可行的公关评估方案。

训练步骤

第一步：根据以上职业场景确定公关评估对象及评估要点。

公关评估对象为超市，其公关活动效果的评价内容主要对象如下所述：

超级市场公关活动效果可以由多种形式体现。一方面可以通过经济效益体现，如销售额和利润额的增长情况；另一方面可以通过社会效益体现，如对公益事业的支持，对民族文化的弘扬等；此外，还可以通过心理效应体现，比如给公众留下深刻印象、振奋精神及催人奋进等情况。

1. 总体效果评价内容。

总体效果评价的内容主要包括以下六方面：

（1）本次公共关系活动的目标是什么？是否符合实际？活动的主题是否明确？号召力如何？

（2）超级市场内部各部门、各环节成员对这次公关活动了解和支持的状况如何？

（3）本次公关活动传播媒介的选用及其效果如何？信息为目标公众接受的程度如何？公众态度有何变化？是否收到了预期效果？

（4）本次公关活动计划方案是否周密？是否存在重大纰漏？

（5）本次公关活动预算执行情况的分析。

（6）本次公关活动的成果是什么？对今后的影响如何？提出对遗留问题及隐患的处理意见和建议。

2. 日常公关效果的评价内容。

（1）商品供应者是否愿意与本超级市场打交道，并建立长期的供货关系？

（2）顾客对本超级市场所经营的商品是否放心？是否愿意购买？

（3）顾客量呈递增还是递减趋势？原因何在？

（4）是否有一个良好的社区环境？

（5）企业凝聚力怎样？员工是否热爱本企业？工作是否安心？

（6）是否重视各类公众的意见与建议？

第二步：确定评价目标及标准。

1. 评价目标是评价的项目应达到的指标。评价目标应从可测量的角度具体化，如谁是目标公众，哪些预期目标实现了等。评价标准要根据具体目标来制定。

2. 超市公关活动效果的评价标准主要有社会效益、心理效益和经济效益三个评价标准。

（1）社会效益。公共关系活动的总体目标是树立社会组织的良好形象和信誉，创造和谐的公众环境，赢得公众的支持。因此，评价公共关系活动的效果，首先要衡量其社会效益。

（2）心理效益。从某种角度来看，公共关系活动又表现在它是为影响公众心理开展的活动，强调取悦于公众使公众在赏心悦目之中对社会组织产生好感与期盼，所以，评价公共关系活动的效果，还要衡量其心理效益。

（3）经济效益。超级市场公共活动的社会效益与心理效益，最终要体现为经济效益，这样才能有价值。因此，测评公共关系活动的效果，在评估社会效益、心理效益的同时，还要重点评估其经济效益。

3. 超市公共关系效果评估指标如下所述：

（1）社会效益：弘扬社会正气；支持社会正义事业；支持公益、慈善事业；弘扬民族传统文化与民族精神；发扬社会人文精神；宣扬社会公德；推广科学的文化价值观念；培养文明的社会生活、工作、休闲模式。

（2）心理效益：引起公众注目；留下深刻的印象；产生美好联想与期盼；形

成愉快舒畅的心绪；激起振奋人的精神，促人奋发向上。

（3）经济效益：激发公众的需求欲望；培育新的消费市场；推广新的消费观念、消费模式；提高商品的认可度和购买指名率；增强商品的销售能力与竞争力。

第三步：统一对评价目标及标准的看法。

为了确保评价目标及标准的全面性和准确性，有必要将评价目标及标准提交公关人员讨论，以便补充修正、统一看法、更好地达到预期目标。

第四步：全面评价公关活动效果。

有了统一标准的评价目标及标准，就可以检查公关活动效果与公关活动计划之间是否存在差距。通常可从以下几个方面进行：一是媒介报道范围、报道数量与质量；二是员工关系变化情况，是否增强了内聚力与归属感；三是社区关系状况；四是公关工作费用情况以及预期的经济效益、心理效益、社会效益情况等。

第五步：调整偏差。偏差是公关活动计划实施过程中的实际成果与预期效果之间的差距。调整偏差有两种办法：一是调整原有计划，这是针对计划与实际情况脱节而言的；二是调整原有目标。一轮公关活动产生的偏差往往是下一轮公关活动的目标。

第六步：编写效果评价报告。公关活动效果评价报告内容包括：整个活动过程的具体描述；取得的成果及不足之处；预期解决但未能解决的问题及今后的发展趋势和未能解决问题对超级市场可能产生的影响，并提出可能的解决办法。编写效果评价报告，一方面可以保证超级市场管理者及时掌握情况，有利于进行全面协调；另一方面也可以说明公关活动始终与企业目标保持一致，并在实现企业目标过程中起着重要作用。

注意事项

1. 制定公关评估方案要结合不同的评估类型来进行。
2. 公关评估必须有评估目标。
3. 评估标准制定出来以后必须统一看法。
4. 实训最好分小组进行。

实践知识

一、 公关评估的作用

公关评估就是根据特定的标准，对公共关系计划、实施及效果进行检查和评价，以判断其优劣的过程。公共关系评估的重要作用表现在以下几个方面：

1. 公共关系评估是改进公共关系工作的重要环节。

2. 评估是开展后续公共关系工作的必要前提。

3. 评估是鼓舞士气、激励内部公众的重要形式。

4. 评估可以承上启下，为进一步开展公共关系活动提供依据。

5. 评估可以为企业管理提供决策参考。

6. 评估可以增强公共关系意识，提高公共关系人员的工作信心。

7. 评估可以衡量公共关系活动的效益。

二、公共关系评估的程序

1. 设立统一的评估目标。统一的评估目标是检验公共关系工作的参照物。有了参照物才能通过比较来检验公共关系计划与实施的结果。即使这一评估目标更多的是定性的而非定量的，仍需订出一个统一的评估目标。这需要评估人员将有关问题比如评估重点、提问要点形成书面材料，以保证评估工作顺利进行。另外，还要详细规定调查结果如何运用。如果目标不统一，则会在调查中搜集许多无用的材料，影响评估的效率与效果。

2. 取得组织最高管理者的认可并将评估过程纳入公共关系计划之中。评估不是公共关系计划的附属品或计划实施后的事后思考和补救措施，而是整个公共关系计划的重要组成部分。因此，对评估应该给予足够的重视，对评估的方法、程序等方面予以充分的考虑和周密的筹划。

3. 在公共关系部门内部取得对评估的一致意见。这一部门的负责人要认识到，即使是公共关系人员本身也不能一下子就把公共关系活动没有实物性结果的性质和它的可测量效果联系起来。要给他们足够的时间认识效果评估的作用和现实性，并允许他们通过自己的亲身体验加深这一认识。

4. 从可观察与测量的角度将目标具体化。在项目评估过程中，首先应该将项目目标具体化。例如，谁是目标公众，哪些预期效果将会发生以及何时发生等等。没有这样的目标分解，项目评估就无法进行。同时，目标分解还可以使公共关系计划的实施过程更加明确化与准确化。

5. 选择适当的评估标准。目标说明了组织的期望效果。如果一个组织将"让公众了解自己支持当地福利机构，以改善自己的形象"作为公共关系活动的目标，那么，评估这样的公共关系活动的标准就不应是了解公众是否知道当地报纸上哪一个专栏报道了这一消息，占用了多大篇幅，而应该了解公众对组织认识情况以及观点、态度和行为的变化。

6. 确定搜集证据最佳途径。调查并非总是了解公共关系活动影响的最佳途径，有时组织活动记录也能提供这一方面的大量材料。在有些情况下，小范围的试验也是十分有效的。在搜集有关评估资料方面，没有绝对的唯一最佳途径。在这一方面，方法选择取决于评估的目的、提问的方式以及前面已经确定的评估标准。

7. 保持完整的计划实施记录。这些资料能够充分反映公共关系人员的工作方式和工作效果，尤其重要的是反映计划的可行性程度，以及哪些策略是有效的，哪些策略是无力的或者无效的，哪些环节衔接比较紧密，哪些环节还有疏漏或欠缺。

8. 及时、有效地使用评估结果。公共关系活动的每一个周期都要比前一个周期表现出更大的影响力，这是运用前一个周期评估的结果对后一个周期进行了调整的缘故。由于对评估结果的运用、问题确定及形势分析将会更加准确，公共关系目标将会更加符合组织发展的要求。

9. 将评价结果向组织管理者报告。这应该成为一项固定的制度，它的作用一方面可以保证组织管理者及时掌握情况，有利于进行全面的协调；另一方面也可以说明公共关系活动在持续地保持与组织目标相一致及其在实现组织目标过程中的重要作用。

10. 提高对公共关系的理性认识。公共关系活动的科学组织与准备效果评估导致人们对这一活动及其效果有更多的理解与认识，效果评估的成果又进一步丰富了公共关系专业知识的内容。通过具体项目效果评估所得到的资料，经过抽象化分析，可以得到对指导这一活动有普遍意义的思想、方法与原则。

三、 公关评估的要点

全面的公共关系效果评估工作，可以分解为诸多方面分别加以研究，然后具体分析各自的绩效，最终形成评估成果报告。

1. 公关工作程序的评估。

公共关系工作程序评估，就是要对公共关系工作的各个步骤的合理性作出客观的评估。公共关系评估是一个连续不断的活动，一旦进入公共关系工作过程，评估活动也就开始了。评估研究内容有以下四方面：

(1) 调查研究过程评估。

评估要点包括：1) 公共关系调研的设计是否合理？2) 公共关系工作信息资料的搜集是否充分、合理？3) 获得信息资料的手段是否科学？4) 公共关系调研对象选择是否具有典型性、代表性？5) 公共关系调研工作组织实施的合理程度如何？6）公共关系调研的结论分析是否科学？7）信息的表现形式是否恰当？

（2）计划制定过程的评估。

评估要点包括：1）各项准备工作、沟通协调工作是否充分？2）计划目标是否科学？3）计划实施的总体安排、步骤是否可行？4）日程安排如何？

（3）实施过程的评估。

评估要点包括：1）信息内容准确度如何？信息表现形式如何？信息发送数量如何？2）信息被传媒采用的数量如何？质量如何？3）接收到信息的目标公众有多少？成分如何？和组织关系有多大？4）注意到该信息的目标公众数量如何？

（4）实施效果的评估。

评估要点包括：1）了解信息内容的公众数量。2）改变观点、态度的公众数量。3）发生期望行为与重复期望行为的公众数量。4）达到的目标与解决的问题。5）对社会经济与文化发展产生的影响。

2. 公共关系活动类型评估。

按公共关系活动形式可把公共关系划分为日常公共关系活动和专项公共关系活动。按公共关系计划制定时间的长短，可把公共关系划分为年度公共关系活动、长期（三年至五年）公共关系活动。评估内容及要点如下：

（1）日常公共关系活动效果评估。

评估内容要点包括：组织的全员公共关系运作；领导者内外部公共关系活动的开展情况；全体员工的公共关系意识和行为表现；组织的各部门在经营管理各环节上的公共关系投入；公共关系网络；内部公共关系协调状况；日常的组织沟通；人际协调；组织的外部公共关系；知名度、美誉度；公共关系人员的工作状况；公共关系人员与领导工作配合和沟通等方面。

（2）专项公共关系活动效果评估。

评估内容要点有：项目的计划是否合适；其目标与组织总目标、公共关系战略目标是否一致；项目的目标是否已经实现；传播沟通策略、信息策略是否有效；公共关系协调状况如何；对公众产生哪些影响；组织的形象有何改变；项目预算是否合理；组织管理工作成效如何。

（3）年度公共关系活动效果评估。

评估内容要点有：年度公共关系计划目标是否实现；年度公共关系计划方案是否合理；实现状况如何；年度内日常公共关系工作成效如何；年度内单项公共关系活动的类型、数量及成效分析；年度公共关系经费预算使用情况及合理化研究；内外部公共关系的开展和成效；公共关系机构与公共关系人员的绩效；组织的公共关系应变能力等。

(4) 长期公共关系活动效果评估。

包括某一长期公共关系项目及公共关系长期工作的成效分析，它是一个总结过程，需要将日常工作评估结果、专项活动评估结果、阶段性工作评估结果一并吸收进来，进行系统分析，从而获得一个总的结论。另外，还包括对公共关系活动的经历进行客观评估。同时，应将前几种公共关系活动效果评估的内容要点加以归纳整理和分析研究。但是，要特别注重公共关系战略的得失问题、公共关系变动规律问题、公共关系与经营管理的关系问题等。

3. 公众关系状态评估。

对主要公众关系状态进行评估研究，旨在通过各类公众关系的变化来评估以往公共关系工作的成效，公众关系状态分析应分两步进行：内部公众关系与外部公众关系。

(1) 内部公众关系评估。

内部公众关系评估的内容要点是：组织的政策在沟通中被全员接受的程度；员工的士气；组织的凝聚力；组织中的各种工作关系处理情况和趋势；双向沟通带来哪些生机和活力；影响员工关系的因素测评；沟通渠道需做哪些改进；传播策略及目标有何欠缺；公共关系贯通于各种经营管理活动的各个环节中有否障碍等。

(2) 外部公众关系评估。

外部公众关系评估的内容要点是：消费者关系评估，即看清消费者的态度、行为变化特点，评估组织对消费者关系的传播沟通及人际协调方面的工作成效；媒介关系评估，即看其态度冷漠还是热情、积极支持与否，采取何种沟通策略及成效；社区关系评估，即了解各类社区公众对自己及有关活动的看法；政府关系评估，即了解政府的支持情况、组织与政府的沟通效果，政府关系的沟通协调策略等。

4. 公共关系机构工作绩效评估。

对公共关系活动分项评估与对机构的工作绩效进行评估，便于清点公共关系机构人员的工作效率、实际能力、策略手段等。定期对此做出评估分析，对改进机构工作效率和提高水平很有帮助。

评估主要包括以下几个方面：市场营销分析；广告研究；新闻宣传；专题活动；管理绩效评估等。

上述公共关系评估类型，在内容上互有交叉，区别只是评估的角度不同。公共关系评估工作可视需要，选取其中一类或几类进行。

四、 公关评估的标准

评估必须有标准。如何确定标准，确定什么样的标准，决定了评估的结果是否科学，是否符合实际。一些专家、学者根据公共关系活动过程的不同阶段，提出一些评估的标准与方法。

1. 准备过程的评估标准。

(1) 背景材料是否充分。重点是及时发现在分析中被遗漏的、对项目有影响的因素。

(2) 信息内容是否正确充实。如果说第一小点是谈的材料的充分性，那么第二小点强调的是信息的合理性。整个评估过程，要紧紧围绕“公共关系活动是否适应形势要求”而展开。

对于信息内容的分析，可以利用剪报、宣传品以及广播讲话录音和原稿。这种评估分析的结果，可以作为进一步审定或调整计划与战略、改进方案实施过程的重要参考资料。

(3) 检验信息的表现形式是否恰当。重点是信息表现形式是否合理、新颖，是否能达到引人注目、给人以深刻印象的要求。具体包括文字语言的运用、图表的设计、图片及展示方式的选择等。这是对公共关系活动组织者专业技能的检验。

2. 实施过程的评估标准。

评估不仅仅是对公共关系工作效果进行评估，更主要的是它要在公共关系活动的实施过程中发挥其监控、反馈的作用。例如，发现哪些决策是正确的、哪些是错误的，哪些决策不利于公众产生对组织的信任以及发现决策实施过程中出现的偏差等。在这个阶段有四个不同层次的评估标准：

(1) 检查发送信息的数量。这些数量作为数据直接反映组织在实施公共关系活动中所发表的电视、广播讲话次数，发出信件、其他宣传资料以及新闻发布的数量，通过它还能发现其他宣传性工作如展览等进行与否及其努力程度。这项工作完成后，不理想的环节和计划实施过程中的一些弱点便会从这些数据中反馈出来。

(2) 信息被传播媒介所采用数量。报刊索引和广播记录一直被用来作为查对传播媒介采用信息资料数量的依据。同样，其他宣传活动如展览、公开讲话的次数，也反映了组织为有效地利用各种可能渠道将信息传递给目标公众的努力程度。

(3) 检查接收到信息的目标公众有多少。对于评估来说，收到信息的公众的绝对数量并不重要，最重要的是这些公众的结构。报刊和杂志的发行量可以作为评估组织信息传播效果的参考数据。事件的参与人数、会议的出席人数、展览的参观人数也可能作为评估的参考数据。

（4）注意到该信息的公众数量。

3. 实施效果的评估标准。

实施效果的评估是一种总结性的评估。这一阶段的评估标准有以下几点：

（1）检查了解信息内容的公众数量。

（2）改变观点、态度的公众数量。

（3）发生期望行为与重复期望行为的公众数量。

（4）达到的目标与解决的问题。

（5）对社会经济与文化发展产生的影响。

五、 公关评估的方法

按照评估的实施者的不同可以把评估的方法分为以下三种：

1. 自我评定法。这是由公关活动的对象通过亲身感受而对公关活动给予评定的方法。这种方法的缺点是，有时可能产生不真实的测量结果。尤其是向调查对象提出一些比较敏感的问题时更是如此。因此，采用自我评定法要特别注意问卷提问的方式，对敏感的问题宜采用灵活、委婉的方式进行调查。

2. 专家评定法。这种方法是由公关方面及有关方面的专家来审定公关计划，观察计划的实施，对计划实施的对象进行调查，与实施人员交换意见，最后撰写出评估报告，鉴定公关活动的成效。专家评定法的价值，完全取决于专家是否具备专门知识，如果他们对公关活动所涉及的某些领域的知识不足，那么他们也无法做出正确的评估。因此，采用专家评定法时，一定要聘请那些知识丰富、熟悉情况的专家。

3. 实施人员的评估。公关计划的实施人员经常自行对公关计划和实施的情况进行评估。这种评估能够及时地充分利用实施过程中的实际情况对该项活动的影响效果进行判断。这种方法的优点是重点在反馈调整方面。缺点是实施人员对其实施的计划可能会尽量隐恶扬善，从而无法看出公关活动的真实影响。

在进行影响效果的评估时，应该注意到：一项公共关系活动总是处于一定的社会环境之中的，它所产生的影响，可能是公关活动本身引起的，也可能是其他社会因素的作用。理想的科学的评估，最好能尽量排除公关活动以外的因素，显示出公关活动的真正的影响力。

操作练习

1. 公共关系评估工作，必须取得组织领导的支持，结合实际谈谈公共关系评估工作如何取得领导的支持?

2. 根据下面的公关企划方案，请制定一份评估方案。

“弄海园”浪潮行动公关企划方案

一、前言

前事不忘，后事之师。综观×××3年弄海园总体广告宣传的实施状况，从波及面上来看，应当说效果颇为明显，短短的时间里独特而又强有力的宣传攻势，已使得弄海园的知名度大为提高，其专有的活动型和崇文型的宣传风格也与“银都”的媒介型宣传形成鲜明对比，给人留下了深刻的印象。

然而，如果我们再以理念形象树立与创意策略的角度来分析，弄海园的宣传则存有一定的不足。弄海园作为青岛市地产业、娱乐界的龙头理念和该行业经营最需要的企业形象，始终未有明确的树立，目标对象对其定位、创意的理解仍然是模糊或偏颇的，尽管其知名度较高。

×××4年不论是对青岛的地产业还是饮食娱乐业来说都是关键性的一年，处在筹建、奠基、封顶、竣工等不同阶段的地产公司均面临着同一问题——回笼资金，迅速出售；均处于同一环境——市场冷淡，供大于求。为争取主动，许多地产公司由于面临竣工筹款的紧要关头（如金都地产），大规模的广告宣传早已启动。

在各类信息相互排斥干扰的形势下，在目标对象拥有充分选择余地的前提下，在单纯诉求设施、位置已很难奏效的情况下，对一个集地产与娱乐业于一体的综合性企业来讲，清晰有效的理念、高尚鲜明的形象比任何时候更为重要。

为了营造弄海园鲜明独特的企业形象、树立其准确超凡的诉求理念，以确保弄海园的企业宣传能富有较强的传播优势，本公司主管及相关策划人员在分析“全统”公司以往宣传的基础上，针对本市其他地产公司宣传偏重单一媒体、形势类同的客观情况，依据地产及娱乐业宣传的特有规律，拟列旨在“重塑形象，再树理念”、集公关活动与媒介组合于一体、以最少投入获得最大效果的“五一弄海园全方位浪潮行动”方案如下，不足之处，尚请不吝斧正。

二、传播目标

1. 营造鲜明、独特、良好的企业形象，沟通大众情感；

2. 树立准确、有效、超凡的诉求理念，实现占位意图。

三、表现策略

弄海园×××3 年的宣传从“移情别恋”到“限制入关”，从“十万大军登陆”到“新八大关”，尽管有着文辞超乎大陆民众欣赏习惯、立意易于被误解以及创意犯忌（以同类其他名称树立自己理念）等不足，但其所形成的强有力的宣传攻势不能否认，如果×××4 年的宣传既能延续往年攻势、尽量保持以往宣传特色，在创意构思上又能立足于清晰准确理念的建立、业内应有定位的占领以及社会公众导向的顺应等方面，则定会给人以棋高一着，更为求实之感。（文案及创意、设计稿件等待方案通过后专项提出）

四、诉求对象

1. 主体：市南区景线“五一”外游的所有家庭。（旨在借娱乐的时间，针对所有能娱乐的家庭）

2.《青岛晚报》读者群。（关心社会、重视信息的大众）

3. 青岛电视台“青岛新闻”、“黄金时刻”的收视观众；青岛有线电视台“连续剧”的收视观众。（关心青岛变化，乐于娱乐的居民家庭）

4. 青岛经济广播电台、青岛人民广播电台的听众。（白天能乘专车进行郊游的高消费家庭）

五、发布策略

基于活动形势的新颖性和影响范围的广泛性相结合，活动效果的轰动性和活动投入的低廉性相结合等方面的考虑，本次活动以立意新颖为立足点，选择的媒体既能共同形成室外大媒体的冲击效果，又能被接受者可望又可及，因而具有相当大的亲和性，易于与目标对象进行情感沟通。

另外，主要媒体虽限于一定区域发放，但由于媒体的随身性特点，活动结束后媒体影响面将渗透到市内五区，从而又具有较强的持续效果。

六、媒介选择

1. 红色中型带把娱乐用气球：2 万个（印有企业标志或娱乐项目名称，预计持有家庭波及总人数约十万人左右）；

2. 红色印有弄海园标志或娱乐项目种类的马夹背心和太阳帽约 300 套；

3. 扎有红色绸带的弄海园小型面包车：4—5 辆；

4. 沿海景线公共车站防雨亭广告牌；

5. 青岛晚报：通栏两次；

6. 青岛电视台、有线电视台；（电视广告片以活动表现为主线，逐一介绍弄海园综合娱乐项目）

7. 青岛经济广播电台、青岛人民广播电台。（广播广告抒情感人，与活动相

呼应）

七、计划实施

1.4月30日《青岛晚报》：内容重新营造企业形象，提示明天弄海园行动，但不注明具体行动内容；

2.5月1日上午10时，自中山公园正门至莱阳路、荣城路、延安一路和南海路等五处，由身穿广告马夹的中学生（约200名）无偿发放气球，争取一小时左右在区域内形成整片具有轰动冲击力的红色气球群；

3. 上午11时，4—5辆广告车：由摄影师跟车，分头抓拍气球发放和温馨家庭欢乐场面（事先选好模特穿插人群之中）；广播广告（两台同时）随之发布；

4. 中午12点，剪辑30秒电视广告片；

5. 下午两点，《青岛晚报》发布系列广告；

6. 晚6点45分至7点45分，青岛电视台、有线电视台相继播放电视广告。

八、障碍分析

由于本次活动构思新颖、规模超前，具体事务与动用媒体烦琐复杂等，使其在实施过程中具有较大的难度，这些都是影响活动顺利进行的障碍；如果方案通过，执行公司必须使所有步骤逐一落实，并预先准备相应补救措施，才能确保行动成功。

九、费用预算

本次活动总费用合计5万元人民币，企划公司负责承担如下项目的费用使用：

1. 两万个气球的成本及印刷费；

2.200个广告背心的设计制作费；

3. 报纸广告、晚报两次通栏的发布费；

4. 电视广告摄制、编辑、发布（三次）费；

5. 广播广告录制、发布费（活动进行2—3小时）；

6. 整个活动的企划、推动及人员组织、劳务等其他费用。

备注：

1. 防雨亭修改费不在此列；

2. 本公司如果人为增加系列报纸广告的数量和电视广告的次数，活动效果将更为理想，发布费用亦应由贵公司另行追加。

资料来源：http：//www. xici. net。

实训考核

表 8—1 公关评估评价评分表

考评人		被考评人	
考评地点			
考评内容	公关评估方案的制定		
考评标准	内容	分值/分	
	在实训中态度认真负责，积极配合	20	
	评估方案格式规范，内容齐全	30	
	对相关知识掌握准确	20	
	评估方案具有可操作性	20	
	实训报告符合要求	10	
合计		100	

注：考评满分为 100 分，60—70 分为及格，71—80 分为中，81—90 分为良好，91 分以上为优秀。

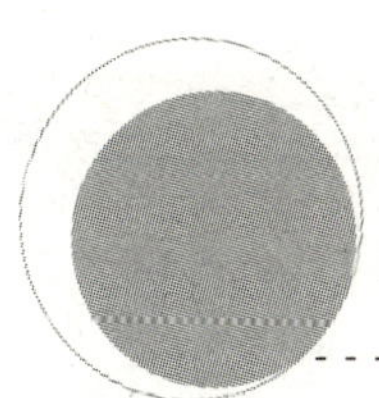

实训任务2 公关评估报告的撰写

职业场景

下面是某公司的一项公关活动实施情况，请对该公司的公关活动效果进行评估并写出评估报告。

一、 背景

××公司是计算机芯片生产厂家，在全球同行业中首屈一指。该公司的业务大多数是围绕微处理器展开的，业绩相当不错，效益很好，公司销售额年增长率大约为 30%。

在该公司将最新一代的微处理器——××处理器投入全面生产的时候麻烦出现了。该公司被告知：××芯片在数学运算能力上存在问题，在研究一些复杂的数学问题时，机器出现了除法错误。

二、调查

(一) 内部调查

对此问题大家并不陌生，这是由于芯片上的一个微小的设计错误引起的，在90亿次除法运算中会出现一次错误。该公司研究后认为该错误产生的时间远远晚于芯片的半导体出现其他问题的时间。

(二) 外部调查

外界对××公司出现的这一错误极为关注：

1. 在国际互联网上人们展开了“××CPU中故障问题”的评论。

2. 《××周报》的头版头条详细而且准确地刊登了因特网上的有关内容。

3. 电视新闻记者来到××公司，态度非常冷淡，并制作了一个令人不愉快的电视片断，决定在次日播出。

4. 每一家报纸都在报道这件事，如《××芯片出现故障，计算准确性无以保证》、《××事件——买还是不买》等。

三、待解决的问题

由于芯片问题的出现，用户开始要求更换芯片，而××大型IT公司以××公司的芯片为主体而生产的PC机（个人电脑）也遭到了冷落。

(一) 外部待解决的问题

1. 应顾客的要求，对符合退换要求的应立即予以退换，不符合退换要求的予以说明。

2. 与用户共同查看研究分析的结果，并把有关此事的白皮书报告送交他们审阅，尽量使用户放心使用该芯片。

3. 对外界打来电话询问该事件的人予以解释，尽量满足其要求。

(二) 内部待解决的问题

1. 公司雇员都是近十年间进入××公司的，这些年公司业务蒸蒸日上。现在，他们预期的成功成了泡影，雇员心神不宁，甚至感到恐惧。

2. 公司每天都要处理30人以上的内部投诉。他们挤满了房间，有的坐在书柜上，有的来来去去，准备离开房间去执行大家已经一致同意的计划。

四、 策划与决策

面对如此巨大的内外压力，公司改变了以前的战略思想，经过策划做出了最新决策。

1. 为所有要求更换部件的用户更换了部件，无论他们是用机器作统计分析还是玩电子游戏。

2. 对公司的这一决定进行宣传，使用户通过大众媒体得知这一信息，并对公司形象作一番全新的打扮。

3. 提高员工的工作士气。

4. 公司抽调出许多人员坐在接待桌前，接电话、记名字、记地址，为几十万拥有此类芯片的人进行了更换工作。

5. 把生产线上的旧材料全部拆卸抛弃，以加强生产的过程，加速新老设备更替进程。

五、 公共关系战略与活动计划

(一) 内部公共关系

公司有难，雇员有责。为挽救公司的损失，尽快扭转被动的局面，公司采取各种措施提高员工的士气，并在此基础上加深了老板与员工之间的友谊。

(二) 外部公共关系

由于芯片事件，公司的美誉度受到了极大的破坏，在人们的心中造成极坏的影响。为此，公司采取了一系列措施以重新塑造公司的形象，挽回公司的信誉。

1. 召开新闻发布会。会上就该公司的改革策略做了宣布，并告诉社会公众，公司在没有出现芯片问题之前就已重视这一问题并早已研制出可以克服该缺点的芯片，现在正批量生产以加速更新的进程。

2. 更新标识形象。公司的形象在这一风波后受到影响，为此，公司在对外宣传上的口号做了一定的修改，使其更适合××公司的发展。

3. 向此次芯片风波涉及的社会各界公众做出道歉，对由使用该芯片造成不良后果的人表示愿意赔偿其一定的损失。

六、 效果与评价

公司的这一策略收到了良好的社会效果，达到了预期的目的。

(一) 新闻报道

1. 就在前不久还在批评××公司的《××周报》，现在也对××公司的这一做法表示赞同。

2. 各大新闻报、商业报都对××公司的这一做法作了全面而细致的报道，并对其做法大为赞扬。

3. 新闻媒介大肆宣传××公司的做法。

(二) 公众反应

××公司的这一做法得到了社会公众的一致认同，对其做法表示满意。

1. 他们中有的人打电话向××公司表示祝贺，有的人写来了祝贺信，还有的人专程送来了饮料和盒饭。

2. 公众对××公司的偏见消失了，他们改变了以前对该公司所生产的芯片的冷漠态度，变成了争相去购买该公司的产品。

(三) 员工反应

雇员的态度变了，由以前的沮丧、恐惧变成了高兴。公司的形势的转变使得雇员又恢复了原来的自信，他们满怀信心地投入到工作中去。

经过数月的奋战，××公司耗费巨额资金才解决了芯片风波。该巨资主要是更换部件的费用，也包括从生产线上拆卸下来的旧材料的价值，这相当于半年的预算，或××处理器 5 年的广告费用。

××公司从此走上了全新的企业发展之路。

资料来源：http：//www. 21emr. com。

实训目的

通过实训，了解撰写公关评估报告的重要性，掌握公关评估报告撰写的原则及内容，并能够按照规范的格式撰写公关评估报告。

训练步骤

第一步：了解撰写公关评估报告的基本原则。具体内容见实践知识。

第二步：教师讲解撰写公关评估报告的内容与格式。

1. 公关评估报告的内容。

公关评估报告具有特定的目的。不同的目的，决定了评估的范围和对象不同。因而，公关评估报告书的内容就不完全一样。根据公关评估实践的总结，公关评估报告的内容主要有以下几方面：

(1) 评估的目的及依据。即为什么要进行公关评估，通过评估解决什么问题，以及评估所依据的文件或相关会议要求的精神等。

（2）评估的范围。公关活动涉及方方面面。为了突出重点、缩短篇幅、利于评估结果的运用，报告书必须明确公关评估的范围。

（3）评估的标准和方法。在报告书中，应说明评估原标准或具有可测量的具体化的目标体系，以及评估过程所采用的方法，比如直观观察法、问卷调查法、比较分析法、文献资料法、传播审计法等。

（4）评估过程。简要说明评估过程是怎样进行的，分哪些阶段。从阅读报告书的过程和采用的方法等可以判断评估是否科学、系统、规范、完整等。

（5）评估对象的基本情况。在公关评估报告书中，必须明确评估对象本身的情况，包括活动或项目名称、开展时间、实施的基本情况与特点等。

（6）内容评估、分析与结论。在评估报告书中写明被评估原公关活动、工作或项目的内容，对运行与执行以及效果、效益进行分析，进而得出客观、公正的结论。

（7）存在的问题及建议。评估人根据掌握的实际材料、相关情况，有针对性地提出问题，并提出有利于解决问题的建设性意见。

（8）附件。附件主要包括附表、附图、附文三部分。

（9）评估人员名单。包括评估负责人；参加评估人员的姓名、职业、职务、职称等。有时为了利于咨询，评估人还需要把电话、通讯地址、邮政编码也写明。

（10）评估时间。由于公关活动处于动态的状态下，不同时间评估所得出的结论会不同。因此，评估报告书必须写明评估时间或评估工作开展的阶段。

2. 公关评估报告的格式。

公关评估报告书没有固定的结构格式。按照评估的目的与要求，公关评估报告的结构可以采用不同的格式，灵活安排结构。结构服从于内容表达的需要。通常，公关评估报告书的格式依次包括：

（1）封面。封面的主要内容包括评估书或项目的题目、评估时间、评估人以及保密程度、报告书的编号。题目要反映出评估的范围和对象。排版应醒目、美观。

（2）评估成员。反映哪些人参加了评估工作，负责人是谁。

（3）目录。用来方便阅读报告书的人。

（4）前言。反映评估任务或工作的来源、根据，评估的方法、过程以及其他特别需要说明的问题。也有的评估报告书把评估的方法、过程等写进正文部分。

（5）正文。正文是评估报告书最重要最主要的部分，也是评估报告书的主体。它包括评估的原则、方法、范围、分析、结论、存在的问题、建议等。

（6）附件。附件内容是对正文内容的详细说明和补充，是正文的证明材料。

（7）后记。主要说明一些相关的问题。比如报告书传播的范围，致谢参加人员及相关单位等。

第三步：分小组分析给定的材料，确定公关评估报告的内容与要点。

第四步：分小组撰写评估报告。

第五步：分小组展示评估报告。

第六步：教师进行点评。

注意事项

1. 公关评估报告书的写作要求客观、公正、全面。

2. 公关评估报告书要求可读、简洁、明了。

3. 格式要规范。

4. 定量与定性相结合。通常，评估结论是定性的，但必须用定量的指标作说明。

5. 建议与策略要具有可操作性。只有切合实际情况的建议才具有可操作性。

6. 语言准确、精练。尽量用最少的文字、篇幅来说明问题，提出建议。

7. 结论要客观具体。评估结论要客观，既要看到成就、效益，又要看到缺点和不足。

8. 在结论中，避免“可能”、“大概”、“也许”等模糊语言。

9. 所有的结论都应该找到相应的材料作证明。

实践知识

一、 撰写公关评估报告的意义

1. 公关评估报告是提供给组织的一种正式的公正性文本。它是通过文字、图表或相应的其他形式来体现开展公关工作的成绩、经验、教训、建议等评估工作的成果形式。它具有业务性强、理论性强、经验性强的特点。

2. 撰写公关评估报告的主要意义，在于为公关评估成果的运用提供依据。通常，评估小组将公关评估报告分别提供给管理层领导，作为他们统筹管理和发布新决策的依据；送达各职能部门，作为各部门改善工作的参考；提供给全体员工，以利于员工了解外界的评价，提高士气，改善行为。还可以公开发表，供同行或其他社会组织参考与借鉴。通过撰写公关评估报告，社会组织对公关过程与绩效可以总结过去，积累经验；着眼现在，克服缺点；指向未来，指导工作。

3. 到目前为止，我国许多社会组织仍然不太重视公关评估工作，能见到的公关专业评估报告甚少。他们也不太注重评估成果的运用，常常使公关工作带有盲目性和被动性，进而丧失了许多成功的机会。

二、 撰写公关评估报告的原则

公关评估报告是对公关活动或工作的书面评价，是对已经做的公关工作的总结，是公关评估结果运用的依据。为此，公关评估报告除了要遵循科学性、公平性、真实性等原则外，还应符合以下要求：

1. 针对性。

公关评估报告的针对性很强。要么是综合项目评估，要么是单项活动的评估。为了解决工作中的实际问题，最多的情况还是单项活动的评估。如庆典活动、赞助活动、展示展览活动、产品推广活动、危机处理效果等。

2. 完整性。

公关评估报告的完整性主要有三方面的内容：一是按照公共关系评估报告书的内容，对评估工作的目的、对象、原则、依据、方法、结果等要进行全面的概括。二是正文内容与附件资料要配套一致，尤其要注意附件资料要起着完善、补充、说明正文的作用。三是被评估的范围和对象要做到完整无缺、无一遗漏。

3. 及时性。

公关评估具有较强的时效性，公关活动及其面临的环境也在不断地变化。因此，在公关活动开展结束之后，评估人应及时写出公关评估报告书，否则容易失去评估本身的意义。

4. 客观性。

公关评估报告是一种公正性的文件。在撰写报告时，必须真实、客观，有理有据。要避免空泛议论或掩饰缺点，应力戒片面分析或夸大其词。

5. 独立性。

在撰写公关评估报告的过程中，通常要与公关活动主办单位的部分领导、员工等接触。评估人在作出结论时，要避免受到他们主观意志或一己之见的影响。在评估报告中，必须反映自己的独立评估结论。

三、 公共关系评估成果的运用

1. 公共关系评估成果对于整个公共关系工作有极大的应用价值。它能够承前启后，使公共关系工作得以高效合理地开展，使组织步入良好的公共关系环境。

2. 在提高对公共关系评估作用认识的基础上，公共关系机构应善于作评估，善于运用评估成果来有效地开展公共关系工作。公共关系评估成果的运用，可以包括以下四方面：第一，用于调整公共关系工作计划，使计划更趋于科学合理；

第二，对策划新的公共关系目标方案有直接的帮助，可以促进新的公共关系计划借鉴成功经验，吸取失败的教训，避开误区，有效地开展工作；第三，用于组织决策的改进。对组织走向市场、为公众所认同与合作方面，有较大的决策参考价值；第四，用于改进组织全面的公共关系工作。通过运用评估成果，组织的管理层可调整行为，改善工作，提高绩效；寻找有效的策略和技巧，为下一步公共关系工作奠定基础。

四、 公关评估报告书典型案例

“华夏银行”老年登山健身活动效果评估报告书

一、引言

1.2000年10月6日（农历九月初九），由华天形象中心策划的“华夏银行”老年登山健身活动在英雄山成功举办，本活动得到了老人们和社会各界的一致好评，取得了良好的社会效应和宣传效果。

2.达到了活动的预期目标：即借“九九老人节”开展老年活动之际，拉近华夏银行与老年人的关系，初步建立华夏银行关爱老年人生活、关注老年事业的企业公益形象。锁定老龄群体，为华夏银行在老人群体当中发展个人金融业务奠定良好的基础。

二、效果评估

1.从组织策划方面看：定位准确、专业，活动安排周密、有层次。

农历九月初九，是我国传统的重阳节，又是登高节，人们把重阳登高的风俗看作免灾避祸的活动，而且在人们心目中，双九又是生命长久、健康长寿的意思，因此人们又把重阳节称作“老人节”。我们选择在重阳节举办老年登山活动，可谓顺应民意，准确地把握了时机，体现了华夏银行尊老、爱老、敬老的初衷。

整个活动的策划安排专业、周密，而且有层次。

首先从树立华夏银行的公益形象出发，专为老年人举办活动，扮演“欢乐使者”的角色，丰富老年人的晚年生活。

其次，造声势引发社会大众和新闻媒体对此次活动的关注，制造了新闻兴奋点，老人们也非常踊跃。活动当天定好8：00集合，而老人们积极性很高，有的早早来到现场等候，有的还是从济钢倒车赶来，令我们感动。

再次，活动准备充分。我们早在国庆放假之前就把活动所需的物品准备齐全；活动当天，全体工作人员在早上6：00天刚蒙蒙亮时，就开始布置现场了，做了充分的准备。

第四，整个活动以调查问卷为凭证，使活动有秩序，一切尽在把握之中。

第五，邀请了山东省人大常委会、山东省企业管理协会等处的领导作为嘉宾，邀请了山东卫视《开心假日》节目主持人晓君作为主持人，为整个活动增光添彩。

最后，组织了老年筷子舞、扇子舞、新疆舞、秧歌、老年迪斯科等优美欢快、丰富多彩的文艺节目，充分展现了老人们的朝气和活力。节目结束后，老人们意犹未尽，觉得还没跳够呢，希望以后再有这样的机会。

2. 从实施方面看：整个活动安全有秩序。

活动过程中没有出现任何意外，我们准备的药箱和医务人员都没有派上用场。整个活动从收问卷、发纪念品、登山、领奖，直到活动结束，秩序井然。老人们老当益壮、兴高采烈，他们的朝气和活力深深地感染了在场的所有人，禁不住为老人们的精彩表演一次又一次的鼓掌。老人们高兴而来，满意而去。

英雄山风景区经营科李科长说："以前在我们广场举办的活动都乱糟糟的，你们这次活动组织很好！秩序井然，热闹隆重……"

3. 从宣传方面看：取得了良好的宣传效果，得到社会各界的一致好评。

(1) 老人们一致夸华夏银行想得周到，感谢华夏银行为老人们提供了这么一个好机会——增进了朋友间的友谊，又认识了许多新朋友。而且通过登山活动锻炼了身体，也更多地了解了华夏银行。

(2) 活动地点——英雄山管理处的领导认为这次活动是他们这里有史以来搞得最成功的一次，而且希望我们经常来举办活动，以使他们的名气也得到提升。

(3) 社会效应——引起了各新闻媒体的关注。《齐鲁晚报》头版头条报道了这次活动，"我们还年轻"正是"华夏银行登山健身活动"的完美写照。《经济导报》、《联合日报》也有相关的报道，济南电视台、山东卫视台也录制了专题，在《今晚20″》作了播出。通过这次活动，通过各大媒体的宣传报道，拉近了华夏银行与老年人的关系，建立了华夏银行关爱老年人生活，关注老年事业的企业公益形象，为华夏银行在老人群体当中发展个人金融业务奠定良好的基础。

资料来源：http：//blog.sina.com.cn。

操作练习

1. 公共关系评估报告内容有哪些？在撰写评估报告时应注意什么问题？

2. "丽珠得乐"投桃报李。

珠海丽珠得乐制药厂和《黄金时代》杂志联合举办了"父亲节'丽珠得乐'献爱心"活动，其目的在于弘扬中华民族的亲情传统，进一步塑造中国"礼仪之邦"和睦家庭的美好形象，提高企业知名度。这项活动包括"一句祝福，一片深情"——每一位儿女只要写信参加这项活动，他们的父亲就会收到一张丽珠得乐制药厂免费赠送的精美的父亲节贺卡。贺卡给父亲们带去了儿女的深情祝福和丽珠得乐制药厂的热心关怀。“父亲节‘丽珠得乐’献爱心”活动，还包括父亲节征文大赛，参加者以《我的父亲》为题，写一篇 2 000 字左右的随笔或散文描写和歌颂自己父亲的慈爱和庄重的形象。主办单位将根据这些征文，评选出 10 位“模范父亲”和 10 篇优秀征文，并颁发证书、奖牌和奖金。这些活动，受到了社会各界人士的普遍关注，引起了强烈的社会反响。一封封热情洋溢、温馨感人的信件，像雪片般纷纷寄到了主办单位。每位儿女都在信中倾吐了他们平时或没有机会、或没有勇气向父亲表达的那份真挚的依恋和热爱之情。写信者有的是学生，有的是解放军战士，有的是在外地工作的年轻人。他们都想借这张小小的贺卡带去他们平时无法用言语表达的、对父亲的那份深深的敬爱，以报答父亲给他们的爱抚和养育之恩。很多参加者都表示感谢丽珠得乐制药厂给他们创造了一个向父亲倾吐心声的机会。一位年青人还用诗歌的形式表达了他对这项活动的赞誉之情：“丽珠一颗孝子心，得乐万家慈父情。”

短短几个月的时间，丽珠得乐制药厂就收到了来自全国各地的几十万封感情真挚的来信。这说明“丽珠得乐”献爱心活动产生了良好的公关效应，赢得众多赞誉和响应。同时，由于这项活动是由丽珠得乐制药厂在全国范围内首次推出，因而具有很强的新闻价值。许多新闻单位都报道了这一举动，丽珠得乐制药厂通过这一活动，知名度和美誉度大增，可谓“投桃报李，一本万利”。

资料来源：www. xsrtvu. com。

请你根据这个案例写一篇公共关系评估报告。

实训考核

表 8—2　　公关评估评价评分表

考评人		被考评人	
考评地点			
考评内容	公关评估报告的撰写		
考评标准	内容	分值/分	
	评估报告格式规范，内容全面	20	
	评估报告评价客观、公正	30	
	评估报告对实践具有指导作用	20	
	实训过程中态度端正	20	
	实训报告符合要求	10	
合计		100	

注：考评满分为 100 分，60—70 分为及格，71—80 分为中，81—90 分为良好，91 分以上为优秀。

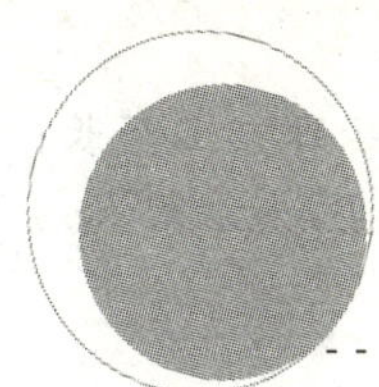

实训任务3 公关效果的评估

职业场景

“M白酒抗震救灾献爱心”公关活动

事件营销对于白酒企业来说，是一个低成本的传播方式，既能提高知名度，更可以提高影响力。下面某白酒企业（称M白酒），在四川大地震发生后，策划的一场公关活动，效果甚好。以下是具体方案：

四川大地震，死难人数不断攀升，每一个新增死亡人数都揪动着国人的心，每一个救援行动都一次次感动着我们，政府与军队已实施救援，企业和民间组织纷纷捐款，国泰民安，离不开中国优秀企业的贡献！爱心企业应积极行动起来，为那些急需救援的民众提供力所能及的帮助，M应积极响应，率先投入行动，利用多种形式奉献爱心，履行企业社会责任，树立企业良好公众形象。

活动主题：抗震救灾　M献爱心

活动目的：

1. 抓住此次公众事件影响，利用多种赈灾救援献爱心活动，树立企业良好公众形象；

2. 利用现场活动、媒体报道、宣传软文扩大影响力，提高品牌知名度和美誉度；

3. 为后期高端品牌进入市场奠定消费者基础。

活动内容：

1. 倡议政府组建企业抗震赈灾联合会，号召当地爱心企业行动起来，为灾区民众捐款捐物；

2. 凡在指定时间内在活动酒店或在活动现场消费或购买任一款M产品，所得收入均全部捐献中国红十字会；

3. 组织M酒厂员工统一献血。

活动地点：××广场、30家酒店

活动时间：5月13日—18日

活动细则：

1. 成立杨湖抗震献爱心应急小组，组长：钱总；副组长：曹经理、王厂长；组员：销售部与市场部所有人员。

2. 联系政府、媒体、红十字会、献血站，倡议献爱心活动；

3. 联系广告公司制作相关物料；

4. 13 日—18 日在××广场举办义卖活动，同时举办 M 酒厂员工集体献血活动，提前 2 天通知媒体进行报道；

5. 选择市内 20 家酒店于 13 日—18 日举办义卖活动；

6. 19 日统计销售收入，联系相关单位转交中国红十字会。

物料准备：

1. 广场活动现场：

气模：1 副（标语：抗震救灾　M 献爱心）

易拉宝：2 副

绶带：2 副（标语：国家有难　匹夫有责）

宣传单页若干

2. 活动酒店：

张贴海报

后续软文炒作：

（标题范例：《M 酒业告全市爱心企业书》、《抗震救灾，M 员工积极献血》、《M 酒厂义举博广泛赞誉》、《社会各界热议我市某企业赈灾义举》）

活动效果：

6 天义卖达 10 万元，全部捐往灾区，由于是第一家举行义卖的白酒企业，多家媒体报道，再配上软文宣传，M 品牌在当地的品牌形象迅速提升，活动后酒店、商场超市销量大幅攀升，有多家经销商找到厂家谈合作，甚至外地的经销商也慕名而来。

资料来源：http：//www.xihuli.cn。

请对本次公关活动效果进行评估。

实训目的

通过实训，能够确定公关效果评估的内容，重点掌握公关效果评估的程序及方法，并能够正确地对各项公关活动效果进行全面的评估。

训练步骤

第一步：确定公共关系目标。公共关系目标是评估公共关系效果的标尺。根据这把尺子，来检查公共关系目标是否实现了。在评估时既不要抬高标准，也不要降低标准。

企业对公共关系的投入，或者说公共关系部门的预算，大部分情况下是几种目标同时存在的，企业往往会根据自身的发展阶段、行业特点等赋予公关部门不同的职责范围，通常包括对销售的支持、对企业声誉的帮助、对品牌形象的管理、跟关键利益关系群体关系的维护、对企业新闻发言人的培训、对危机传播的管理等，对于很多大型的企业，这些职责都是需要的，而对于某些成长期的企业，可能只是用到其中一个或者几个，支持销售是最常见的，企业往往会把公关手段视为成本较低的营销手段。但无论如何，说到对公共关系效果的评估，首先需要界定的是公关的目标是什么，目标不同，评估的方法和指标有着天壤之别。

第二步：确定公关效果评估的内容。

公关效果评估是对该公共关系活动的全方位检测，其评估内容包括以下 12 个方面：

1. 公关活动的目标是否符合实际？
2. 主题是否明确？主题词是否简练且富有号召力？
3. 组织机构内部各方面成员对公关活动的目的是否透彻了解？
4. 组织机构内部各部门对活动是否积极合作和大力支持？
5. 公关活动的传播效果如何？信息是否为预期的公众所接收？
6. 公关活动的信息是否产生了预期效果？公众在认识和行动上是否发生了变化？
7. 公关活动的方案是否周密？是否有重大遗漏和疏忽？
8. 公关活动的预算是否适当？
9. 公关活动对今后活动的影响如何？
10. 下一步如何发展公关成果？如何消除活动遗留的问题与隐患？
11. 通过本次公关活动，组织的知名度和美誉度是否有所提高？提高了多少？
12. 通过此次公关活动，组织的产品销售量是否有所增长？增长了多少？

第三步：确定公关效果评估的关键指标。主要包括：

1. 覆盖率。
2. 有效率。

3. 千人成本。

4. 准确性。

5. 传播力度。

6. 传阅率。

7. 公关指数提升。

8. 销售提升。

第四步：确定公关效果评估的方法。主要有以下四种方法可供选择：

1. 公关人员的自我评估。

由于公关人员参与了活动的全过程，对活动的了解相对直接，通过他们对活动本身的策划及实施的期望与感受，形成了对公共关系活动的一种效果评估。

2. 借助新闻媒介报道来评估。

新闻媒介报道迅速，感觉灵敏且有很大的影响力。对新闻媒介报道进行分析，也可以评估公关活动效果。具体分析包括：

（1）在报刊、广播、电视上刊登或播放的报道数量有多少？在报刊上所占版面大小及位置怎样？广播、电视播放时间的长短如何？

（2）新闻媒介的层次及重要性如何？新闻媒介是否与组织公众接近？

（3）新闻报道的内容如何？是正面的报道还是反面的报道？是全面报道还是摘要报道？是重点报道还是一般报道？

（4）报道时机是否及时、适时？

3. 公众舆论评估。

根据公众舆论可以判断组织形象地位的变化情况。具体做法是：定期对组织的有关公众进行抽样调查，看公众对组织的看法、态度的变化情况，以此来分析公关活动的效果。如在分析组织形象对公众的吸引力时，可分别从注意、理解、记忆、行动四个层次判断。

4. 专家评估。

专家评估是指组织公关方面的专家就公关活动效果进行评估。这种方面是通过专家调查、分析，对组织的公关活动效果作出较为客观的评定，同时对组织今后的公关活动的开展提供有价值的建议和咨询。

通过以上的公关效果评估，可将评估的结果写成正式报告，以便报告决策层，或者留档备查。如有可能或必要，还可通过新闻媒介或内部刊物加以传播，进一步扩大影响。

第五步：收集和分析资料。

公共关系人员可以运用在上文中介绍的调查研究的方法，收集关于公众的各项资料（如知名度、美誉度资料，态度资料和行为资料），然后进行分析比较，看哪些达到了原来的目标，哪些还没有达到，哪些甚至超过了预期的效果，原因何在？

第六步：撰写公关效果评估报告。格式与注意事项参照上一个实训任务。

第七步：向决策部门报告分析结果并把分析结果用于决策。负责评估工作的公共关系人员必须如实地将分析结果以正式报告的形式报告决策部门以至企业的最高决策层。分析的结果，一方面用于别的或将要制定的公共关系项目，另一方面用于企业总目标、总任务的调整。

第八步：学生展示作品，教师进行评价。

注意事项

1. 需要界定公关的目标。目标不同，评估的方法和指标有着天壤之别。
2. 应该从局部到整体两个角度同时来评估公关的效果。
3. 关注过程才能达到好的结果。过程中每一个策划、每一个传播互相叠加或者彼此抵消，最终得到社会的一个综合评价。
4. 定性与定量相结合。
5. 评估者的确定要具有公正性、可靠性。

实践知识

公关效果评估，是对公共关系活动的效果进行评估与估价。这是整个企业公共关系活动流程的最后一个阶段。这个阶段同调查研究阶段首尾相连，使企业公共关系活动呈现出一个有始有终的完整过程。通过效果评估，可以明确组织形象在公众中的具体定位，提出有关报告，供领导决策时参考；可以增加公关人员的公关意识，提高信心；可以衡量公关活动的人力、物力、财力的耗费，提高公关活动的效率；可以发现新问题、新情况并找出对策；可以使组织进一步认识公关对组织发展的重要性，从而更加自觉地重视公关工作。

一、 公关效果评估的方法

公关效果的评估通常从以下三个方面进行：

1. 公关人员的自我评估。

自我评估，也可以称之为自我感觉。每做完一项公共关系工作，总结一下做得怎么样，是否达到预期效果？自己扮演的“公关”角色在实践中是否得体？有哪些欠缺？这些欠缺造成了哪些损失？

2. 专家评估。

请专家评估的目的，是为了获得“旁观者”对组织机构推行的公共关系政策及活动的意见，使评估工作有较强的客观性。专家评估的方式很多，可以采取专家咨询法，同行评论法，也可以开座谈会听取意见，还可以正规地举行一些活动，以及非正式地进行私人交谈等。

3. 舆论评估。

舆论评估是一种非正式的评估，它有着不可忽视的作用。因为我们在日常生活中经常可以了解到这样一种情况，某项工作经过重重审核和鉴定，获得了专家和有关方面的一致好评，但公众却不以为然，不但不对这一评定表示认可，反而还会酝酿出一股反感情绪，致使当事者及有关方面感到难堪。所以公共关系人员对舆论评估要给予足够的重视。

上述三个方面的评估是相辅相成、互相联系，缺一不可的。但在评估过程中，千万不要在舆论评估的结果尚未掌握之前，就把自我评估和专家评估的结果公布于众。因为这样做有时会激起公众的逆反情绪。

二、 公关效果评估的依据

1. 根据大众媒介传播的情况来评估。

(1) 报道的数量。大众媒介报道的次数越多，频率越高，越能引起公众的注意，扩大组织的社会影响。

(2) 报道的质量。大众媒介对组织公共关系工作的成就、经验报道越多，越有利于塑造组织的良好形象。相反，如果出现负面报道，则可能导致组织形象一落千丈。

(3) 新闻传播媒介的影响力。一般来说，发行量大、覆盖面广、权威性强的传播媒介，其影响力也大，能提高公关活动的效果。

组织的公关活动由权威性较强的新闻媒介报道，能加深公众的印象，增加公众对组织的好感。

2. 根据组织内部资料来评估。

(1) 组织领导层和管理人员、营利性组织的股东，在组织的经营管理过程中，对组织公共关系目标达到程度和效果的评价。

(2) 组织内部员工从不同角度对公关活动成效的评价。如生产一线的员工根据自己安全工作环境的要求是否得到满足，对组织公关工作进行评价；销售一线的员工通过自己的销售活动，对组织的公关工作进行评价。

（3）组织内部资料，如资金平衡表、统计报表、财务活动分析、公众的来信来访记录，都是评估公共关系活动的重要资料。

3. 根据组织外部资料来评估。

（1）消费者与用户的信息反馈。消费者和用户是营利性组织的首要公众，因此他们的反映是评估公关活动的重要资料。

（2）相关组织的信息反馈。组织在生产经营中，会与原料供应者、产品经营者建立合作伙伴关系。他们与组织交往频繁，并且与大批消费者和用户发生联系，从他们那里可获得有关公关工作成效的信息资料。

（3）社区公众。社区公众是组织的左邻右舍，他们与组织由于地域邻近而关系密切、相互了解，组织可从社区公众那里获得较快的信息反馈，据此评估公关工作的成效。

（4）政府。政府对组织行为的支持程度、政府与组织关系的密切程度，可以反映出公共关系的社会效果。

三、 评估的内容

无论自我评估，专家评估，还是舆论评估都要围绕以下几方面进行：

1. 评估公共关系部门的管理工作。
2. 衡量媒介报道范围。
3. 评估员工关系。
4. 评估社区关系。
5. 评估经济效果。
6. 评估媒介报道数量与质量。

四、 公关效果评估的关键指标

1. 覆盖率。

所谓的覆盖率也不仅仅是指一家媒体的覆盖率，比如一家企业的市场遍布全国，通过中央媒体的宣传是不是就能达到覆盖率100％呢？当然不是。一家发行量才5万的中央媒体，肯定不如一家发行量10万的区域媒体的覆盖率，前提是企业在那个区域有市场。

当某次宣传结束后，我们可以用一个粗略的公式来表达覆盖率：

覆盖率＝传播受众/市场所属区域的受众

传播受众就是企业通过媒体影响到的受众，包括直接影响和间接影响（直接影响者的再次传播）。而市场所属区域的受众很好理解，如果企业只在北京有市场，就不要把宣传做到河南去，或者用中央媒体在全国范围内做。

显然，如果按着100%的覆盖率去做宣传，必然会有一些重复，所以又涉及有效率的问题。

2. 有效率。

有效率是指，虽然覆盖到了，但有可能重复覆盖，或者覆盖是不一定有效的。

所以，针对不同的企业，每份报纸杂志都会有其不同的有效率，企业当然要选有效率高的。通常，很多的企业顾及了有效率，又忽视了覆盖率，企业需要的是两者兼顾。

综合覆盖率以及有效率，即可得出有效受众，它的作用可以直接用来表述宣传效果。

3. 千人成本。

它的计算方式有两种：

千人成本＝总成本/总受众

千人成本＝总成本/有效受众

显然，第一个计算方式是被公关公司普遍采用的，因为它通过分母的基数降低了千人成本，但这个公式不能反映问题。真正能反映问题的是第二个公式，说的是“钱要花在刀刃上”，只有考虑了有效率的千人成本才是有意义的。

再计算得细一点，可以结合千人购买率、千人利润率，来计算以某个成本进行传播值得不值得。比如通过宣传，每千人中预计会有10人购买产品（即1%购买率），每件产品的利润是10元，那么千人利润总额就是100元，宣传推广的成本当然不能大于这个数。

以千人成本，还能计算出企业推广需要的总费用，即以企业的总目标受众除以千人成本，就是宣传总费用。企业在做年度宣传预算的时候，可以此为依据进行推算，费用要求达不到时选择重点市场进行建设。

4. 准确性。

失之毫厘，谬以千里。准确性的评估，是不可缺少的一个内容，达到覆盖率、有效率，还是效果不好，原因可能就是准确性差。

信息被有效覆盖了，不等于被有效传递了，准确性包括的主要内容有传播定位的准确性、媒体策略的准确性、发布内容的准确性、传播方法的准确性等。

定位的准确性很简单，一件产品如果没有找好卖点，一个企业没有在产业中找到自己的位置，传播的主基调不正确，都会造成效果低下。媒体策略的准确性，主要是指发布时间、发布周期，比如促销信息的发布、新品的上市，特别是一些策略性发布，对于媒体策略的要求是十分严格的，如果不准确，效果必然要大打折扣。发布内容的准确性是说，如果该说的问题没有说清楚，该突出的重点没有突出，那怎么可能会有效果？传播方法也是一样，上来就打官司，上来就喷口水……确实吸引了眼球，但是效果如何是否需要反思一下呢？

准确性是无法量化的一个东西，是考核公关公司实力的一个重要因素，很多竞标书上都会把策划方案的策略、定位作一个很高的要求，原因就在于此。而对公关评估，自然不能缺少这一环，因为计划赶不上变化，一开始认为正确，也许就是错误的。

5. 传播力度。

主要是指在某段时间内让企业的信息迅速充满媒体，并持续一段时间，这也是公关常用的一种方法，通常的一个事件营销就属于此类。通过对信息的占领，可以一下子吸引关注，并加强人们的记忆或者好感，从而达到公关的目标。关于传播力度的统计，可以选取一段时间，以媒体发布的数量、转载的数量、媒体跟进报道的数量进行分析统计，其中媒体跟进报道的数量能集中体现传播力度。

除了一段时间内的传播量，还有一些能有效“量化”传播力度的标志，如网站的首页、平面媒体头版或者头条等。很多企业比较注重在网站上的首页，或者频道首页，以及一些版面的头条或者关键位置——这都能表明传播力度。

另外，关注度也是传播力度的一个表现，比如在一段时间内，行业内共发生了几个值得一提的新闻，给这些新闻排个名，再结合自己企业在市场的排名，就知道传播的力度够不够。对于一个企业而言，制定了年度计划，亦可回顾一下企业有没有哪个新闻值得一提，如果没有，说明没有传播力度。

一些企业年年做宣传，但是所做的宣传都不值一提，就像小学生写流水账一样，这就是没有力度的原因。

6. 传阅率。

搜索引擎的兴起，使得网络上文章内容被二次、三次阅读的量远大于当日发布时的阅读量。特别是一些选购、评测、体验类的文章，被搜索到然后再被阅读，从而起到影响消费者购买决定的作用十分明显。因此，当人们在购买汽车、IT 等产品时，通常要上网查一查相关的信息，这时候传阅率就显得比覆盖率更为重要。所以，在效果评估时，以搜索引擎的搜索结果作为评估手段也已经成为重要的手段。

另一方面，企业发布完一个消息以后，有时候会引起媒体的广泛报道，这事实上也叫传阅率。可见，传阅率既可以以人们对同一张报纸的多次阅读来做统计，也可以以搜索引擎上被搜索到的多次阅读来做统计，还可以以后续媒体自发跟进的报道来做统计。

很多时候，传阅率并不被计入公关服务的收费项目，因此长期被忽视，但它无疑是公关效果的重要组成部分。

7. 公关指数提升。

前面介绍的多是以传播为主的一些效果评估，当然公关绝不仅仅是传播，比如一些公众关系维护、项目游说、危机处理也都属于公关的范畴，对于这些内容的效果评估显然需要特殊的方法，公关指数是一个较好的评估方法。

比如，很多企业都需要建立和维护媒体关系，通过与公关公司的合作，一定会在媒体关系层面获得一定的提升。打个简单的比方，如果企业不能做到媒体在刊出负面报道之前就得到相关消息，说明其与媒体的关系还不够到位。这可以量化为企业一共建立了多少家核心媒体的关系，也可以从单家媒体的关系提升上取得评估。

衡量项目游说，工作的进展就是很好的评估，这里不多赘述。而对于危机管理，目前通常以“拿”掉了多少篇负面报道来做衡量，这是不完整的。应用公关指数来看，在处理完危机之前，企业与消费者的关系、企业与媒体的关系、企业与渠道的关系，有没有产生变化，如果这些关系下降了，说明危机并没有处理好。同理，如果关系得到提升了，说明危机处理得非常好。须重点说明的是，看一篇负面报道是否为危机公关事件，也要看企业的公关指数有没有变化，如果一篇负面文章只有几十人看，影响面、影响力都十分窄，就不叫危机。很多危机本不是危机，只是小噪音，结果被公关公司一搞反而真成了危机，这样的例子屡见不鲜。原因就在于，危机的初期并没有导致企业的公关指数下降，而处理危机的过程中导致了这个指数的下降，也就是失败的公关。

可见，在公关效果的评估时也要考虑公关指数的变化，如公众关系是否有所下降，这也是回归到公关的本质，不能因为报道要见头版，把记者关系搞得一团糟，这对于企业可能得不偿失。企业取得的各种关系不能轻易破坏，如与媒体的关系，一件小事就想上头版，大事来了更想上，长此以往，再好的媒体关系也要被搞砸。

8. 销售提升。

公关在某些时候可以对销售有刺激性的帮助，如果不能直接统计公关对销售增长的帮助，也可以通过间接的方法获得销售增长的数据。用总增长刨去广告、促销等手段对销售增长的刺激作用，就可以得出公关对销售的增长作用。

正因为公关效果中，很多企业对“销售的提升”看得很重，所以像网通、移动这种通信企业，公关做到经常被业界嘲笑，但依然业绩很好。像蒙牛赞助的“超级女声”，批评者也不少，但是很多人将它看作是好案例……试问一下，有谁真正科学地统计过“超级女声”对蒙牛的贡献？

五、 评估工作的主要方法

1. 报告法。

即将一定时间内公共关系活动用口头的或文字的方式，向有关部门报告。报告分正式报告和非正式报告。正式报告通过正式传播渠道来总结活动成果，如定期备忘录、集体会议、汇报会、年度报告会；非正式报告通过各种非正式途径来报告活动成果，如自由座谈、书信、电话、走访、简短的书面汇报等。

2. 观察法。

公关活动评估者以当事人的身份亲自参加公共关系活动，通过直接观察来估量评价其效果。

3. 外部监察法。

即聘请有关的组织外专家、学者，对本组织公共关系活动进行调查和评价，以局外人、第三者的立场和态度来观察、评价本组织活动的成效，这样所得的结论更具有客观性。

4. 比较法。

即对公共关系活动前后所做的调查结果进行比较，以此来衡量活动的效果。

良好的公共关系必须转化成经济效益，企业产品的销售量和利润是检验公共关系活动成效的一个方面。

六、 评估的结果

公共关系的工作成效评估之后，将会发生三种情况：

第一，效果较好；

第二，没有作用，甚至出现偏差；

第三，成绩不大。

由于公共关系效果是累积性的，有些细小的公关活动暂时不一定能发现多少效果，因此，我们把评估效果的工作应主要放在方案的实施上。

操作练习

据报载，有一年，英国航空公司由东京飞往伦敦的英航 008 号波音 747 客机因故停飞，已买该机票的乘客改乘其他飞机。但其中一位名叫大竹秀子的日本老太太说什么也不肯换机，非要乘英航 008 班机不可。于是，英航公司就改变原来的计划，在东京至伦敦的 13 000 公里航线上，带着该机 353 个坐席、6 位机组人员和15位服务员为这位日本老太太飞了一次“专机”。有人估计，这次只有一名乘客的国际航班使英航公司至少损失10万美元。

资料来源：郭旭川等：《现代公共关系学基础》，33页，厦门，厦门大学出版社，1998。

请回答：

1. 英航公司该不该“损失10万美元”？
2. 评估这次活动的效果。

实训考核

表8—3　　公关评估评价评分表

考评人		被考评人	
考评地点			
考评内容	公关效果评估		
考评标准	内容	分值/分	
	评估指标科学合理	20	
	评估内容全面	30	
	评估报告客观、公正	20	
	实训过程中态度端正	20	
	实训报告符合要求	10	
合计		100	

注：考评满分为100分，60—70分为及格，71—80分为中，81—90分为良好，91分以上为优秀。

主要参考文献

1. 谢红霞．公共关系原理与实务．大连：东北财经大学出版社，2006
2. 彭石普．市场营销原理与实训教程．北京：高等教育出版社，2006
3. 潘肖珏等．商务谈判与沟通技巧．上海：复旦大学出版社，2004
4. 李文洁．口才应用文写作与实训．北京：机械工业出版社，2004
5. 乔刚．现代应用文写作．上海：立信会计出版社，2005
6. 丁军强．公共关系原理与实务．北京：北方交通大学出版社，2002
7. 郭惠民等．公关员．北京：中国劳动社会保障出版社，2004
8. 谢红霞．公关实训．大连：东北财经大学出版社，2008
9. 陶应虎等．公共关系原理与实务．北京：清华大学出版社，2006
10. 吴东泰等．实用公共关系学．北京：北京交通大学出版社，2007
11. 蒋楠．公共关系原理与实务．北京：中国人民大学出版社，2006

图书在版编目（CIP）数据

公共关系实训/谢红霞主编
北京：中国人民大学出版社，2010
21世纪高职高专规划教材·市场营销系列
ISBN 978-7-300-11296-1

Ⅰ. 公…
Ⅱ. 谢…
Ⅲ. 公共关系学-高等学校：技术学校-教材
Ⅳ. C912.3

中国版本图书馆CIP数据核字（2009）第179800号

21世纪高职高专规划教材·市场营销系列
公共关系实训
主编　谢红霞

出版发行	中国人民大学出版社		
社　　址	北京中关村大街31号	**邮政编码**	100080
电　　话	010－62511242（总编室）		010－62511398（质管部）
	010－82501766（邮购部）		010－62514148（门市部）
	010－62515195（发行公司）		010－62515275（盗版举报）
网　　址	http://www.crup.com.cn		
	http://www.ttrnet.com(人大教研网)		
经　　销	新华书店		
印　　刷	北京七色印务有限公司		
规　　格	170 mm×228 mm　16开本	**版　　次**	2010年2月第1版
印　　张	16.75	**印　　次**	2013年12月第2次印刷
字　　数	304 000	**定　　价**	26.00元
